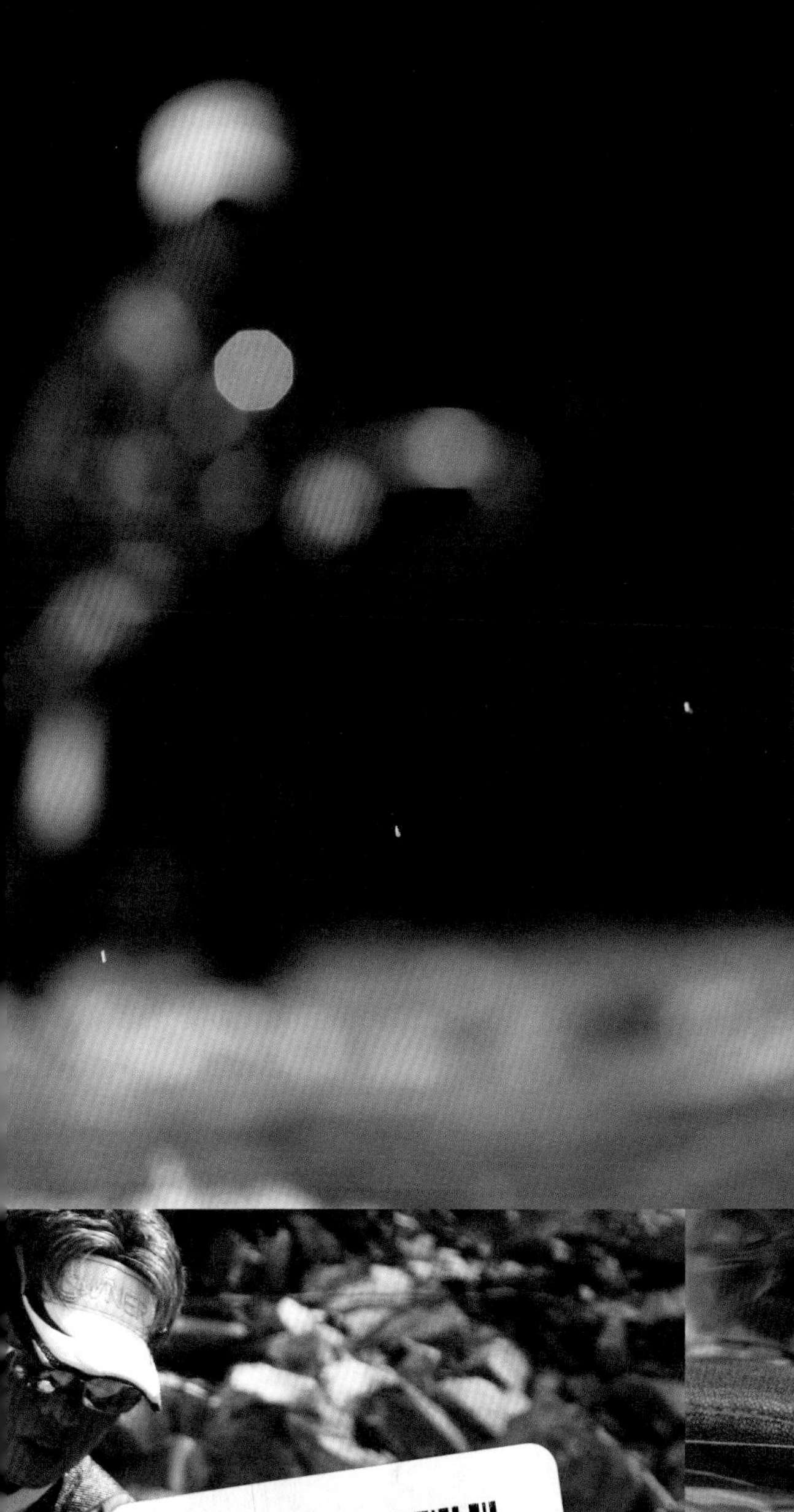

SPEC
DAIWA

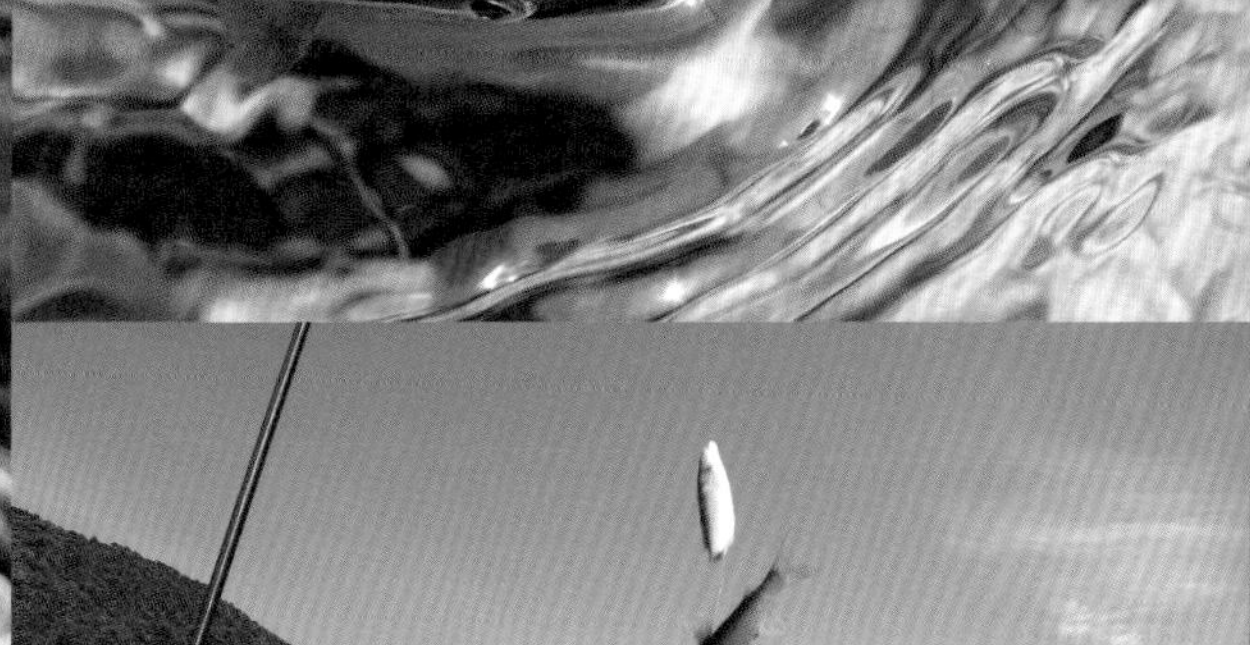

友釣りの仕掛けは、
いつからこんなに難しくなってしまったのだろう。

高価な道具（のイメージ）とともに、
ビギナーにとって仕掛け作りは高いハードルだ。
実際、複雑すぎることに対しての否定的な意見を、
ほかの釣りをする人から聞くこともある。

今では竿にセットするだけの仕掛けや完成バリもあるが、
それで十分なのかといえば、決してそんなことはない。
仕掛けの工夫は、
どんな釣りでも楽しみのひとつなのだから…。

この本では、比較的簡単に作れるものから凝ったものまで、
段階を進みながら仕掛け作りをご紹介していきます。
難しいと思ったら、そこで一度、立ち止まってください。

簡単な仕掛けだから釣れない、
ということは絶対にありません。
そのときの自分に合ったものが、釣れる仕掛けです。

いつか、この本がボロボロになり、
内容が物足りなくなって
必要なくなることが僕らの願いです。
そのときは、あなたが誰かに、
仕掛け作りを教えてあげてください。

アユ釣りマガジン編集部

目次と鮎師のプロフィール

Tadasuke Arioka

有岡只祐
四国を代表するトーナメンター。天然魚の数釣りが得意。四国ちろりん会

Hiroyuki Ueda

上田弘幸
メタルラインでの高速引きを武器に多くのタイトルを獲得。チームWEED

Takashi Okazaki

岡崎 孝
栃木県那珂川をホームに活躍。ヤマメやワカサギの釣りも得意。鮎追い人

Mitsumasa Okada

岡田充正
三重県の宮川や大内山川、雲出川などがホームグラウンド。三重川鴉

Satoshi Ozawa

小沢 聡
四国を代表するトーナメンター。天然魚の数釣りが得意。四国ちろりん会

Tsuyoshi Ozawa

小澤 剛
理論的で分かりやすい解説から全国にファンを持つ。巴川遊鮎遊

Tadashi Sakamoto

坂本 禎
栃木県那珂川や鬼怒川を中心に全国で大アユを狙う。スターチェイス

Keigo Shima

島 啓悟
強豪ひしめく中部地区を代表するトーナメンターのひとり。中部長友会

Narito Shimoda

下田成人
泳がせも引きもこなす競技志向のオールラウンドプレーヤー。銘松会

Fuyuhiko Sumi

鷲見冬彦
長良川支流吉田川のほとりで暮らし、週4、5日は竿を出す。長良川流心会

Tadashi Seta

瀬田匡志
瀬釣りを中心とした豪快なスタイルでトーナメントを席巻。チーム流斬波

Yuji Takahashi

高橋祐次
泳がせをベースにキレのある釣りを展開する強豪。ペガサスセブン

Shinya Fukuda

福田眞也
引き系統の釣りを武器にするが、泳がせの技術にも自信あり。龍水会

Akinori Hirooka

廣岡昭典
引き系統の釣りを武器にするが、泳がせの技術にも自信あり。龍水会

Hideaki Mishima
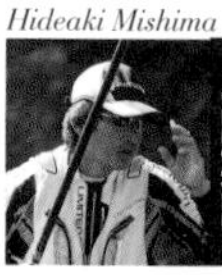
三嶋英明
小学生から川に入り、長じてからは競技会で活躍。狩野川リバースターズ

Mitsuru Murata

村田 満
半世紀以上もの間この釣りに関わり、現在の釣法のベースを築いたレジェンド

Teruyuki Yaguchi

谷口輝生
京都流の泳がせ釣りを武器に20代でビッグタイトルを獲得。京都江畑会

Takayoshi Yamamoto

山本高義
管理泳がせを武器にサンデーアングラーながら数々の実績を残す。E-River's

Kenji Yoshida

吉田健二
空中輸送と背バリを武器に一世を風靡したベテラントーナメンター

19 Special Thanks!! "AYU-SHI"

STEP 1

友釣りの仕掛けとは

友釣りの仕掛けには、普通の釣りにはないものがたくさんある。それはこの釣りが進化するとともに増え、これから始めるビギナーを悩ませる原因にもなっている。ここでは、仕掛けの変遷をたどることで、各部分の役割を順に理解していこう。

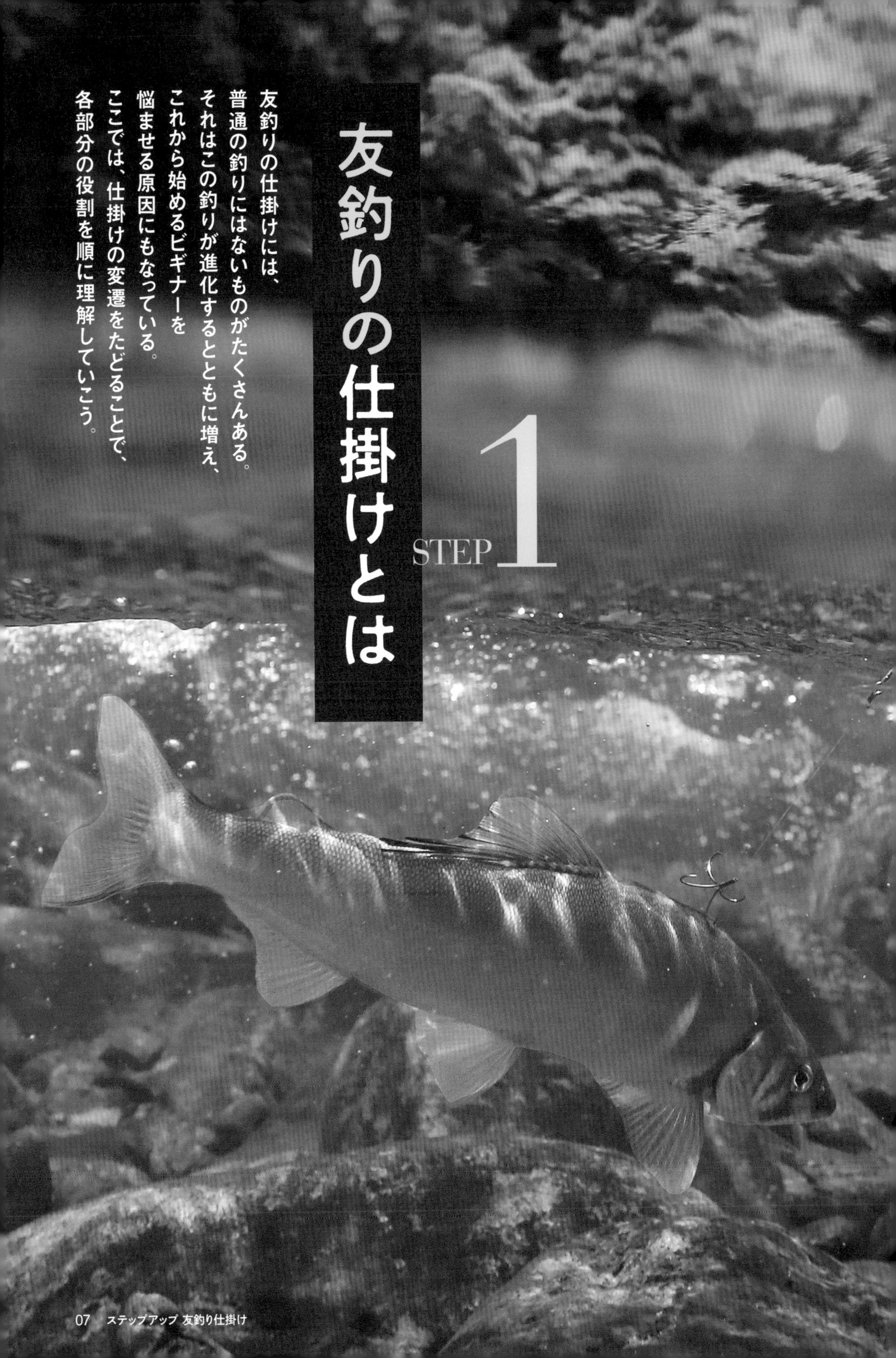

友釣り仕掛けの進化①

金属糸登場以前までの流れ

History of "TOMOZURI-SHIKAKE"

友釣りの記録が残っている古い文献は1800年代前半のものが多いようだ。その頃の仕掛けは、いったいどんなものだったのだろう。

まず友釣りを可能にした、おそらく最初の発明はオトリを糸につなぐためのハナカン。針金を円形に曲げてカットしただけの「鼻輪」だが、もしかすると農耕用に飼われていた牛馬がヒントになったのだろうか。

竿の穂先からハナカンまで同じ道糸でできた「通し仕掛け」で、1本のハリに長めのハリスを結び、ハナカンにくくり付けただけの〝吹き流し〟。少し乱暴な想像だが、初期の友釣り仕掛けはこんなものだったかもしれない。

サカバリの普及

戦後になると、サカバリを結んだ仕掛けを使う人が増加するが、サカバリがあると何がちがうのだろう。

ハリを吹き流しにしていると、ハリスは流れになびくことになるが、オトリは常に流れに沿って泳いでいるわけではないので、オトリが動くとハリの位置が大きく離れてしまうことがある。

オトリの肛門付近を狙って野アユが襲いかかるならば、ハリはその周りにあった方が掛かる確率は上がるはずだし、実際サカバリを使用するとよく掛かる。

いつまでたっても掛からないのでオトリを引き寄せてチェックすると、サカバリが外れていた経験をされた方も少なくないだろうが、逆に言えばそれだけサカバリの効果は大きいということだろう。

友釣りを意識した竿が作られるようになると次第に長くなり、竹からグラスロッドを経て1970年代以降にカーボンロッドが普及すると8m以上の長さも実用可能になる。道糸はすでにナイロンが中心で、フロロカーボン（フッ素系樹脂繊維、ポリフッ化ビニリデンなどが原料）も登場した。

竿が長くなるにつれて厄介になってくるのが穂先の糸絡み。それを防ぐため穂先付近には太い糸やヨリ糸を使うようになった。これが天上糸の原型。

最初は絡み防止の役割が主だったが、竿の長さが8mを超えたあたりから別の意味も生まれてくる。ちょうど泳がせ釣りがブームとなり、かなり細い道糸が使われるようになってきた頃だ。

道糸の水に浸からない部分はオトリの泳ぎにあまり影響を与えないので、傷付き防止やコスト削減の意味で長い単糸の天上糸となる。道糸は次第に水中糸と呼ばれるようになった。

友釣り仕掛けの進化（金属糸登場以前）

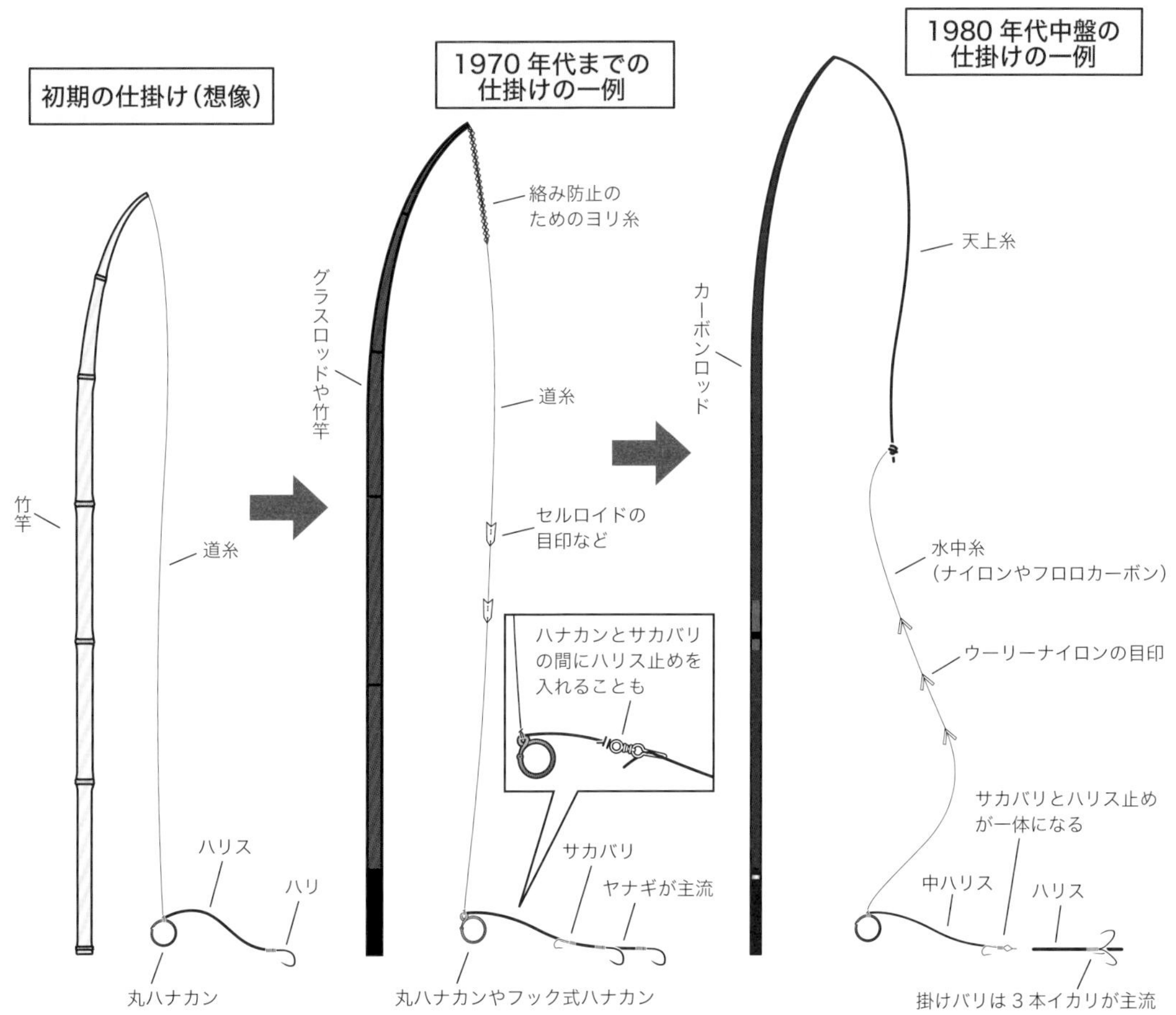

ハリ交換の頻度が中ハリスを生んだ

友釣りが誕生した当初、おそらく1本だったハリは、掛かる確率を上げるため複数のハリを結ぶようになる。その後3本や4本のイカリ型に組んだものが主流となっていく。

イカリバリの登場と共にハリ交換の頻度は増えるが、同じハリスにサカバリと掛けバリが結ばれていると交換が面倒だ。ハナカンとサカバリの間にハリス止めを入れたりもしていたが、いつしかハリス止めとサカバリを一体にすることがスタンダードになっていく。

そして掛けバリのハリスと分かれたハナカン～サカバリ間の糸は、オトリの負担を考えて水中糸以上・ハリス未満の太さが用いられるようになった。これが中ハリス（ハナカンハリス）だ。

整理すると、穂先側から 天上糸→水中糸→ハナカンと中ハリス→ハリス止め一体式のサカバリ→ハリスと掛けバリ の順になるが、現在でも十分通用する仕掛けがここで誕生する。およそ1980年代中盤のことだ。

友釣り仕掛けの進化②

History of "TOMOZURI-SHIKAKE"

金属糸登場以降の流れ

1990年頃になると水中糸に大きな進化が起こる。金属糸の登場だ。細くて強く、重いため流れの中でもオトリがよく入るメリットはあるものの、当初はトラブルが多発する。

ナイロンやフロロカーボンと同じ感覚で結んでしまうと、そこから切れてしまう。針金のようなものだから、いくら引っ張りに強くても、折り曲げてしまうとそこが極端に弱ってしまうのだ。

オトリがエビになるとそこから切れたり、「オトリを送り出したらそのまま泳いで行った」など、思いもよらないときに変な切れ方をすることがあるので否定的な意見もあったが、メリットは捨て難く、あらゆる工夫が試された。その過程で編み付けが採用されるようになった。

編み付けそのものは古くからあり、オトリの大きさに合わせて調整できる移動式ハナカンに利用されていた。本線の糸に別の糸を編み付け、それにハナカンを結んで移動できるようにするが、編み付けに相性のいい糸や方法が確立されていなかったせいか、オトリが追われたり野アユが掛かったときにずれることもあり、現在ほど普及はしていなかったようだ。

“結ばない”編み付け

金属糸登場の少し前に移動式ハナカンが見直され、編み付けが再び広がりを見せていた。この場合の編み付けはハナカンを動かすためのものだが、金属糸では両端にナイロンやフロロカーボンの糸をつないで固定するためのもの。

編み付けは「結ぶ」というよりも摩擦抵抗を利用して「止める」方法のため、金属糸を折り曲げたりすることなく、そこで切れるリスクをかなり抑えられる（※金属糸の種類によっては電車結びなどが使えることもある）。

金属糸の両端につなぐ糸は、天上糸や中ハリスと結ぶためのものでツケ糸と呼ばれ、天上糸側を上ツケ糸、ハナカン側を下ツケ糸と区別するようになった。

ちなみに80年代の泳がせ釣りブームの際にも、下ツケ糸と同じような役割をになうツマミ糸があった。当時は手尻を長く出し、水中糸をたぐって取り込んでいたが、最後にオトリと掛かりアユをタモの中に吊り込む際に細い糸だと切れてしまう事故もある。そこでハナカン上に太めの糸を数十cm結んでいた。

下ツケ糸はこのツマミ糸がリバイバルされたものだといえなくもないが、オトリがエビになったとき、絡んだ掛けバリで金属糸が傷付くトラブルを防ぐ意味も

友釣り仕掛けの進化（おもに金属糸登場以降）

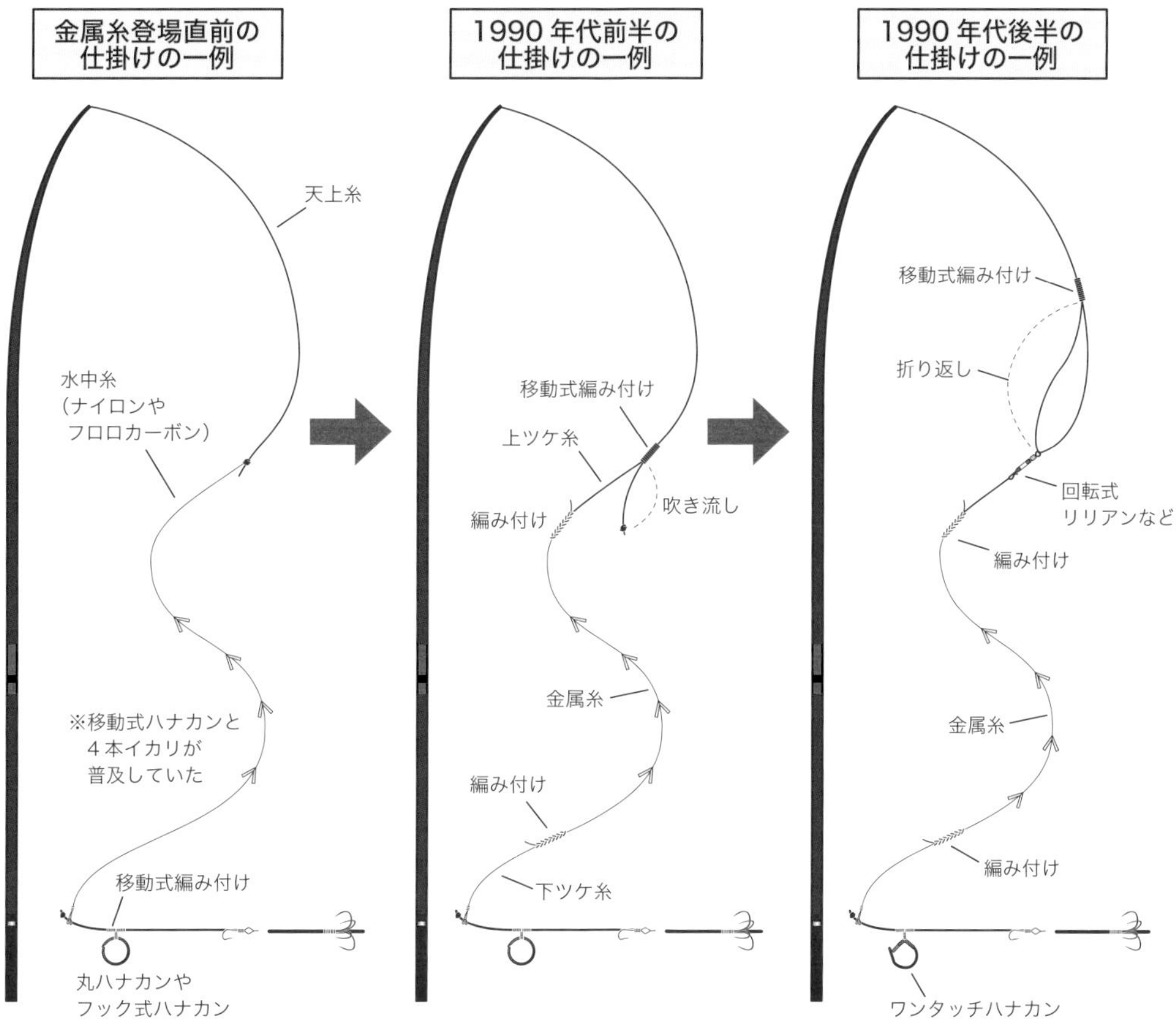

ある。取り込みも引き抜きが全盛になっていたので糸はつまむ必要がなく、次第に下ツケ糸は短くなっていく。

くり返し使うために天上糸が変わる

金属糸が水中糸に利用されるようになると、高額である半面、傷付いたりキンク（折れ、ヨレ、潰れが発生して元の形状に戻りにくくなること）さえしなければ、吸水劣化して伸びてしまうナイロンとはちがってくり返し使えることも次第に認知されるようになった。

傷付くのはたいてい下ツケ糸の周り。そこだけカットして作り直せばいいのだが、仕掛けの全長が短くなってしまう。そのために採用されたのが、またもや編み付けを利用した移動式天上糸だ。

長さを調整できるため、カットした分を伸ばせば仕掛け全長を変えずに使えるようになった。最初は編み付けより下の糸を吹き流しにしていたが、ブラブラしないように折り返したものが主流になっていく。ここは使い勝手の問題というよりも、美しい仕掛けを使いたいという釣り師の心理が勝ったのかもしれない。

こうして金属糸が多用される現在の仕掛けにたどり着いたわけだが、「編み付けだらけ」と言われても仕方がない。避けて通れない必要な技術であることは確かだが、半面、友釣りの仕掛けを複雑にしていることも間違いないだろう。

ただし、後でご紹介する完成仕掛けとの併用も現在は可能だし、そもそもナイロンやフロロカーボンの水中糸が劣っているわけではない。むしろビギナーが釣りやすい条件は金属糸のメリットがさほど生かされないケースもあるので、最初はナイロンやフロロの水中糸からスタートした方が分かりやすいし実践的かもしれない。

天上糸の素材
フロロカーボンを中心に4種類

穂先への絡みを防止することから生まれた天上糸だが、今ではそれ以上の役割を担っている。最初はフロロカーボンが扱いやすいが、素材を変えると新しい発見があるかもしれない

【エステル】
伸びが小さいため感度がよく、絡みも少ない素材だ

【フロロカーボン】
特徴のバランスが取れており、水中糸の素材を問わず扱いやすい

【ナイロン】
伸びが大きく水中糸にもっともやさしい。安心して使用できる素材だ

天上糸のおもな素材はナイロン、フロロカーボン、エステル、PE（超高分子量ポリエチレン）の4つ。

伸度の大きい順から並べるとナイロン→フロロカーボン→エステル≒PEの順。PEを除き伸びやすい素材はショックに強く、伸びにくい素材は振動を伝える感度が高い。

張りのある順ならエステル→フロロカーボン→ナイロン→PEで、張りがあるほど穂先に絡みにくくなる。PEはとても軟らかいため、絡み防止のため穂先側に太めのフロロカーボンを結ぶ場合もある。

同じ太さで強度を比較するとPEが抜きん出ている。そのため0・3号や0・4号といった細いものを使用することが可能だ。ほかの3つは直線強力はナイロンがもっとも高くエステルはやや劣るが、一般的な天上糸で使う太さなら、その差を明確に感じることは少ない。

水中糸との相性

昔と違って天上糸の素材がここまで増えると、水中糸の特性をより鮮明にすることも可能になった。

たとえば伸びがほとんどないＰＥの天上糸に金属糸を組み合わせると、操作性にすぐれた高感度の仕掛けにすることができる。半面、仕掛け全体の伸びがなくなるため、扱いが悪いとすぐにオトリが弱ってしまう。硬い竿で操作するには、余裕がなさ過ぎるケースもある。

逆に天上糸、水中糸ともにナイロンで作ると、仕掛け全体が伸びるためオトリは弱りにくいが、感度はあまり期待できないし、引き抜きしにくくなる。ソリッド穂先の竿だと、慣れないとキャッチミスが増えてしまうかもしれない。

最終的にどのような組み合わせにするかは使う人次第だが、伸びる部分と伸びない部分が適度に共存していた方が一般的には使いやすい。ほどほどの伸びがあるフロロカーボンを天上糸に使う人が比較的多いのは、そういった理由があるからだろう。

接続具はさまざま

先にも述べたように、現在は移動式天上糸が主流だが、水中糸側を50㎝～1ｍほど折り返すタイプがよく使われている。

【PE】
高感度かつ高強度。かなり細い号数が使えて長持ちするが、絡みやすい欠点もある

手尻の微調整は天上糸でおこなう。ハナカンと竿尻がピッタリなら〝トントン〟および0㎝という。プラス10㎝くらいが標準だが、ハナカンの位置が竿尻より上にくるマイナス手尻も注目されている

竿の長さが9ｍ、水中糸の長さが4ｍを基準とするならば、天上糸の全長は引き算で約5ｍに設定することが多い。

穂先側は投げ縄結びなどで簡単に取り外しができるようにしておき、折り返し部分の先端には水中糸をセットするための接続具を付けておく。いろいろな市販品があるが、リリアン先端に水中糸を引っ掛けるフックの付いたものが主流だろう。

この接続具は自作する人も多く、ウーリーナイロンの目印やＰＥラインなどで作ることもできる。軽く繊細に仕上げられるのがメリットだ。

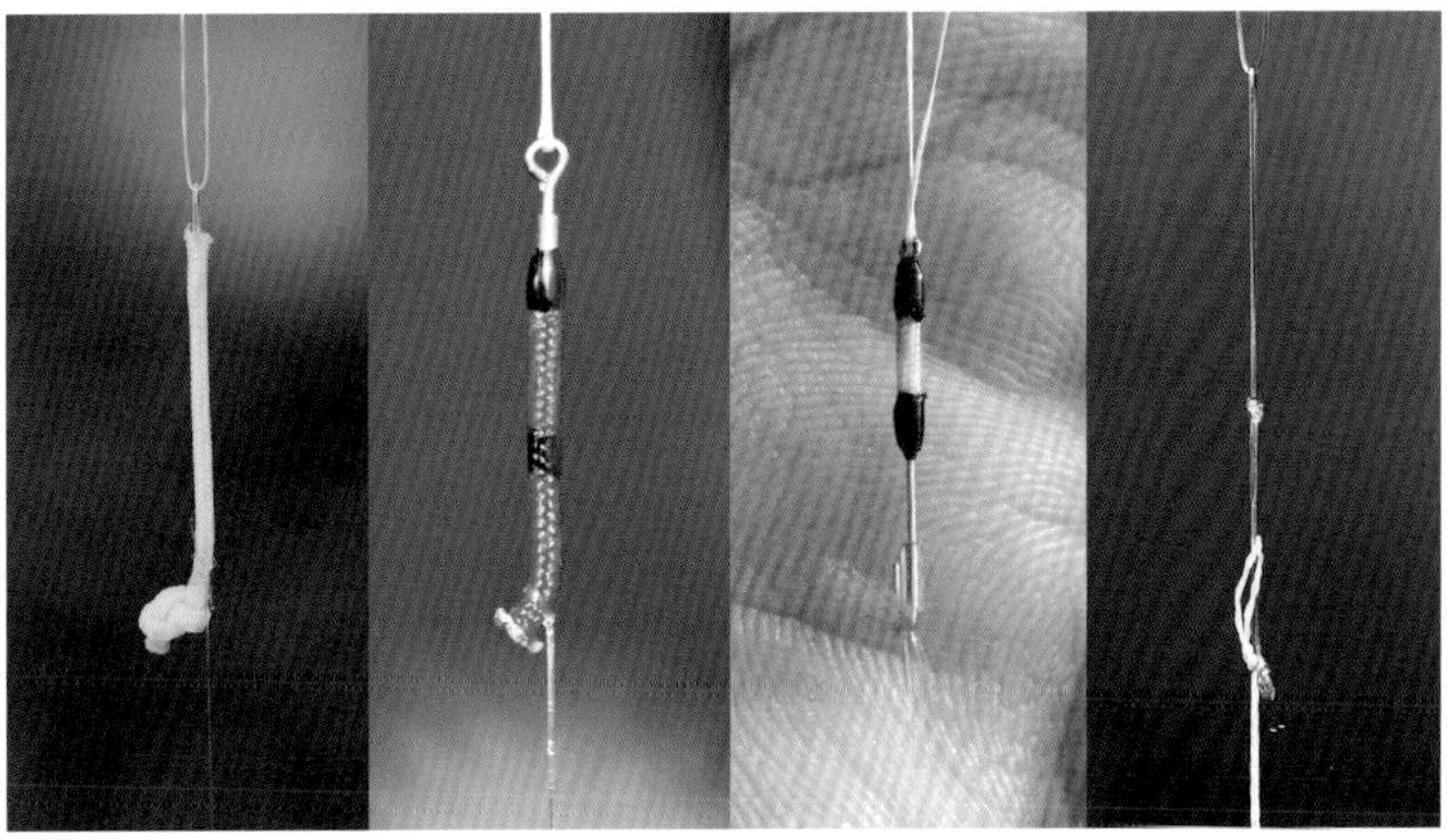

接続具のいろいろ。左から、シンプルなリリアンタイプ。回転式のリリアン。フック付きリリアン。フロロカーボンで自作したもの（写真はすべて上が天上糸側）

水中糸の素材

もっとも人気がある複合メタル

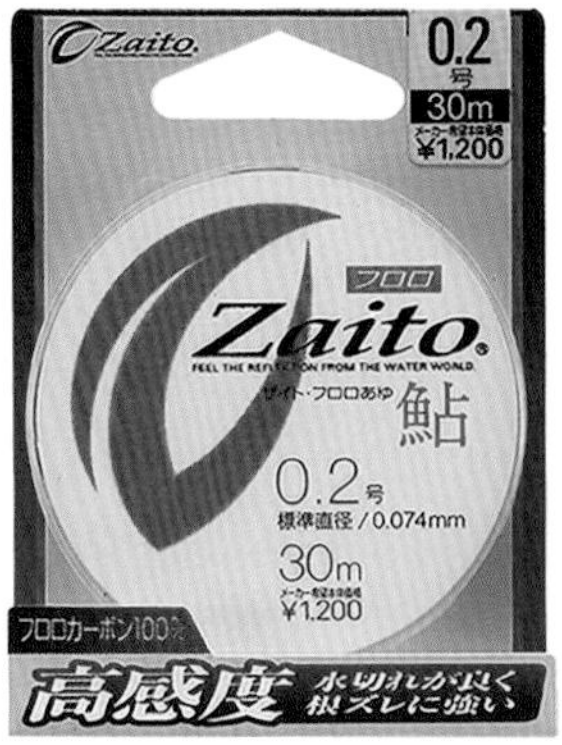

【フロロカーボン】
ナイロンよりも吸水率が低く、伸びも小さい。使用感はナイロンより強いという意見も多い

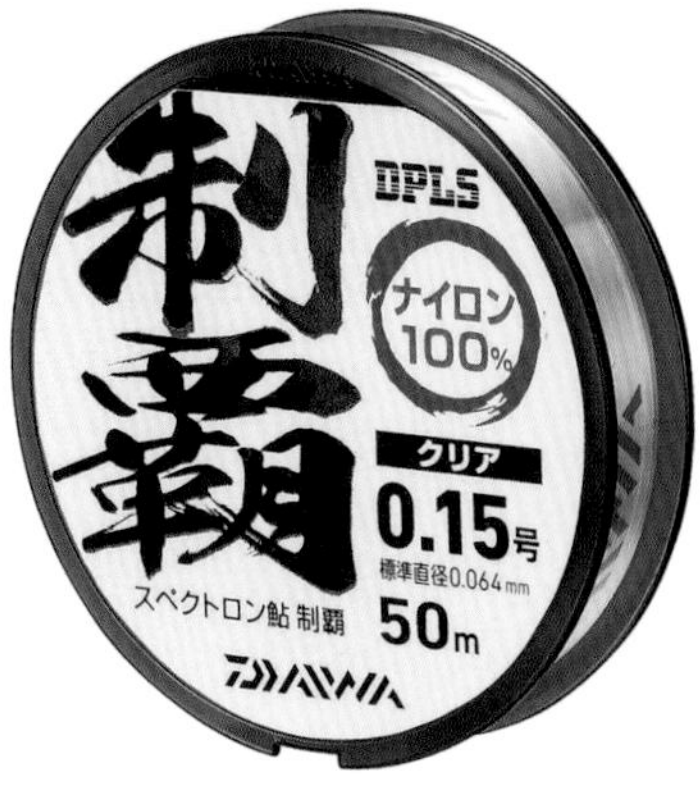

【ナイロン】
1980年代は水中糸のメインだった。現在はどちらかといえば泳がせ釣りでの出番が中心だが、引き釣りで使うとオトリの左右の動きが大きく、それが野アユにアピールすることも

友釣りで使用される水中糸にはさまざまな素材がある。よく使われるものとしてはナイロン、フロロカーボン、金属糸。金属糸は素材が金属オンリーのものと、繊維と一緒に撚ったものがある。

ほかにエステルやＰＥ、またはポリアリレートを素材にした糸なども存在するが、ここでは一般的によく使われている前者の素材を中心に解説していこう。

泳がせに向くナイロン 扱いやすいフロロ

ご存じナイロンは釣り糸のスタンダードだが、友釣りの水中糸の素材としても歴史はいちばん長い。

結ぶのが簡単で扱いやすく、1980年代までは水中糸の主流だった。しなやかで軽いことからオトリの泳ぎがよく、現在はどちらかといえば泳がせ釣りを中心に使用されている。

こだわる人は「ナイロンでなければ」という意見も少なくない。伸び率が大きいため直線強度は高いが、伸び切ってしまうと強度は落ちるし吸水劣化しやすいので、細い号数になるほど傷や結び目のこまめなチェックと交換は欠かせない。

フロロカーボンはナイロンと見た目は似ているが、ナイロンよりも張りがあり伸び率は小さい。ほとんど吸水しないため、耐久性は比較的高く感じられることが多い。そのため「ナイロンより強い」という意見もあるが、直線強度、結節強度に関していえばナイロンの方が上だ。

もっとも大きな違いは比重で、ナイロンが1・14に対してフロロカーボンは1・78。やはり泳がせ釣りで多用されるが、引き釣りに使用する人もいる。ナイロンと同様に結ぶのは簡単で扱いやすい。劣化してくると白っぽくなるので分かりやすいが、やはり早めの交換がトラブルを防ぐコツ。

重くて高感度のメタル

金属糸の中でも、オール金属でできた糸には2タイプがある。1本ものの単線メタルと撚ったタイプで、現在は後者が主流となっている。ややこしいので、ここ

【複合メタル（高比重）】
複合メタルでも金属の割合が多い、あるいは高比重の金属を用いると重い糸になり瀬釣りでも扱いやすい

【複合メタル（低比重）】
繊維と金属線を一緒に撚ったものが複合メタル。繊維の割合が多いと軽い糸になり、泳がせ釣りにも使いやすい

【メタルライン（単線）】
文字通り1本もののメタルライン。高比重に加えて表面がツルツルなので、かなり強い流れでもオトリを沈めやすい。キンクには要注意

【メタルライン（撚糸）】
複数の金属線を撚ってできたメタルライン。異なる金属素材を組み合わせた製品もある。単線よりもキンクに強い

からはオール金属の糸をまとめてメタルラインと呼ぶことにする。

メタルラインの特徴はなんといっても重いこと。ナイロンやフロロカーボンほどではないが、撚ったタイプでも糸の表面は比較的ツルツルなので抵抗も少なく、強い流れでオトリを沈めやすい。それに金属だから感度はものすごく高い。野アユが掛かったときはもちろん、前アタリや掛けバリが石を掻く「カリッ」という振動（音と表現する人も多い）もよく伝えてくれる。

半面、糸フケを利用した泳がせ釣りには不向きで、ナイロンやフロロカーボンならオトリが軽やかに泳いでも、メタルラインだと逆に動かなくなるか暴走してしまうことがある。

また、仕掛け作りや扱いも難しく、慣れないとトラブルに見舞われるケースも。金属糸が登場した当時は比較的扱いやすい複合メタルがまだなかったので余計に戸惑う人が多かったようだ。

金属の素材にはニッケルチタン合金やハイテンションワイヤー、タングステンなどがある。特にタングステンは超高比重で高強度・高感度だが、低伸度でショックに弱い部分もあるため、製造上の取り扱いがとても難しく、ほかの素材と組み合わせた製品もある。

バリエーションが豊富な複合メタル

そして現在、もっとも普及しているのが、ポリアリレートやアラミドなどの繊維と金属線を一緒に撚った複合メタル。

素材の組み合わせにより軽いものから重いものまでバリエーションがさまざまで、いろんな釣り方に対応できる。仕掛け作りや扱いはメタルラインほど神経質にならなくていいのが人気の秘密だろう。電車結びなどで対応できるし、強度もメタルラインより高い。

糸の表面は処理方法にもよるが、凹凸があるため流れの抵抗を受けやすい。目印の付け方によっては動かしにくくなることがあり、特に何度か使用した後はまったく動かなくなってしまったり、動かすと表面がささくれてしまうケースもある。鼻の脂を糸に塗る裏技!? を駆使する人もいるが、少し緩めにセットしておくのがコツだろう。

ハナカン周りの構造

主流はハナカン移動式

ハナカンとサカバリを結んだ中ハリスをまとめてハナカン周りと呼んでいる。水中糸と掛けバリをセットしてオトリに装着する部分だ。

現在の主流はハナカンの位置を動かせる移動式。人によってはサカバリを動かせるようにしているケースもあるが、ハナカンを動かす構造の方が作りやすいかもしれない。ハナカンを中心に両側を編み付けたものを両編み付け、片側だけのものを片編み付けと呼ぶ。

もちろん今も、昔ながらの固定式ハナカン周りを愛用する人はいる。レジェンド村田満さんが有名だが、簡単に作れてシンプルに仕上げることができる。ハナカンの位置は動かせないものの、対応するための工夫はある。

また、近年は瀬釣りなどで金属糸を使用するとき、下ツケ糸をなくして直接ハナカン周りを水中糸に接続する方法を採ることもある。仕掛けの強度が上がりオモリを使うときも安心だが、このときは中ハリスを通常より長く取り（35〜40㎝くらい）、水の抵抗を考慮してワンランク細くする。

オトリ交換を容易にしたワンタッチハナカン

まずハナカンについては、現在はワンタッチ式が主流だが、ベテランの中にはシンプルな丸ハナカンやフック付きハナカンの愛用者もいる。

以前はオトリにハナカンをセットすることが入門者の最大の難関だったが、ワンタッチハナカンの登場はこの作業を大幅に楽にした。半面、オトリが外れてしまう事故もゼロではない。最近の製品は外れにくい工夫がされているが、それでも中ハリスとじかに結んでしまうのは危険だ。

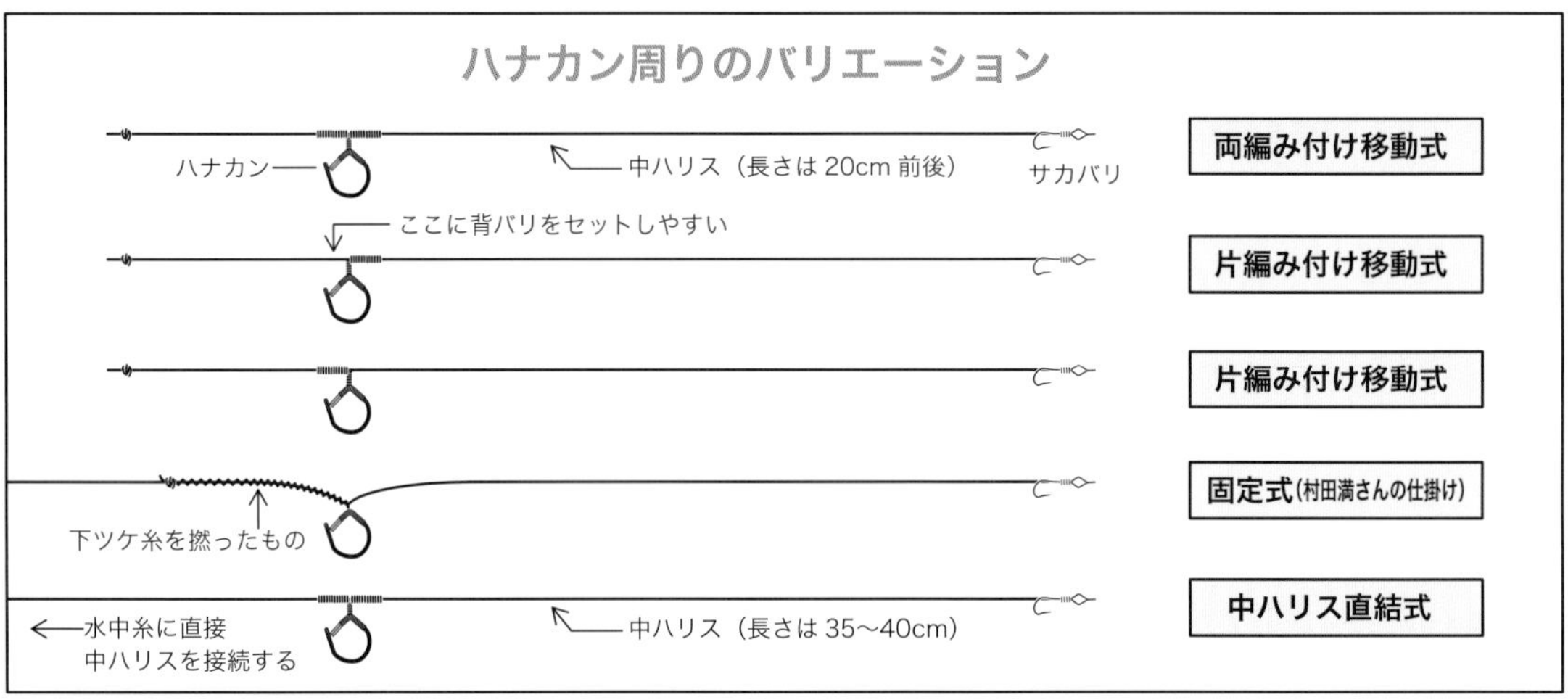

STEP 1 友釣りの仕掛けとは

　原点ともいえる丸ハナカンはめっきり市販品が減ってしまったが、以前も真鍮線やリン青銅などの針金で自作する人は多かった。オトリが外れる事故は少ないが、繰り返し使っていると変形するのが難点。

　フック式ハナカンは開いたりオトリが外れたりする事故がなく、今でも大アユ狙いで出番が少なくない。これも昔から愛用されてきたタイプだ。糸を結ぶ環が付いていて便利なことも理由だろう。

　18cm前後の普通サイズのオトリなら、ワンタッチハナカンで6・5mm径くらいが標準。しかし無理に小さなハナカンを使ってオトリ交換に手間取るくらいなら、ワンサイズ上げるほうが釣りの循環はよくなるはずだ。

　丸ハナカンやフック付きハナカンを使う場合は1～2サイズ上げるのが無難だろう。ワンタッチハナカンのようにオトリの鼻の穴に通せば作業が終わるのではなく、開いたハナカンを閉じなければいけない。このときサイズが小さいと、作業がかなり難しい。

サカバリは2タイプ

　中ハリスの素材はナイロン、フロロカーボン、そしてエステルもあるが、フロロカーボンの愛用者が多いようだ。若干張りのあるフロロカーボンがまとわりつきにくく、強度的にもバランスが取れていて使いやすいかもしれない。

　サカバリはハリス止めが溶接された一体式が主流で便利だが、単体のサカバリとハリス止めを中ハリスに結び付けて作ることもできる。

　ハリ部分やハリス止めの形状はさまざまだが、大まかにハリス止めがメガネタイプとフックタイプとで分類されている。メガネタイプはトラブルが少なく、フックタイプは軽くてハリスを止めやすい。

　フックタイプの問題点はタモの網にフックが引っ掛かってしまうことだが、これも製品によっていろいろな工夫がなされているので、一概にトラブルが起こりやすいとはいえなくなってきている。一般的によく使われるサイズは2～3号あたりだろう。

【ワンタッチハナカン】
オトリの鼻の穴に通すだけでOK。現在の圧倒的主流だが、外れる可能性がないわけではないので中ハリスとの間にアソビが必要

【丸ハナカン】
もっとも古くからあるタイプがこれ。シンプルでオトリが外れることはまずないが、くり返し使うと変形しやすい

【フック式ハナカン】
安心感はナンバーワン。大アユ狙いでは現在でも出番が多い

【サカバリ(メガネタイプ)】
ハリスと止めが一体になったサカバリの中ではスタンダードなタイプ。ハリスが外れる事故も少ない

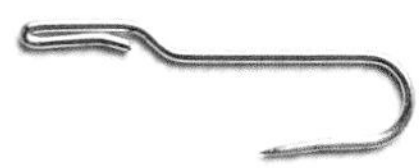

【サカバリ(フックタイプ)】
ハリス止め部分がフック状になっている。軽くてオトリの負担が少ないが、タモの中で引っ掛かりやすい(形状にもよる)

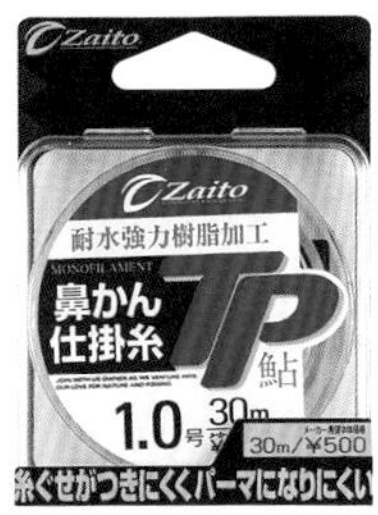

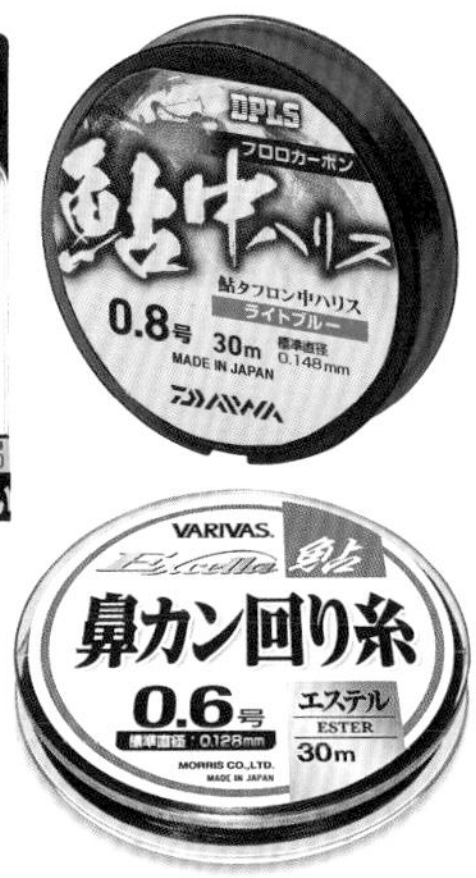

【中ハリス】
素材はナイロン、フロロカーボン、エステルなど。フロロが人気だが、使い勝手は人それぞれ

おもな掛けバリの種類

掛かりの早い4本イカリが主流

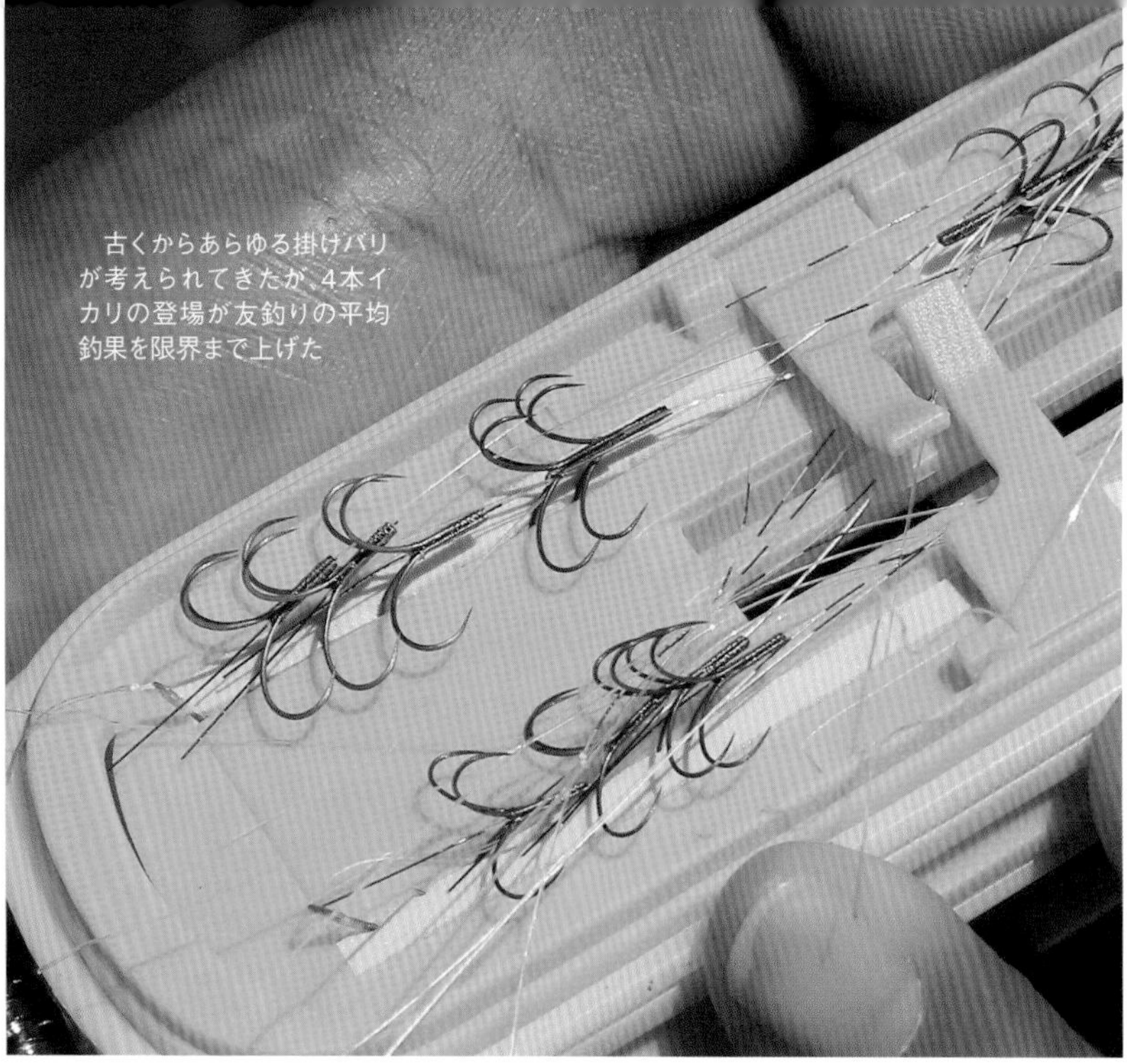

古くからあらゆる掛けバリが考えられてきたが、4本イカリの登場が友釣りの平均釣果を限界まで上げた

ありとあらゆるパターンが考えられてきた掛けバリだが、現在の主流は4本イカリ。ほかには3本イカリやヤナギ、チラシ、ピンチヒッター的なダブルチョウバリあたりが、目にしたり耳にしたりする機会が多い。

80年代中盤に普及した4本イカリはもっとも掛かりが早いといわれている。登場後しばらくは根掛かりやタモの中の絡みなど、デメリットを指摘する声もそれなりにあったが、今や4本イカリであることを前提に友釣りが組み立てられているといっても過言ではない。多くの釣り師が数えきれないほどの魚を掛けて出した結論だが、いつでも万能というわけではないので注意したい。

2本のハリ先が野アユの体に触れる確率は高くなるが、2本とも刺さり込むのではなく、どちらかが外れて1本が食い込むケースも少なくない。そのせいか状況によってハリ形状の良し悪しが出やすく、当たりバリを見つける「ハリ合わせ」という言葉も4本イカリの普及とほぼ同じ時期に生まれた。

バレにくさなら4本イカリ以外も

4本イカリに押されて影が薄くなった3本イカリだが、以前は主役級の位置付けだった。ほとんど使わない人もいるが、現在でも意外と使用機会は多い。1本のハリが深く食い込むためバレが少なく、大アユ狙いでイカリバリを使う場合は3本イカリ派が多いようだ。特に引き寄せて取り込む場合は安心かもしれない。

3本イカリは4本イカリよりもハリをワンサイズ上げて巻こう。1本減った分の重量差を考えておかないと、ハリスとのバランスが合わなくなってくるからだ。ただし、掛けバリを軽くしてオトリの負担を減らしたり根掛かりを減らしたいのなら、4本イカリと同じ号数のハリで巻くのも手だ。

イカリバリ以外ではヤナギやチラシが

効果を発揮することもある。間隔を空けて2本のハリをハリスに結んだものだが、ハリが同じ向きのものをヤナギ、反対向きのものをチラシと呼んでいる。ハリを3本結ぶ場合もある。

軽く仕上げられるため、小さめのハリを結べば浅いチャラ瀬で根掛かりを減らすことができ、群れアユにも効果的なことがある。逆に大きなハリを結べば激流の大アユ狙いに心強い。少々乱暴な取り込みをしてもバレにくいからだ。

ダブルチョウバリは中部地方で脚光を浴びた掛けバリだ。古くからあったのだろうが、現在は低活性時に最初の1尾を取るため使われることが多い。禁止されている大会や河川もあるので、使用する際は規則をチェックしておきたい。

ハリスはやはりフロロ

掛けバリに組み合わせるハリスはナイロンとフロロカーボンがあるが、やはりフロロカーボンの愛用者が多いようだ。フロロカーボンは張りがあるため、ハリスが縮れたり絡んだりしにくいことが選ばれる理由なのだろう。一般的に使われる4本イカリの場合、6・5〜7号のハリで1〜1・2号のフロロカーボンハリスを組み合わせることが多い。

しなやかさが特徴のナイロンハリスは、野アユに対する絡みのよさから今も根強い人気がある。欠点としてはフロロカーボンと比較して縮れや絡みなどが多いことだが、素材の長所を生かしてトラブルを抑えるようにテーパーを付けた製品もある。

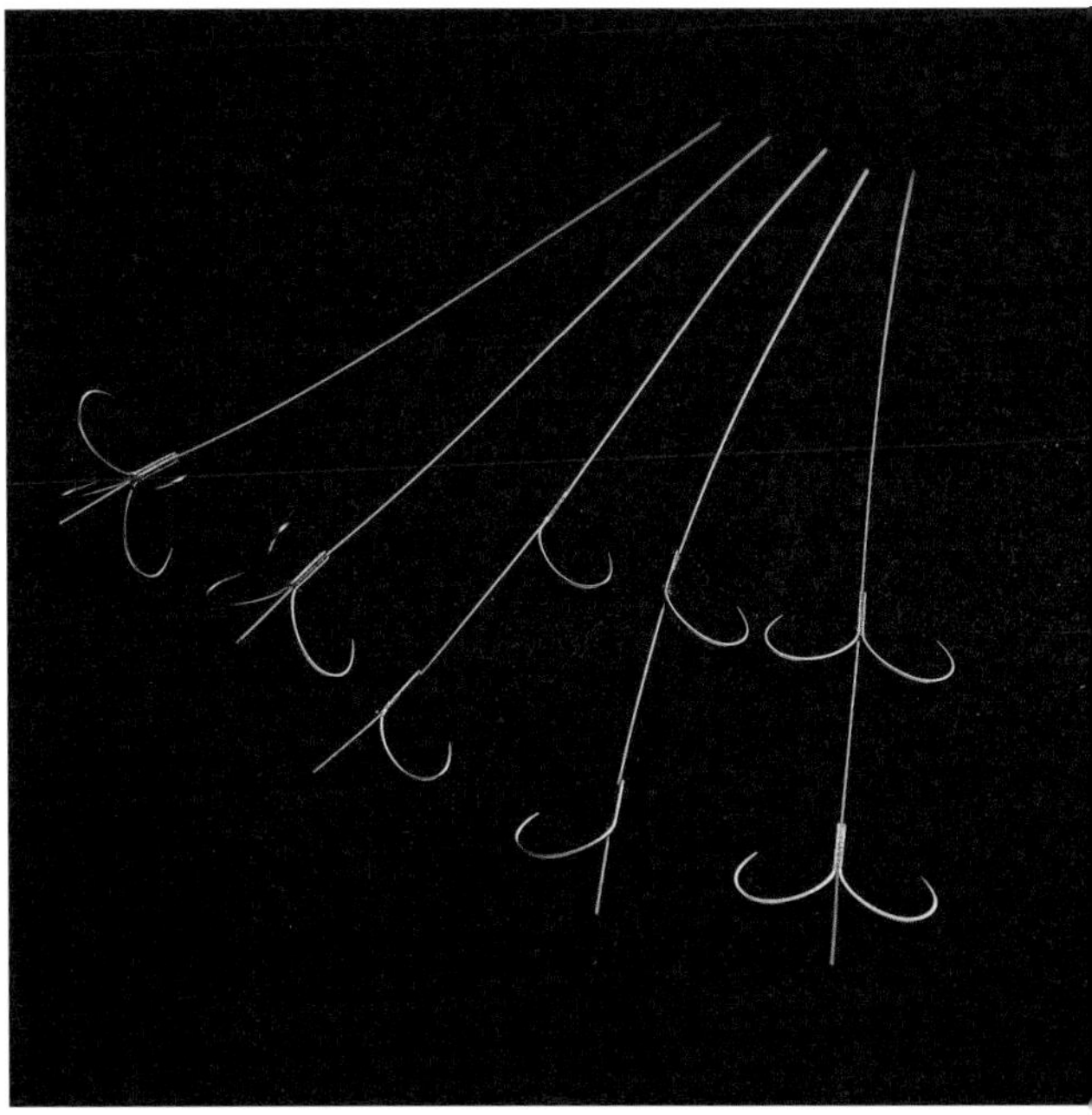
左から、4本イカリ、3本イカリ、ヤナギ、チラシ、ダブルチョウバリ

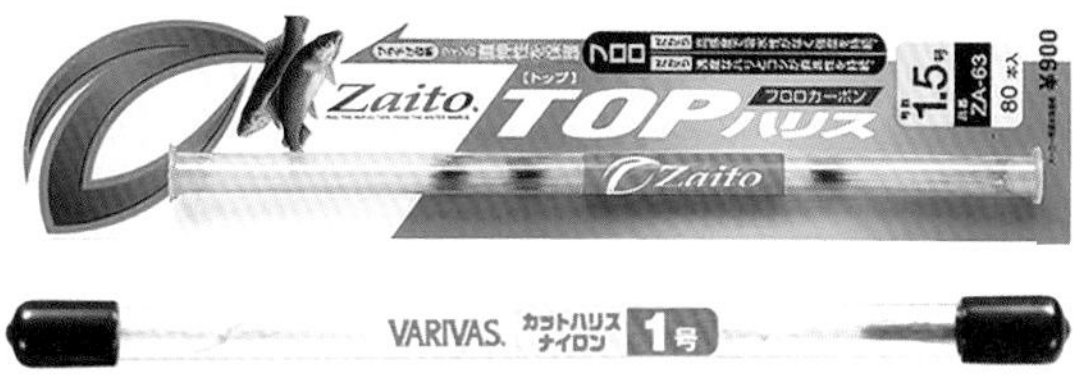

【ハリス】
友釣り用のハリスはスプール巻きではなく、短くカットされまっすぐな状態で販売されている。上からフロロカーボン、ナイロン、ナイロンのダブルテーパー（テーパー図はDAIWA・スペクトロン鮎ダブルテーパーハリスIIのもの）

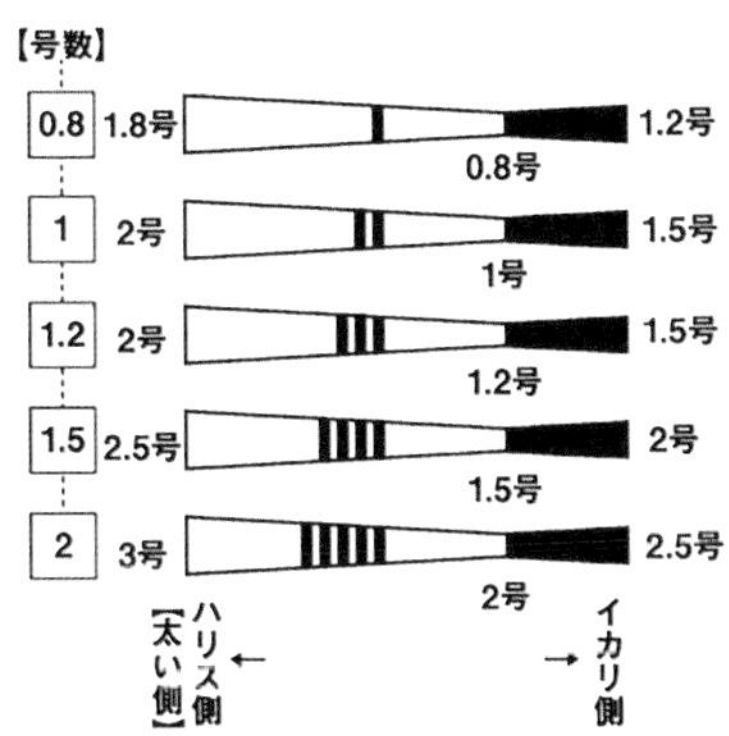

充実する完成品仕掛け

織 細かつ複雑な友釣り仕掛けだが、現在は完成品仕掛けが多数市販されており、手軽に友釣りを楽しめるようになっている。それも天上糸からハナカン周りまでがセットになったものから、各パーツまで様々なバリエーションがあり、ワンタッチで釣りができるし、傷付いた部分だけを交換したり、好みのパーツを組み合わせて自分なりの仕掛けに仕上げることもできる。まずはここから釣りを始めて、実践を重ねながらパーツを自作していき、最終的にすべてが作れるようになると、友釣りの楽しさが広がっていく。

基本的な市販仕掛け

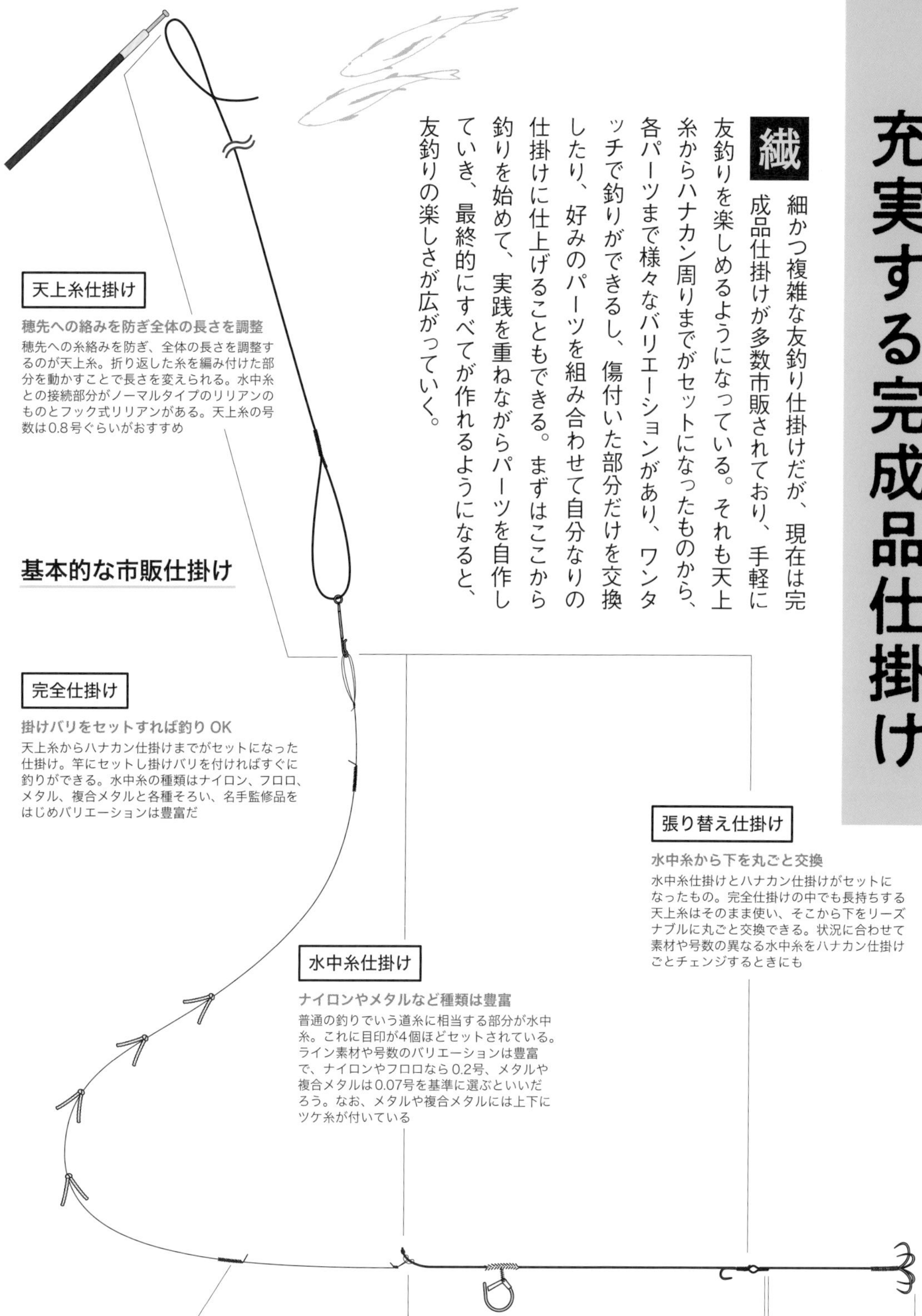

天上糸仕掛け

穂先への絡みを防ぎ全体の長さを調整

穂先への糸絡みを防ぎ、全体の長さを調整するのが天上糸。折り返した糸を編み付けた部分を動かすことで長さを変えられる。水中糸との接続部分がノーマルタイプのリリアンのものとフック式リリアンがある。天上糸の号数は0.8号ぐらいがおすすめ

完全仕掛け

掛けバリをセットすれば釣りOK

天上糸からハナカン仕掛けまでがセットになった仕掛け。竿にセットし掛けバリを付ければすぐに釣りができる。水中糸の種類はナイロン、フロロ、メタル、複合メタルと各種そろい、名手監修品をはじめバリエーションは豊富だ

張り替え仕掛け

水中糸から下を丸ごと交換

水中糸仕掛けとハナカン仕掛けがセットになったもの。完全仕掛けの中でも長持ちする天上糸はそのまま使い、そこから下をリーズナブルに丸ごと交換できる。状況に合わせて素材や号数の異なる水中糸をハナカン仕掛けごとチェンジするときにも

水中糸仕掛け

ナイロンやメタルなど種類は豊富

普通の釣りでいう道糸に相当する部分が水中糸。これに目印が4個ほどセットされている。ライン素材や号数のバリエーションは豊富で、ナイロンやフロロなら0.2号、メタルや複合メタルは0.07号を基準に選ぶといいだろう。なお、メタルや複合メタルには上下にツケ糸が付いている

編み付けジョインター

金属糸にツケ糸を簡単にセット

編み込み部分をメタルや複合メタルの水中糸に通して締め込むだけでツケ糸を簡単に取り付けられるジョインター。面倒な編み付けがワンタッチで解決でき、釣り場で仕掛けの処理が素早くできるスグレモノ

ハナカン仕掛け

ワンタッチ6.5〜7号がおすすめ

オトリをセットするハナカンからサカバリまでの仕掛け。ワンタッチハナカンの6.5〜7号のものが最初は使いやすい。サカバリはメガネタイプが主流だが、手元が見づらい人は環にハリスを通す必要がないフック式がおすすめだ。ハナカン周りは傷みが激しい部分なので予備は多めに

完成バリ

6.5号4本イカリか7号の3本イカリを

釣果をもっとも大きく左右するだけに種類やサイズがとても多い掛けバリだが、ビギナーにおすすめするのは6.5号の4本イカリか7号の3本イカリ。4本イカリは掛かりが早く、3本イカリはキープ力が高いのが特徴だ。ハリ先の形状は引き釣りなら掛かりが早いストレート、泳がせ釣りなら根掛かりしにくいシワリ（ハリ先が内に向いたもの）がいいだろう

STEP 2

仕掛け作りの基本

ビギナーの独り立ちに欠かせないのは、
消耗の激しい部分を自分で作れるようになること。
完成バリの精度とコスパが高まった現在、
それは水中糸とハナカン周り。
編み付けを用いないことを前提にして、
ここから仕掛け作りの基本をマスターしていこう。

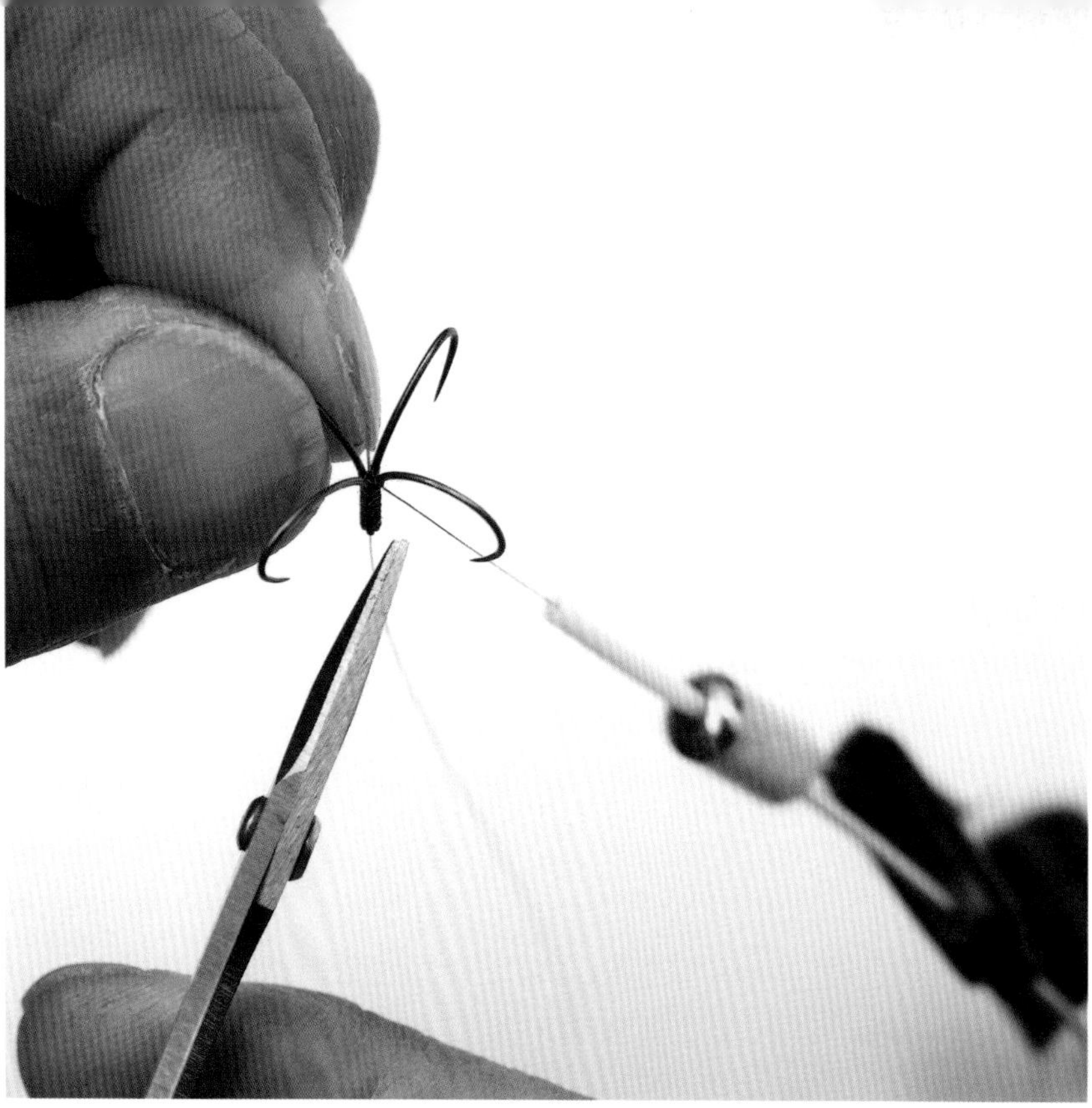

仕掛け作りに必要なツール

6つのアイテムを揃えれば完璧

必要なものは多くないが、ツールは確かな品質のものを選びたい。ハサミの切れ味ひとつをとっても、作業のしやすさや仕掛けの仕上がりを大きく左右する

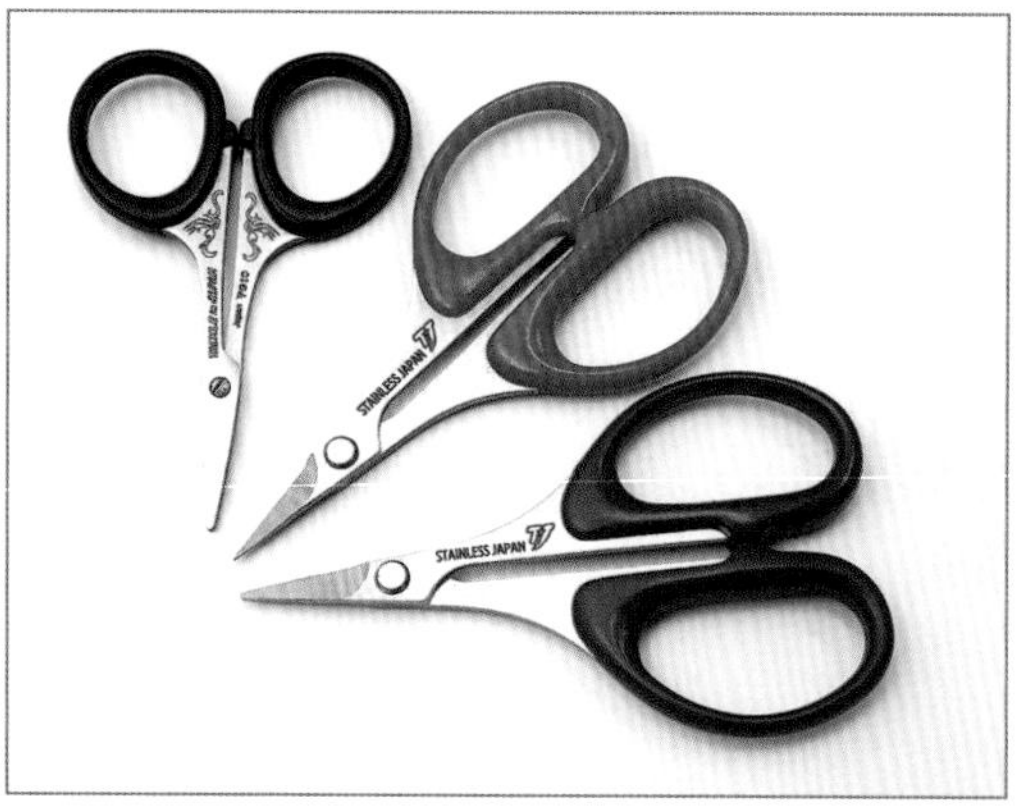

❶ハサミ

切る対象に合わせて選ぶ

精度の高さはもちろんだが、できれば切る対象に合わせて使い分けたい。左から、軟らかいPEラインが切りやすい鋼材を用いたタイプ、金属系ラインには向かないが先端が細く細かい作業に向くステン刃、そしてオールラウンドタイプ

仕掛け作りに必要なツールはさほど多くない。このSTEP 2では天上糸と掛けバリに完成品を利用し、編み付けを用いないナイロンやフロロカーボンが前提の仕掛け作りからご紹介したいが、工具は必要なものをすべて先にご紹介しておこう。

編み付けを用いないのなら、最低限必要だと思われるのはハサミと瞬間接着剤、根巻き糸とボビンホルダー、つまようじやニードル。さらに8の字結び器があれば言うことはない。

掛けバリを巻くときには、さらに補助器具（後述）があれば便利だ。そして金属糸の仕掛けを作るならば編み付け台は必需品。友釣り仕掛けならではといってもいい編み付け作業をおこなうには、これがないと難しい。

また、編み付け以外でも目印を付けるとき、水中糸をピンと張れて両手が自由

❷瞬間接着剤

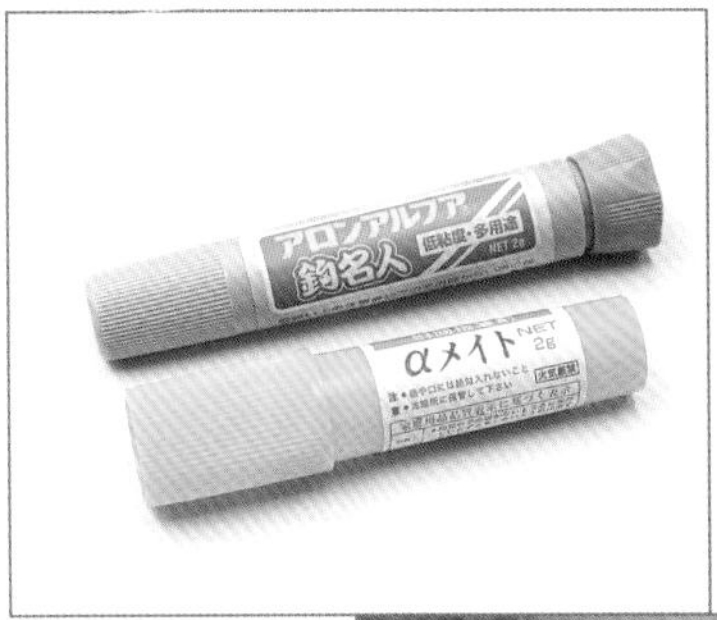

安価なタイプも使いやすい

これがないと仕掛けを完成させられないことが多い必需品。古いものは粘度が高くなり、染み込みにくく硬化に時間がかかる。白濁もしやすいのでなるべく新しいものを使おう。さまざまな種類があるが、釣具店で販売されている安価なタイプも粘度が低く使いやすい

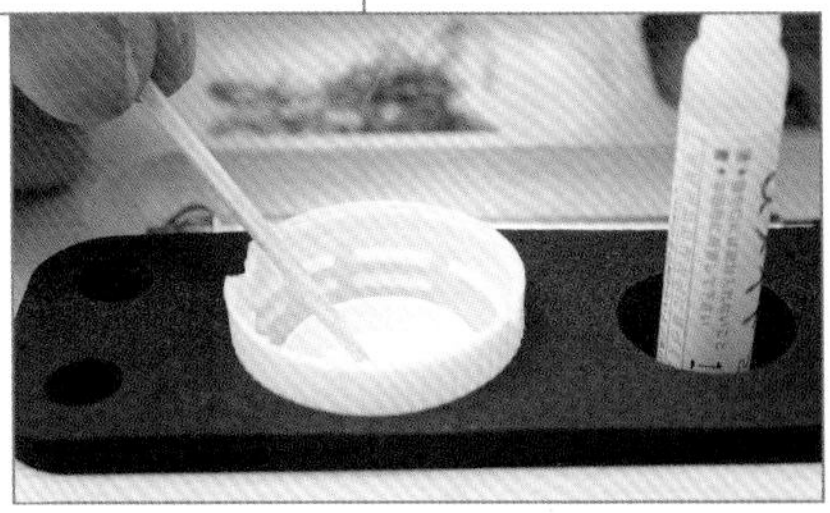

瞬間接着剤はペットボトルのフタに入れて、つまようじで少しずつ塗るとムダがなく塗りやすい

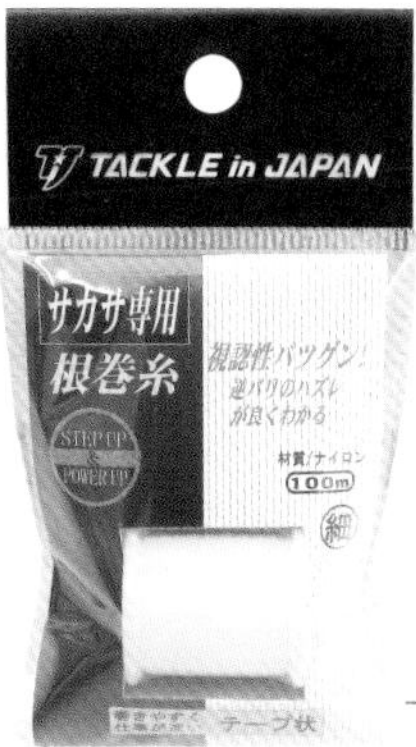

❸根巻き糸とボビンホルダー

掛けバリ作りの必需品

ハリを巻き止めたりするときに用いるのが根巻き糸。それが巻いてあるボビンをセットして、細いチューブから糸を出して作業しやすくするのがボビンホルダー。チューブがセラミック製で糸が切れにくいタイプもあるが、あまりに切れるときは巻くときのテンションが強すぎることが多い

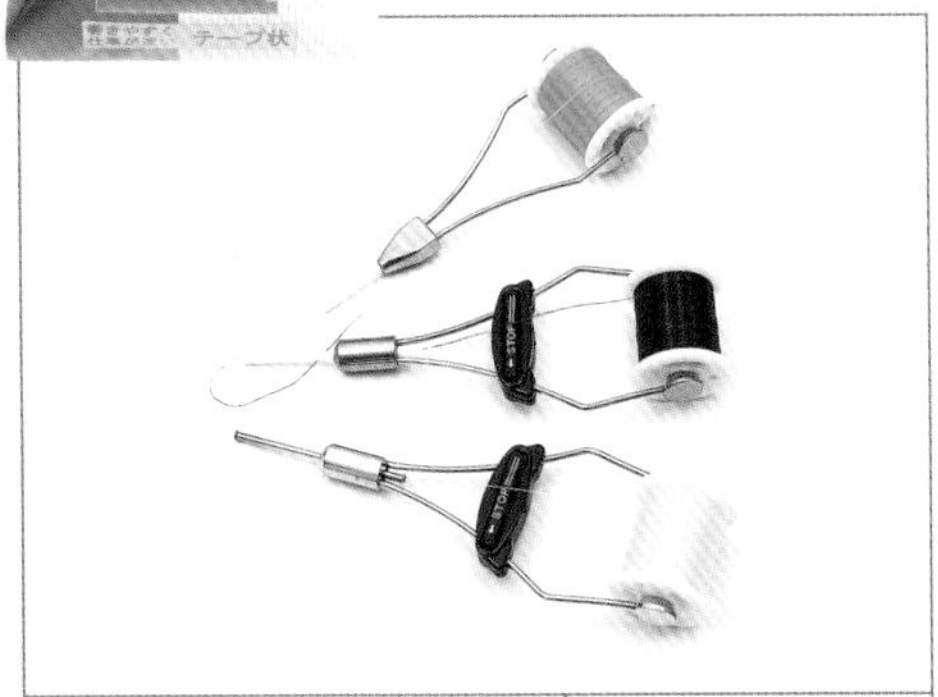

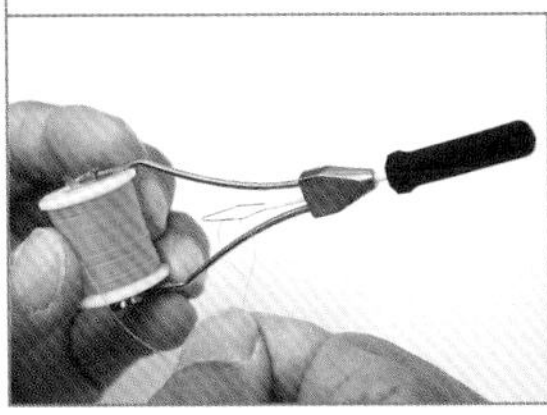

ボビンホルダーの細いパイプに根巻き糸を通すには、専用のスレッダーが便利

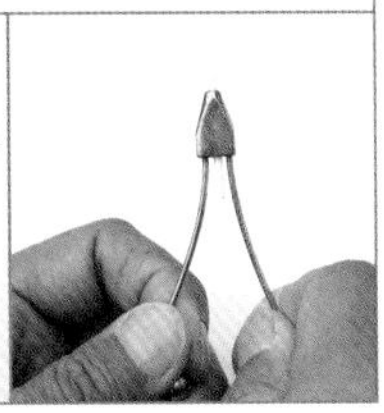

ボビンホルダーから糸が出るときのテンションが強すぎる場合は、アームの部分を少し広げてやるといい

❹&❺ニードルおよび8の字結び器

きれいで正確な結びのために

結び目を小さくきれいに作る作業がおこないやすい。つまようじでも代用できないことはないが、8の字結び器とセットになったものなどがあれば便利

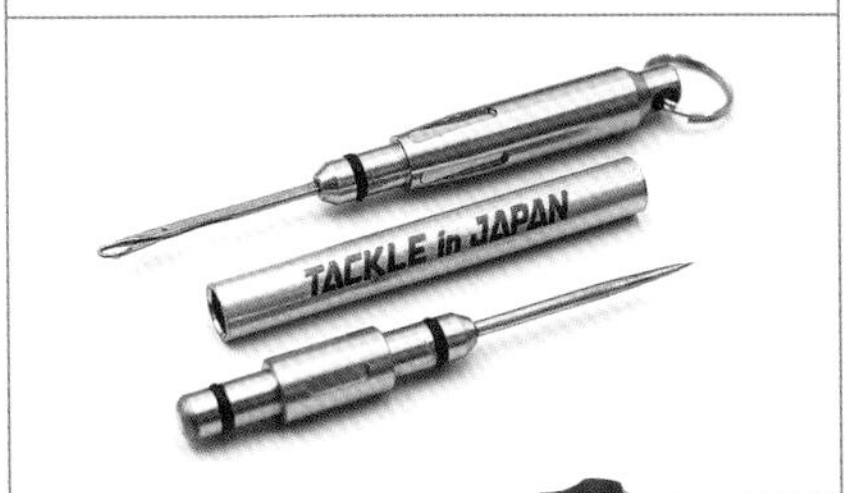

❻編み付け台

目印をセットするのにも便利

糸をピンと張って、そこに編み付けをおこなうための道具。移動式ハナカン周りや移動式天上糸、水中糸への編み付けなどに必要不可欠。目印をセットするときも便利だ。細い糸を傷付けず、緩まずに固定できる確かな製品を選びたい

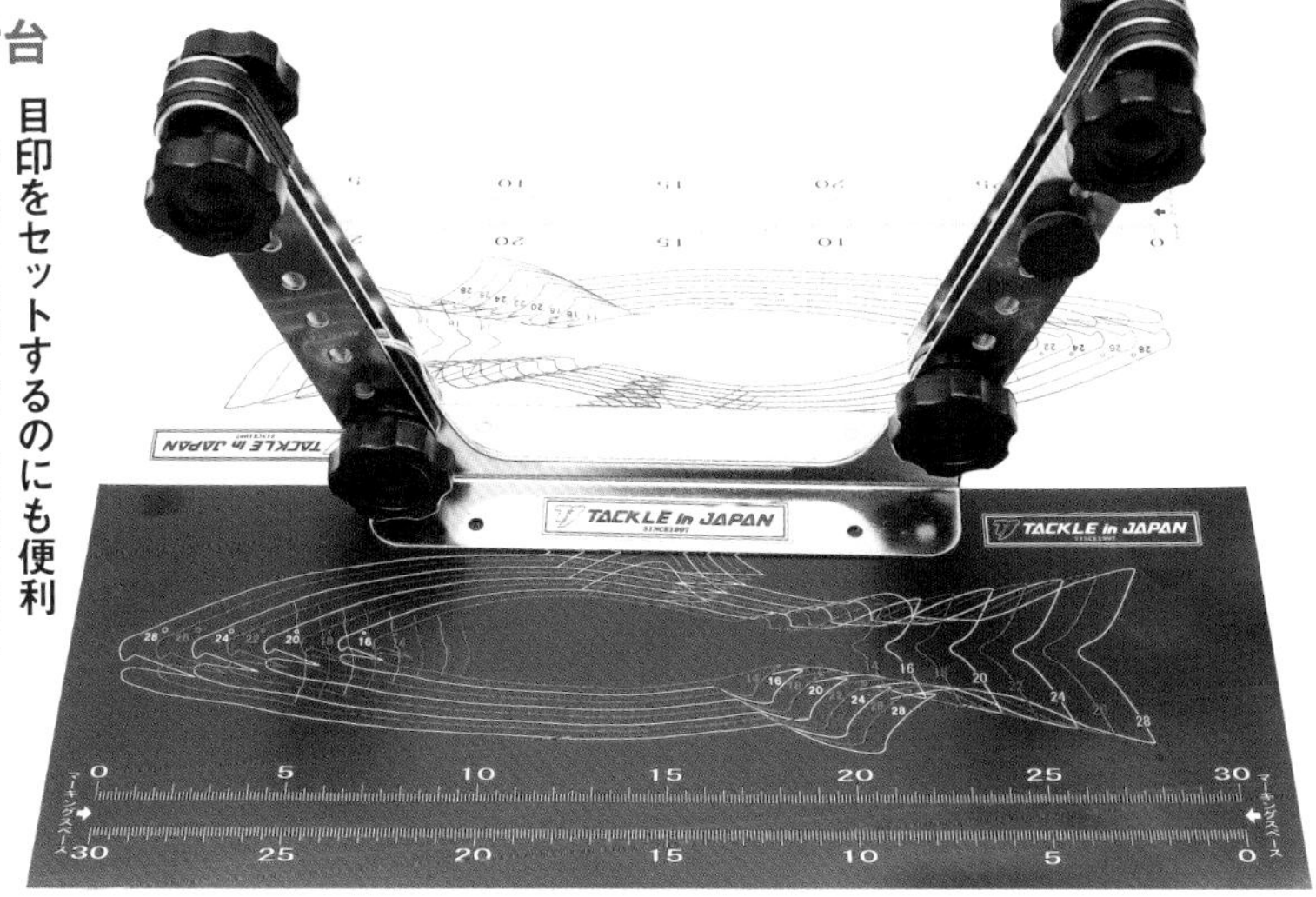

に使えるので作業がとてもはかどる。必要なものをすべて合わせても6つ。これだけなので、長く友釣りをするならば最初から揃えても損はないだろう。

ナイロンやフロロカーボンでおぼえる初歩

水中糸を作る

ナイロンやフロロカーボンの水中糸を作るのは、特別細い号数をのぞけばきわめて簡単。糸の両端にチチワを作り、目印をセットするだけ。

チチワとは糸の端に作る輪のこと。友釣り仕掛けにおいては、ありとあらゆる部分にチチワが用いられているので、チチワとその結びは仕掛け作りの基本中の基本となる。

チチワの作り方にはいろいろあるが、3回ヒネリの8の字結びが一般的で強度も安心できる。指だけで結ぶこともできるが、輪の部分をなるべく小さく作りたいのなら、8の字結び器を使った方が作業しやすい。

注意したいのは、どんな結びでも締め込みすぎると強度が落ちてしまうこと。ナイロンやフロロカーボンは熱に弱く締め込む際の摩擦が悪影響をおよぼす。結ぶ作業は慎重にしたいが、締める前に結び目を湿らせておくと熱を逃がすことができる。

水中糸のチチワは天上糸の接続具や中ハリスの結びコブなどと接続するが、チチワをメガネ状にしてから、その2つの輪の中に結びコブを通して締める。これが無精付けと呼ばれる方法だ。

目印はウーリーナイロン製の細い毛糸状のタイプが主流だが、水中糸へのセット法としては、無精付け（金属糸には使えない）もしくは固結び（真結び・本結びとも）のバリエーションだろう。

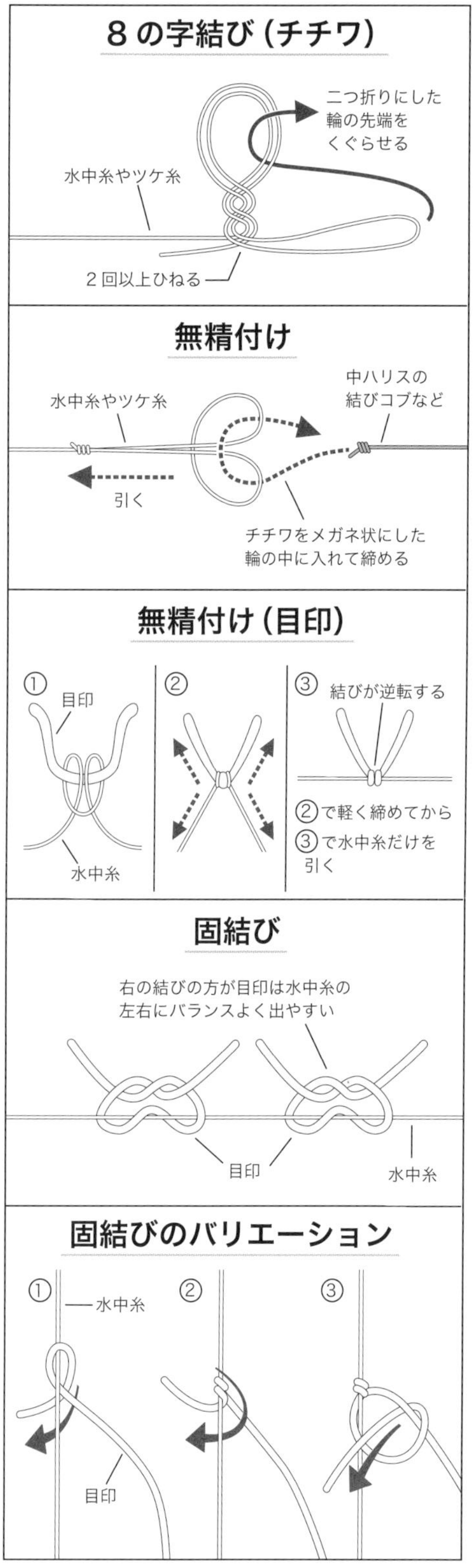

目印の結び方（固結びのバリエーション）

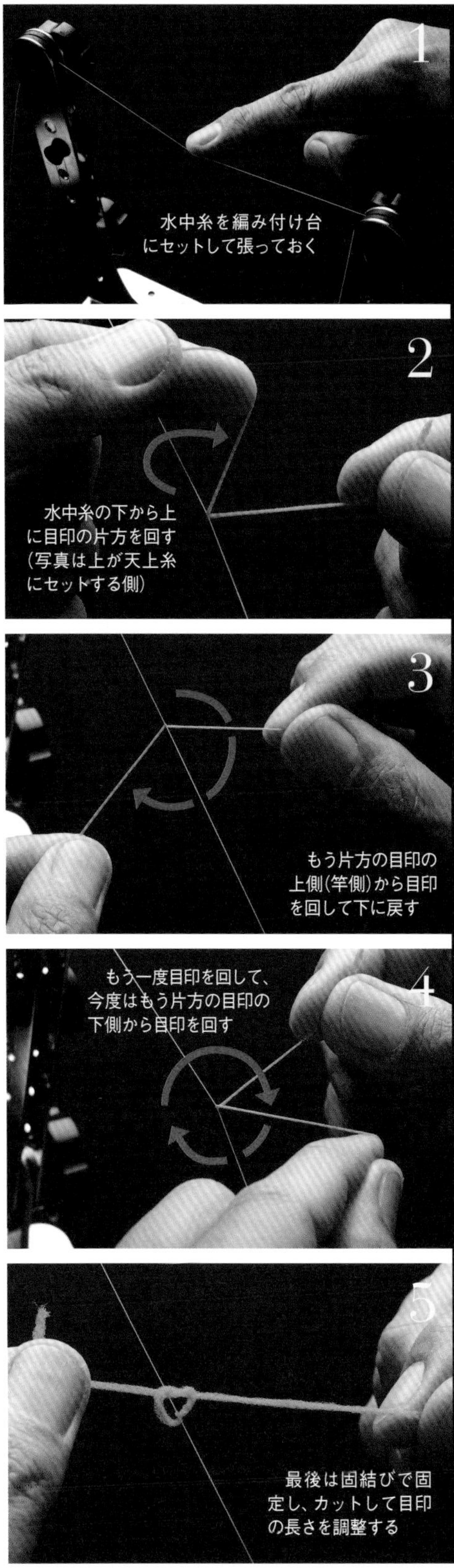

1
水中糸を編み付け台にセットして張っておく
2
水中糸の下から上に目印の片方を回す（写真は上が天上糸にセットする側）
3
もう片方の目印の上側（竿側）から目印を回して下に戻す
4
もう一度目印を回して、今度はもう片方の目印の下側から目印を回す
5
最後は固結びで固定し、カットして目印の長さを調整する

チチワの作り方（器具を使った3回ヒネリの8の字結び）

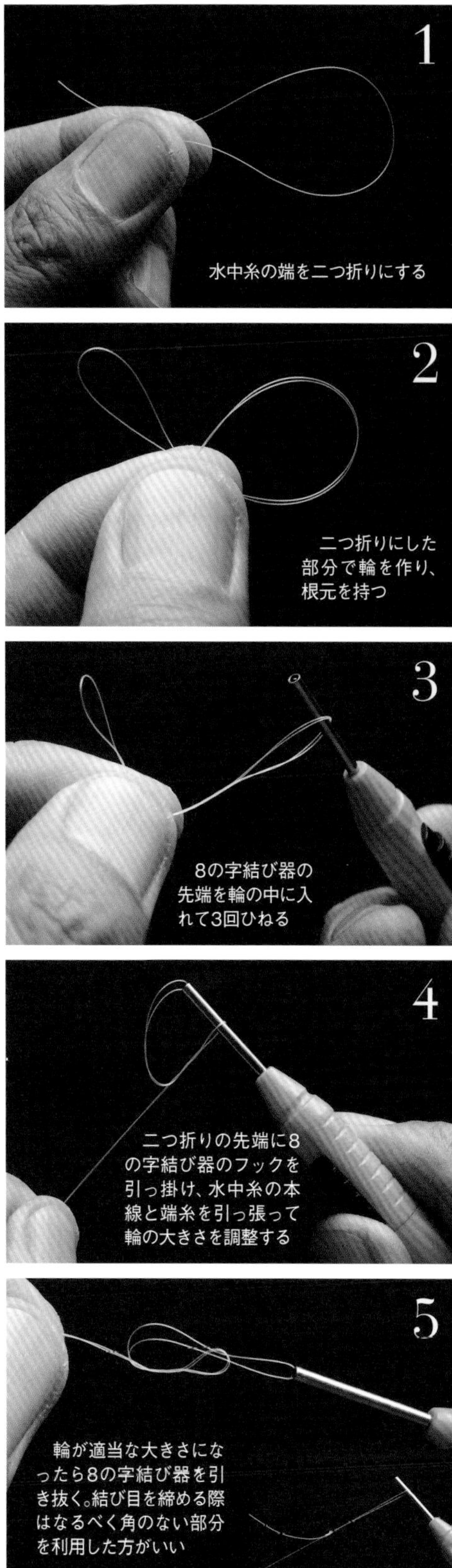

1
水中糸の端を二つ折りにする
2
二つ折りにした部分で輪を作り、根元を持つ
3
8の字結び器の先端を輪の中に入れて3回ひねる
4
二つ折りの先端に8の字結び器のフックを引っ掛け、水中糸の本線と端糸を引っ張って輪の大きさを調整する
5
輪が適当な大きさになったら8の字結び器を引き抜く。結び目を締める際はなるべく角のない部分を利用した方がいい

固定式ハナカン周りを作る

ワンタッチハナカンを用いた現在仕様

現在のハナカン周りの主流はオトリのサイズに合わせて位置を動かせる移動式。完成品も市販されており、自分で作る必要性は以前ほど高くはない。

とはいえ、ハナカン周りは消耗の激しい部分。完成品だけで対応しようとするとコストがかかる。また、友釣りを始めて間もない頃はオトリ交換で精一杯で、ハナカンを動かして調整する余裕がないことも少なくない。

そこでワンタッチハナカンであることを前提に、シンプルな固定式ハナカン周りの作り方からご紹介しよう。

中ハリスをハナカンに結ぶ方法としては、昔ながらの方法よりもパロマーノットがすぐれているが、ワンタッチハナカンの場合、中ハリスとハナカンの間にアソビ（枝分かれした部分）を設けるのがポイント。野アユが掛かった瞬間に外れることがあるからだ。

サカバリは根巻き糸で中ハリスに巻き止める。ボビンホルダーの基本的な使い方とトックリ結びをマスターすれば、掛けバリを巻くときにも役立つ。

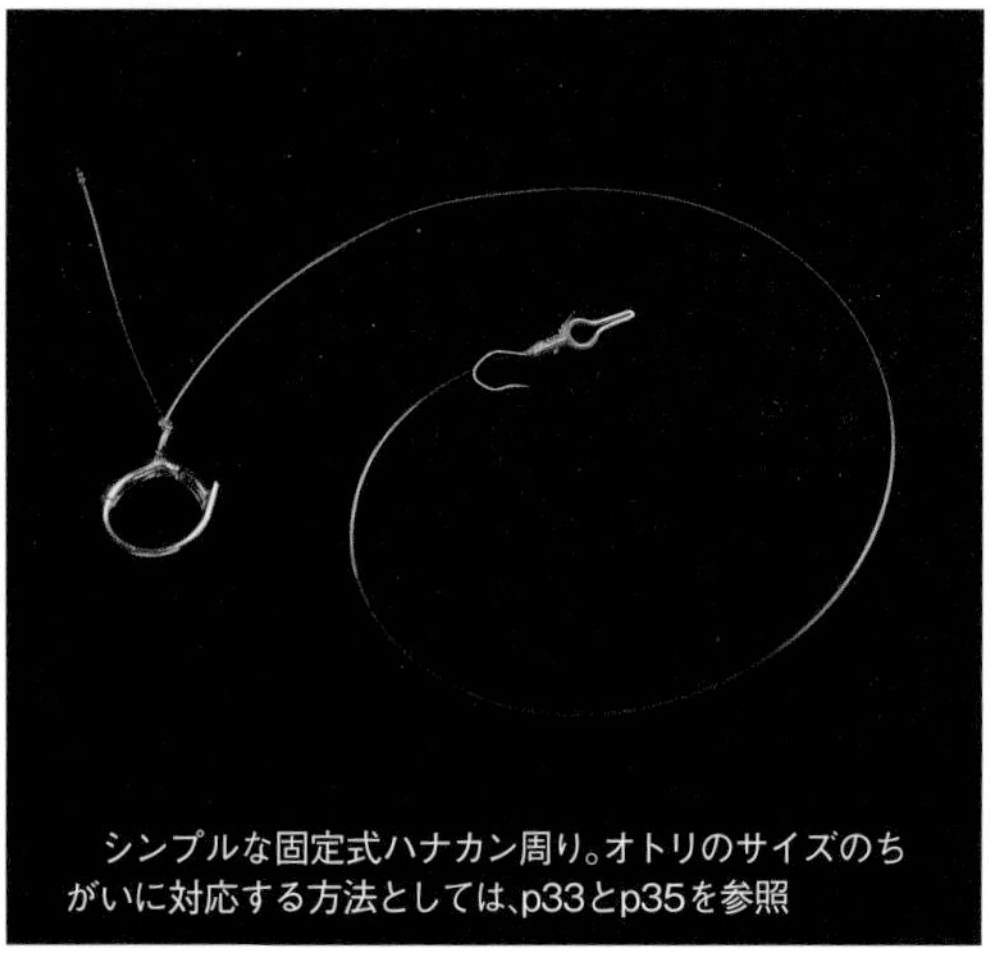

シンプルな固定式ハナカン周り。オトリのサイズのちがいに対応する方法としては、p33とp35を参照

パロマーノット

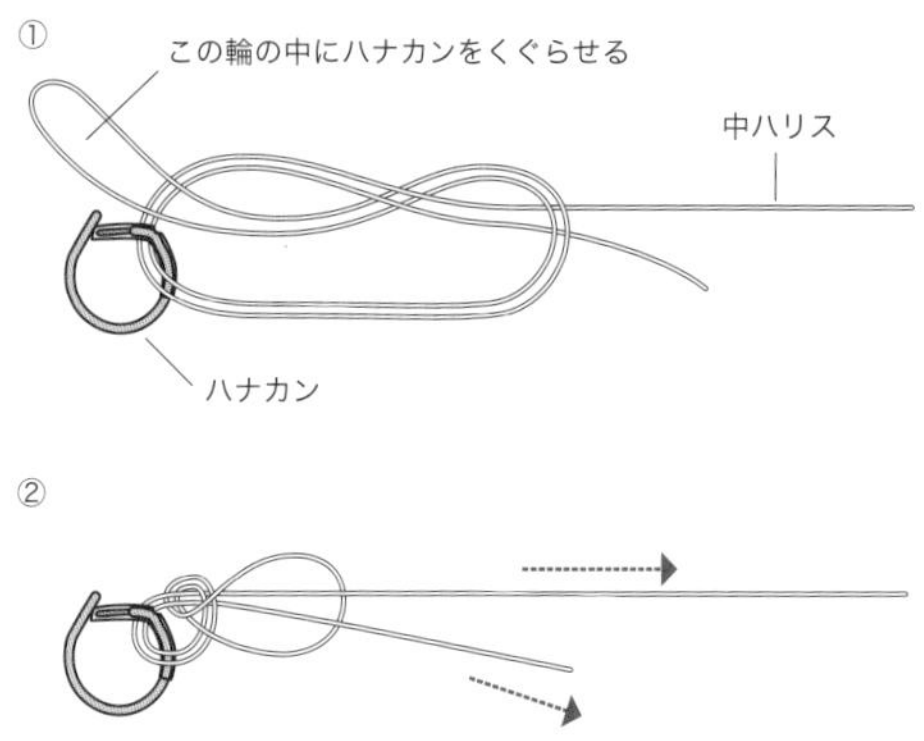

トックリ結び

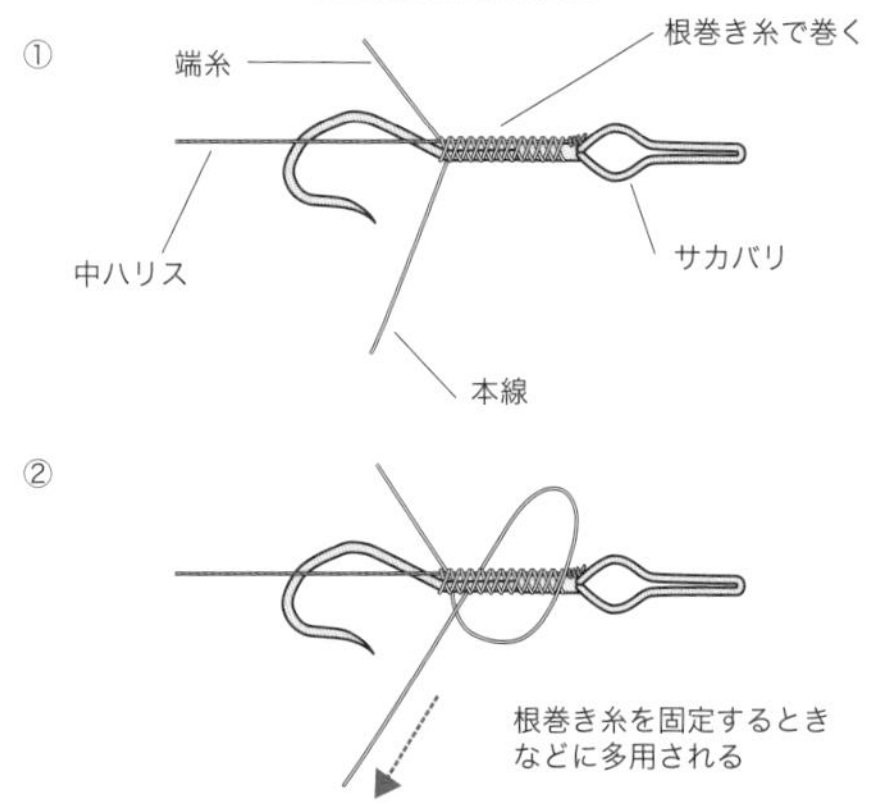

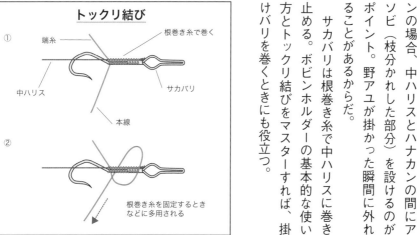

ハナカンの結び方とサカバリの取り付け方

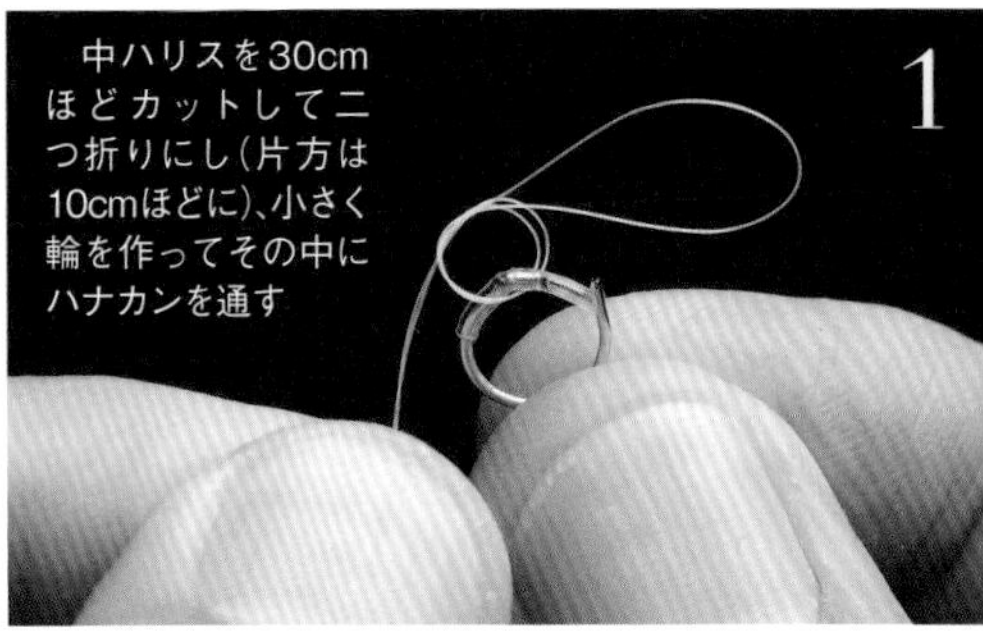

1 中ハリスを30cmほどカットして二つ折りにし(片方は10cmほどに)、小さく輪を作ってその中にハナカンを通す

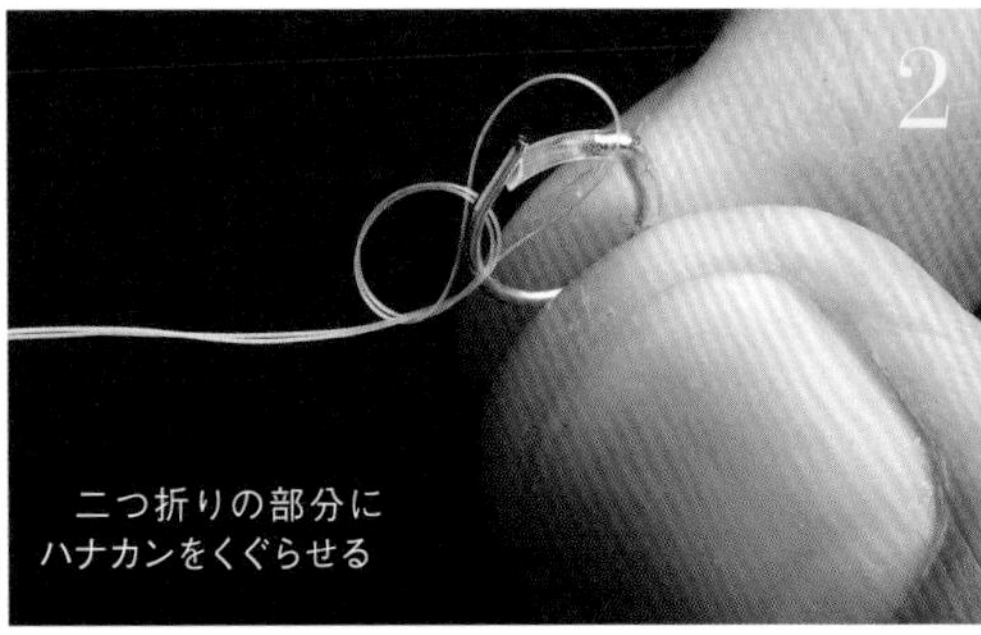

2 二つ折りの部分にハナカンをくぐらせる

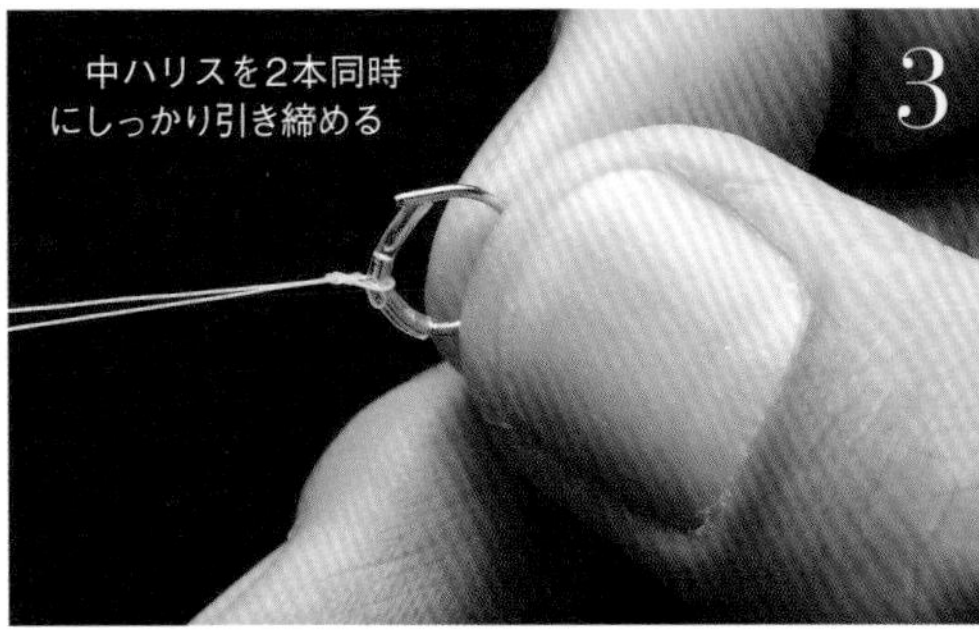

3 中ハリスを2本同時にしっかり引き締める

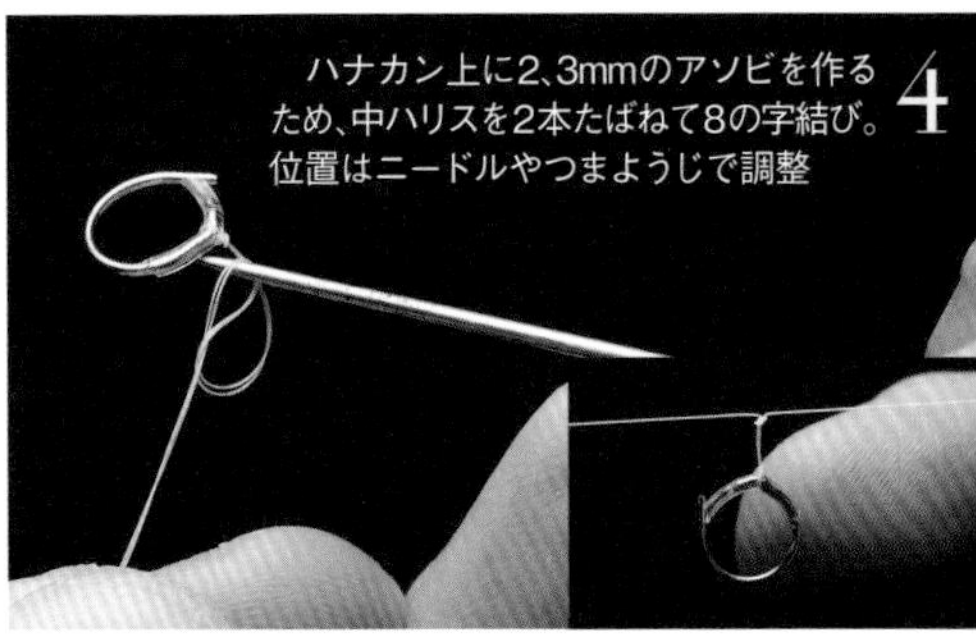

4 ハナカン上に2、3mmのアソビを作るため、中ハリスを2本たばねて8の字結び。位置はニードルやつまようじで調整

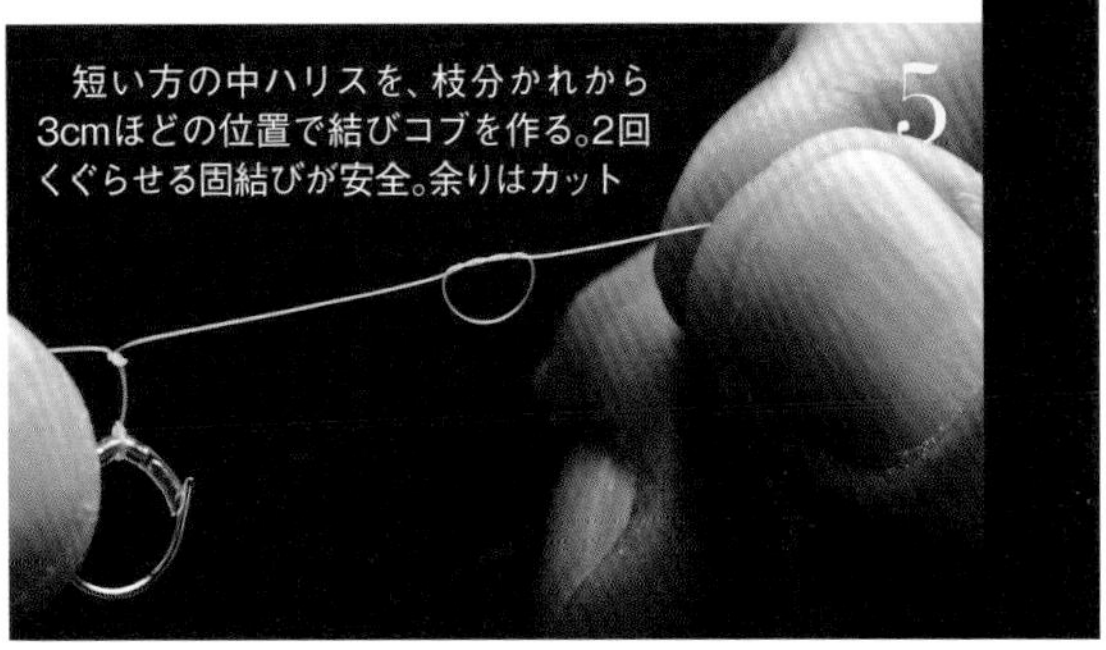

5 短い方の中ハリスを、枝分かれから3cmほどの位置で結びコブを作る。2回くぐらせる固結びが安全。余りはカット

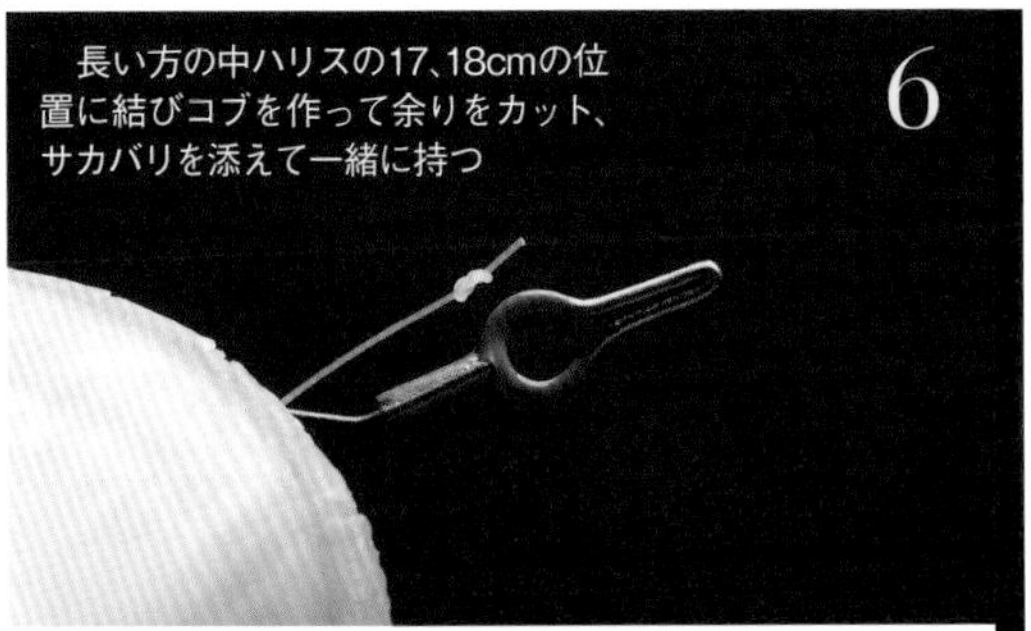

6 長い方の中ハリスの17、18cmの位置に結びコブを作って余りをカット、サカバリを添えて一緒に持つ

7 ボビンホルダーを使ってサカバリと中ハリスを一緒に根巻き糸で巻く

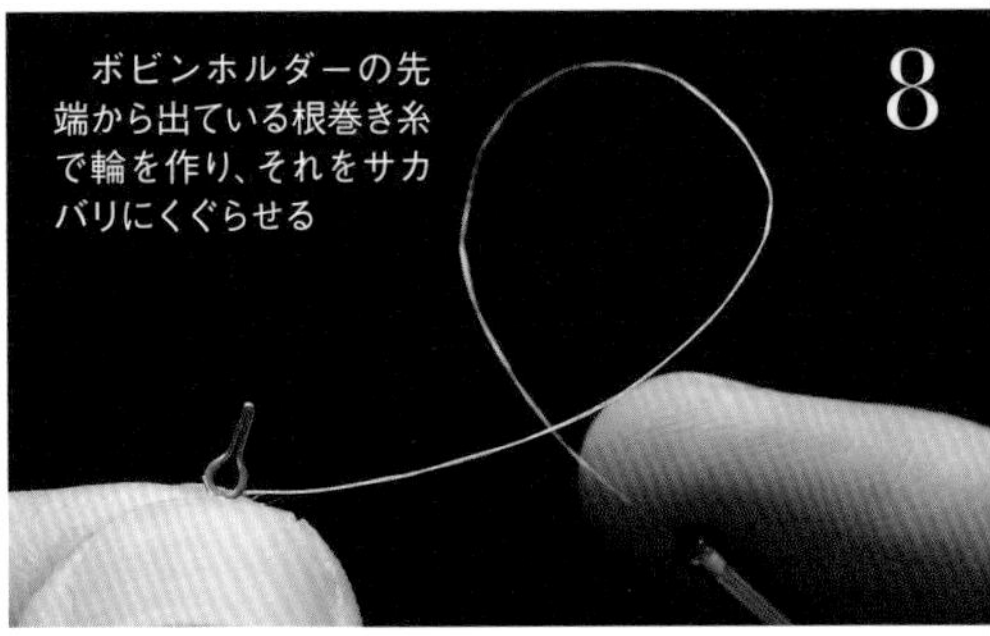

8 ボビンホルダーの先端から出ている根巻き糸で輪を作り、それをサカバリにくぐらせる

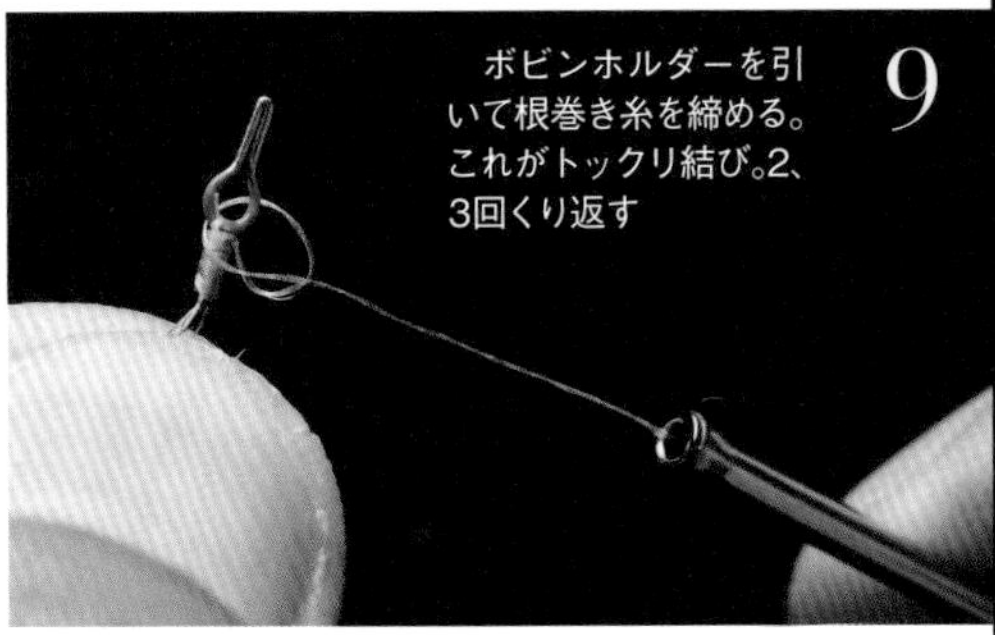

9 ボビンホルダーを引いて根巻き糸を締める。これがトックリ結び。2、3回くり返す

10 根巻き糸の本線と端糸を切り、瞬間接着剤を塗って完成

編み付け不要の仕掛け作り

完成仕掛けからのステップアップのために
名手が提案する水中糸～ハナカン周り

「水中糸とハナカン周りを作っていただけませんか？」「いいですよ」「編み付けは使わないでくださいね」「ええ～っ!?」と困惑するのがお決まりのリアクション。ご協力いただいた名手のみなさん、本当にすみません！

友釣りのハードルを上げている要因に、高額な竿と複雑な仕掛けがあることは間違いないが、竿については価格帯に幅広いバリエーションがあり、近年はエントリークラスも非常に完成度が高いので、必ずしも的を得ているとはいえなくなってきている。

ただ、仕掛けについてはどうだろうか？

確かにこちらも近年は非常に精度の高い完成品が増えているから問題ない…といいたいところだが、決してそうだとは限らない。

水中糸からハナカン周りは傷んだり根掛かりなどでロストする可能性が高い。消耗品である部分を完成品に頼りっぱなしではコストがかかりすぎるし、さらには自分で仕掛けを工夫するというレベルアップの機会も楽しみも放棄することになってしまう。

しかし、完全仕掛けから自作仕掛けまでの距離は、あまりにも遠すぎはしないだろうか？　編み付けだけが仕掛け作りの難しさの原因のすべてではないが、大きな部分を占めていることは確か。そこで名手のみなさんに、編み付け不要の仕掛けをご提案してもらった。

編み付け不要の
仕掛けを
ご提案いただいた
7人

岡田充正

Mitsumasa Okada

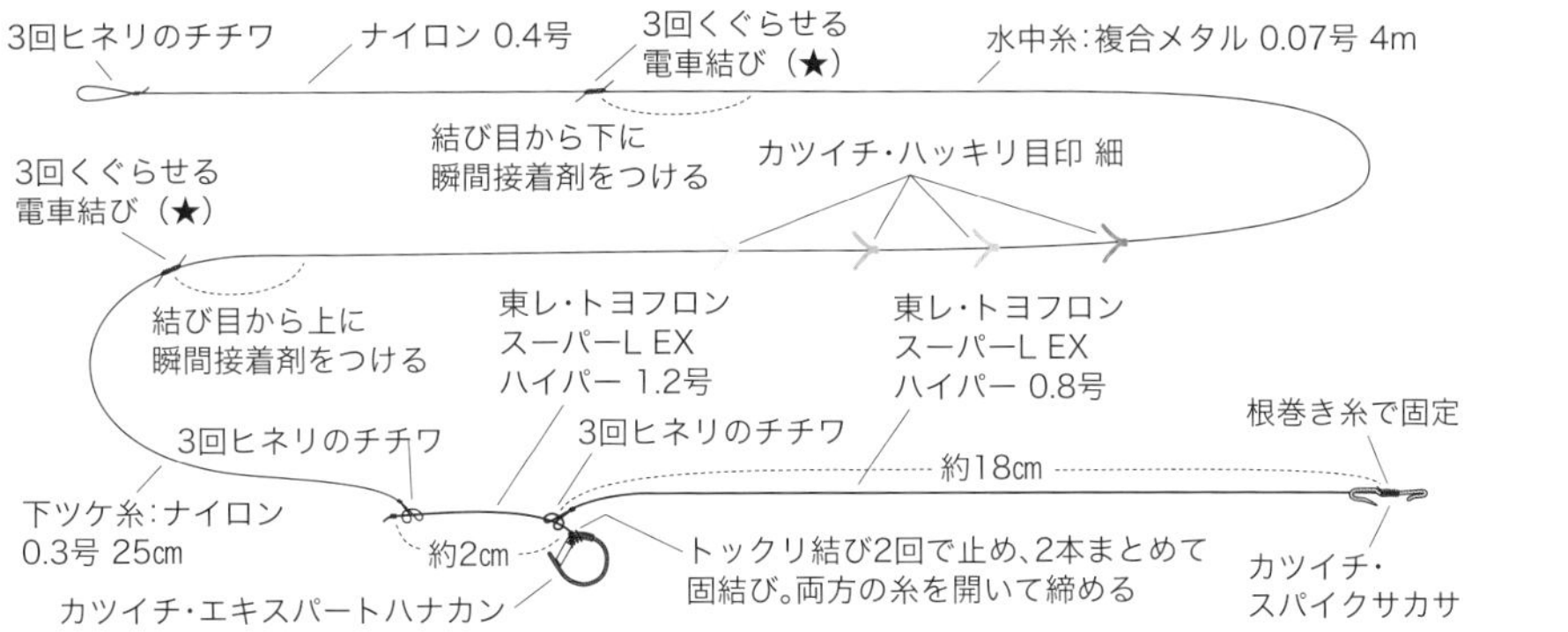

複合メタルの接続は電車結び＋瞬間接着剤。中ハリスは2分割

天上糸側から解説すると、上ツケ糸はナイロン0・4号。チチワは3回ヒネリの8の字結びで作ります。水中糸は扱いやすい複合メタル0・07号で、3回くぐらせる電車結びで接続。

そして水中糸の下からワンタッチでセットできるカツイチのハッキリ目印 細を通します。このとき、編み付け部分が天上糸側にくるように注意してください。下ツケ糸も電車結びで水中糸と接続します。そして先端にチチワを作り、ハナカン周りに無精付けでセットします。

中ハリスは、ハナカンの上はフロロカーボン1・2号を使い、トックリ結び2回でハナカンを止め、2本まとめて固結びにします。そして糸を開いて締め、片方を切ります。長さは約2㎝取り、その部分に今度は0・8号で作ったサカバリ側の部分をチチワで無精付けします。

サカバリは根巻き糸で固定。片方をくわえて4回ほど巻き、あとは両方の糸を合わせてトックリ結びを2回、そして瞬間接着剤で止めます。

ちなみに、泳がせ中心の場合は水中糸にナイロン0・2号を4～5m。目印をセットしておき、両端は糸を折り返して2重にしたチチワにするだけで、とても簡単です。

ZOOM UP!! 水中糸

ポイントは水中糸の複合メタルとツケ糸との接続。3回くぐらせる電車結びをした後、結び目から水中糸側に10cmほど瞬間接着剤を塗っておく。目印はワンタッチでセットできる既製品だが、セットするときは向きに要注意。逆だと絡みやすくなってしまう。

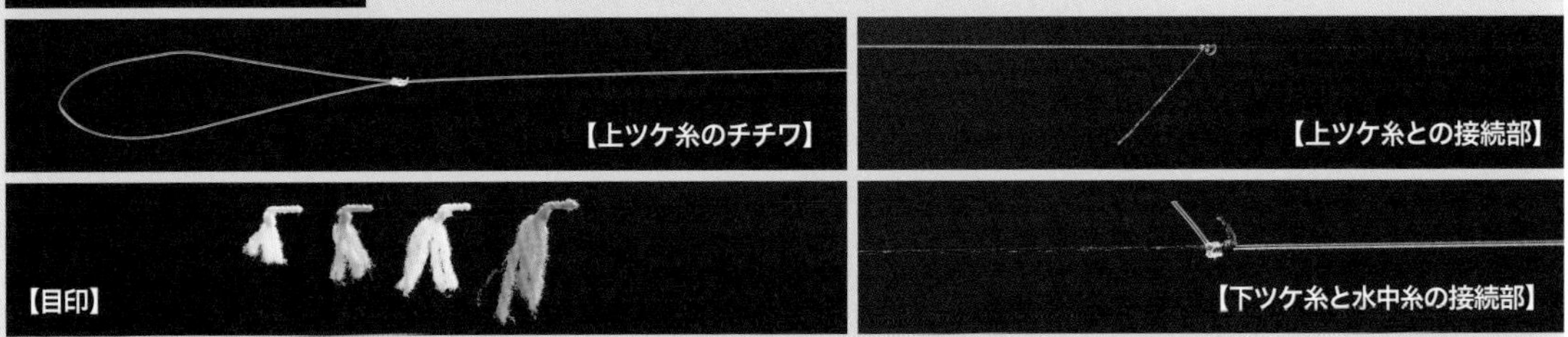
【上ツケ糸のチチワ】【上ツケ糸との接続部】【目印】【下ツケ糸と水中糸の接続部】

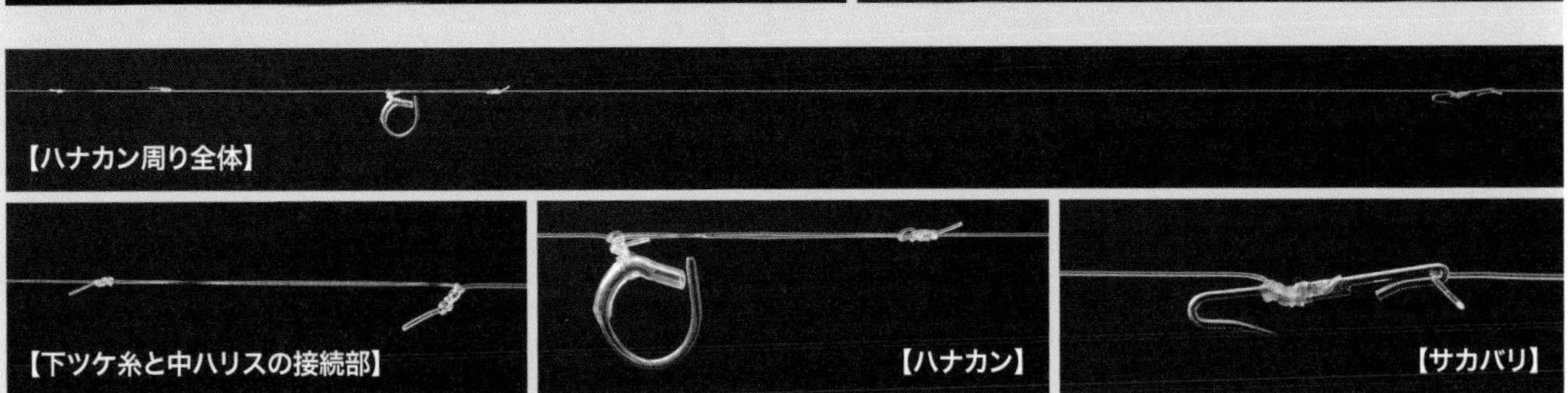
【ハナカン周り全体】【下ツケ糸と中ハリスの接続部】【ハナカン】【サカバリ】

ZOOM UP!! ハナカン周り

ハナカンを境に中ハリスを分けている。ハナカン上は1.2号、ハナカン下のサカバリ側は0.8号。固定式ハナカンなので、なるべく抵抗を減らそうという狙いなのだろう。小さなタイプをセレクトしたサカバリは、なるべく簡単にと根巻き糸で固定する方法を採用してくれたが、必要最小限の巻き数で固定している。

★の結びはp36で解説します

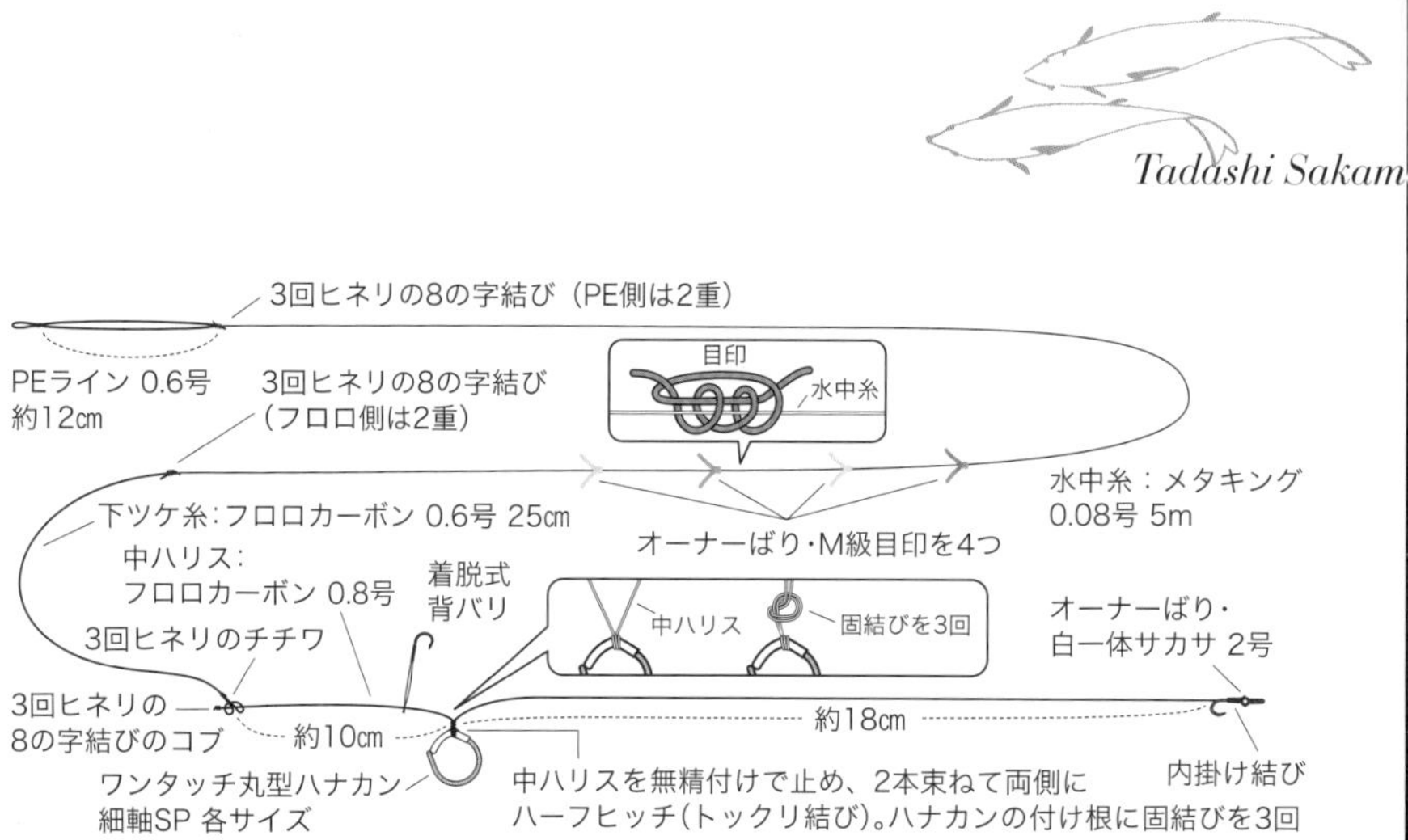

Tadashi Sakamoto

坂本 禎

長く取る複合メタルは瀬釣り対応。サカバリは内掛け結び

編み付けをしない仕掛け作りなら水中糸はフロロカーボンやナイロンがいいと思いますが、今回は自分が普段使用している複合メタルで、できるだけ簡単に現場でも作れるように瞬間接着剤も使用しないようにしました。

下から解説すると、サカバリはメガネタイプで中ハリスをハリス止めの穴に通して内掛け結びします。私は普段からこの方法で、熊本県球磨川（くまがわ）の尺アユも問題ありません。

ハナカンも直接中ハリスで固定します。中ハリスを二つ折りにして無精付けで止め、その両側にハーフヒッチ（トックリ結び）。それから束ねた2本をハナカンの付け根に3回固結びします。

複合メタルと下ツケ糸の接続は完成品の編み付けジョイントがいいのですが、コスト面と現場でも作れるように、下ツケ糸のフロロカーボンを二重にして複合メタルと抱き合わせ、トリプル8の字結びで接続します。水中糸に付ける目印は、電車結びの要領で2回くぐらせてセットします。

水中糸の上に接続するツケ糸はなくPEラインでチチワを作ります。真ん中で折って2本を束ね、端を複合メタルと抱き合わせてトリプル8の字結び。できたPEラインのチチワを天上糸に接続します。

ZOOM UP!!

水中糸

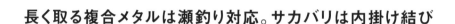

オールラウンド…とはいうものの、瀬釣りを念頭に置いていることがすぐに分かる仕様。水中糸は5mと長く、上ツケ糸を排してPEラインでそのままチチワを作っているあたりは、オトリの沈みと仕掛け強度に注意を払っている証拠だろう。

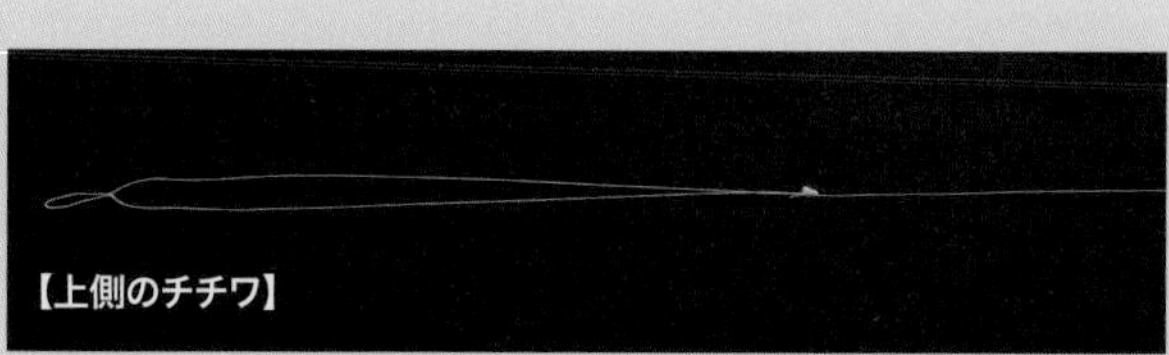
【上側のチチワ】

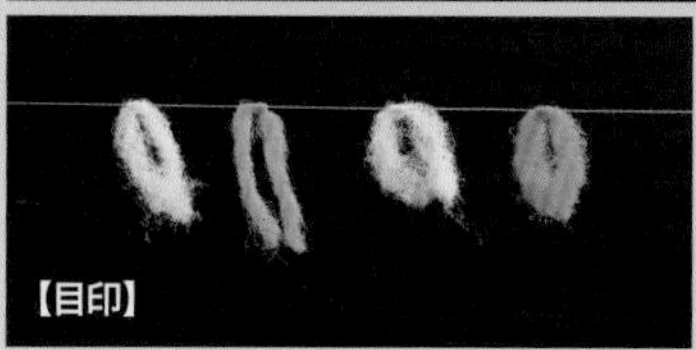
【目印】

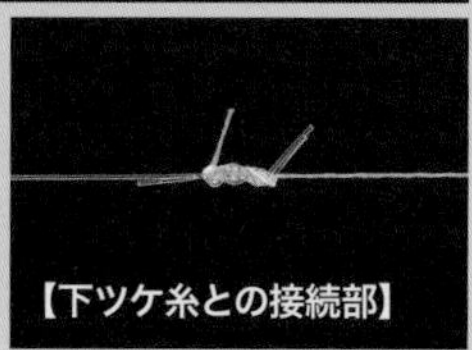
【下ツケ糸との接続部】

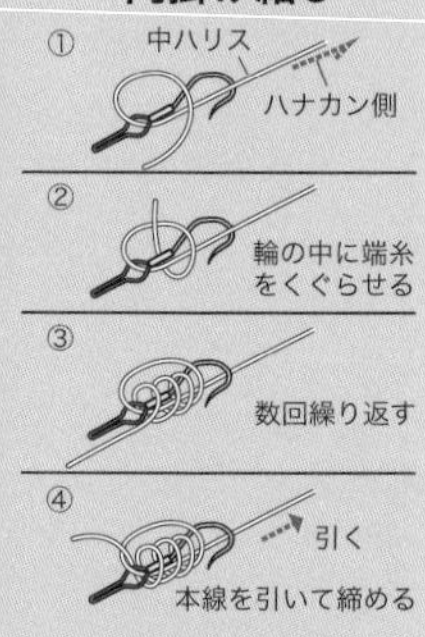
内掛け結び

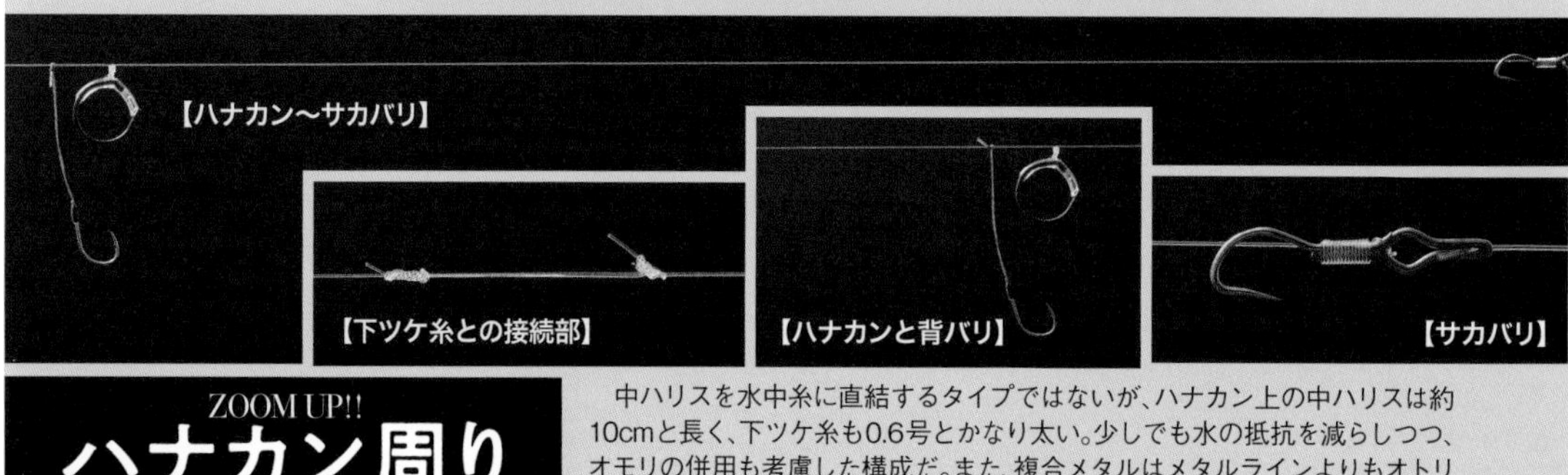
【ハナカン～サカバリ】
【下ツケ糸との接続部】
【ハナカンと背バリ】
【サカバリ】

ZOOM UP!!

ハナカン周り

中ハリスを水中糸に直結するタイプではないが、ハナカン上の中ハリスは約10cmと長く、下ツケ糸も0.6号とかなり太い。少しでも水の抵抗を減らしつつ、オモリの併用も考慮した構成だ。また、複合メタルはメタルラインよりもオトリの沈みが悪いので、背バリの役割はかなり大きくなるだろう。

※メーカー名のない商品はシマノ製

下田成人

Narito Shimoda

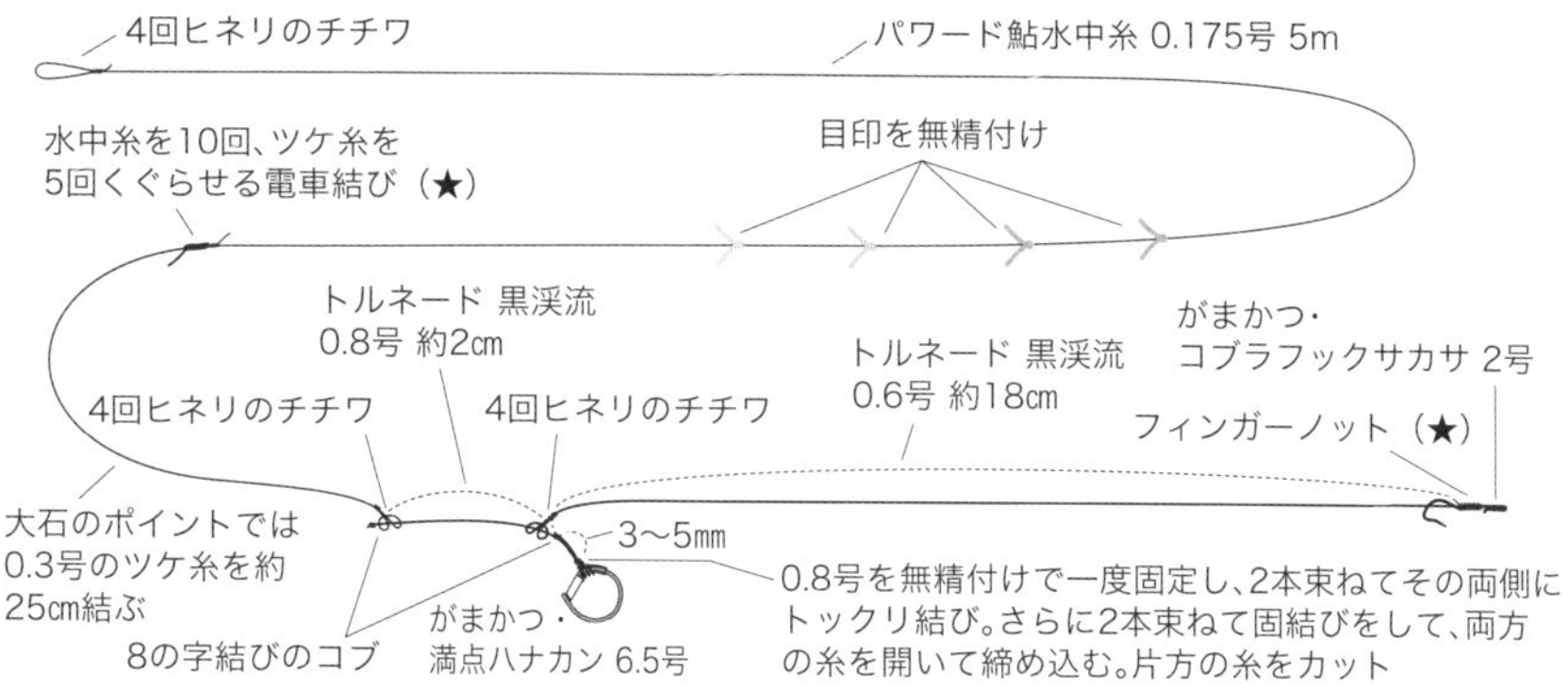

シーズン中の出番No.1のナイロン0.175号。根ズレ対策は下ツケ糸

ビギナーの方でもできるだけ簡単に作れるようにしました。渇水時や水量の少ない河川での、泳がせ釣りの仕掛けになります。

水中糸はナイロン0・175号ぐらいがトラブルも少なくベストだと思います。実際に私がシーズン中いちばん使う号数です。

ハナカン周りはワンタッチのチューブハナカンなので3～5㎜の遊び部分を作っています。アタリが強いと、ワンタッチの場合、まれにオトリが外れるからです。移動式ではないので、オトリの大きさに対して長ければ合わせて中ハリスにヨリを入れて調整してください。

水中糸とハナカン周りを接続する方法ですが、まず水中糸に4回ヒネリの8の字結びでチチワを作ります。目印を付けるときに少しヨレたりしていると思うのでそこをカットしておくのと、チチワを作るときはゆっくりと締め込むのがコツです。0・125号以下の細いラインは二重にしてチチワを作ると強度が増します。

また、大石のポイントで根ズレが気になる場合はツケ糸を結びますが、電車結びがいいと思います。水中糸側を多く巻き付けると強い気がします。やはり、ゆっくりと締め込みましょう。

ZOOM UP!! 水中糸

0.175号の水中糸に下ツケ糸を結ぶ場合は0.3号を電車結びで接続するが、太さの差を考慮して糸をくぐらせる回数を増やしている（仕掛け図参照）。ナイロン同士なので結びは簡単だが、少し工夫が必要だ。

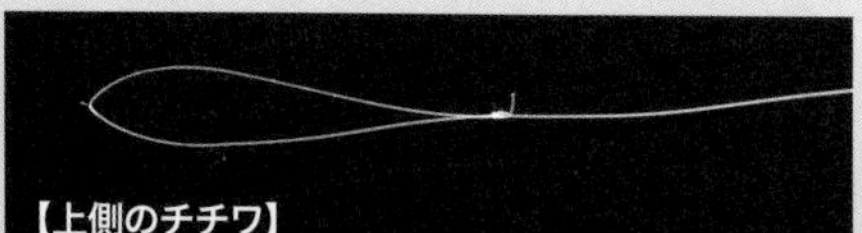
【上側のチチワ】

【目印】

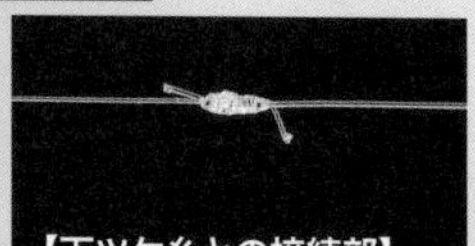
【下ツケ糸との接続部】

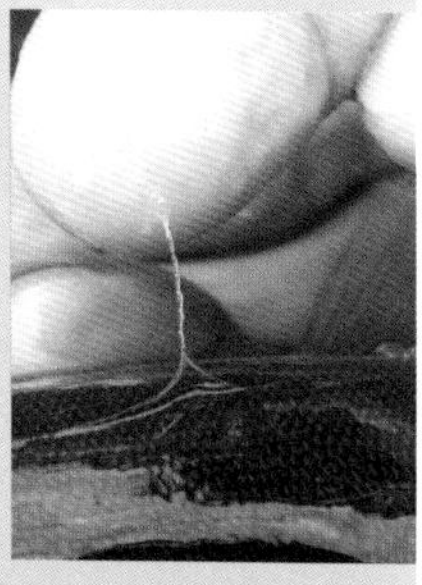
オトリが小さい場合は中ハリスにヨリを入れて対応する

【ハナカン周り全体】

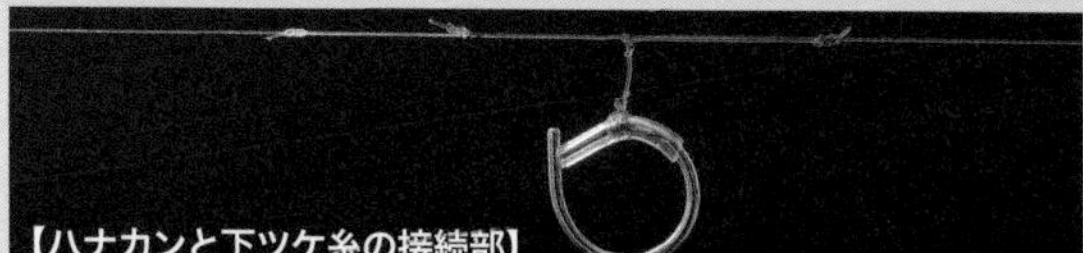
【ハナカンと下ツケ糸の接続部】

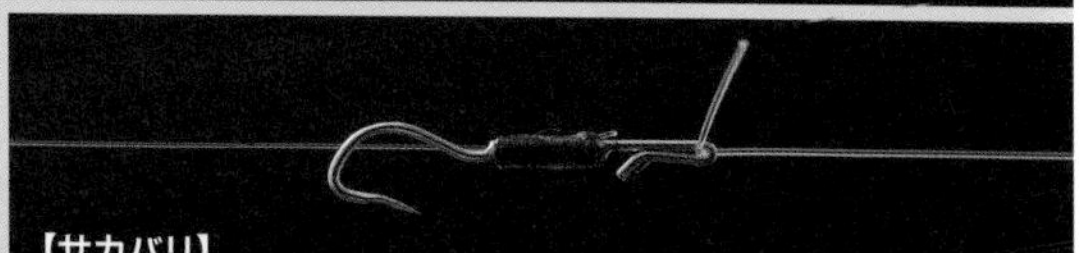
【サカバリ】

ZOOM UP!! ハナカン周り

ハナカン周りで特徴的なのは、中ハリスをハナカン上は0.8号、ハナカン下のサカバリ側を0.6号に分けているところ。固定式ハナカンなので、オトリに対する長さの調整ができなくても、なるべく抵抗を減らそうという狙いなのだろう。また、サカバリ側のスペアを用意しておけば、トラブルが生じた場合やアユのサイズが予想以上に大きく、サカバリが届かない場合でも対応しやすいはずだ。

※1：メーカー名のない商品はサンライン製です
※2：★の結びはp36で解説します

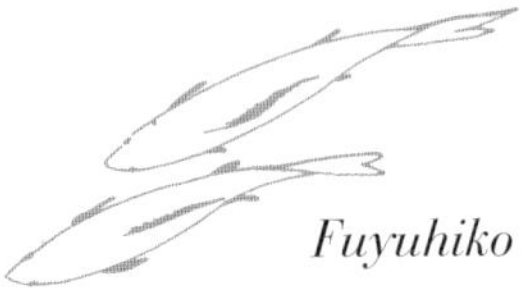

Fuyuhiko Sumi

鷲見冬彦

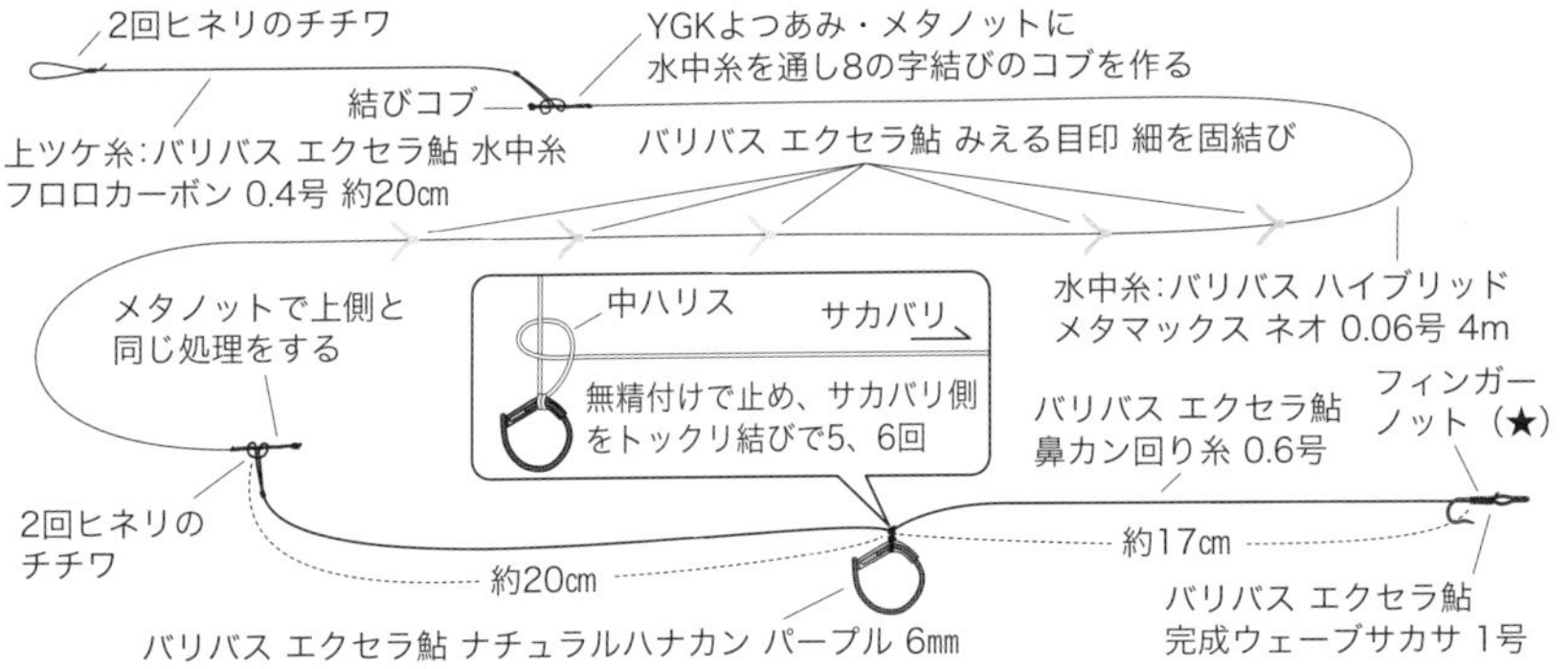

金属糸の結びを簡単にするメタノット。中ハリス直結で瀬も安心

金属糸を使い始めた当時、編み付けが苦手だった私が使い始めたのがYGKよつあみのメタノットでした。芯を抜きラインを通して結びコブを作れば、そこにツケ糸が接続できます。一般的なジョイントに比べて安価でコスト面にも優れています。

以来、約20年にわたり使用してきましたが、抜けることはもちろん、切れることもなく強度的に非常に優れています。ただし、極細のメタノットに細いラインを通すのは至難の業。単線メタルなら張りがあるので直接通しますが、複合メタルなどは、いちばん細い縫い針を使用します。以下にコツをまとめてみました。

① よく切れるPE用ハサミなどでメタノットの端の切り口を整える。

② メタノットの芯糸を抜くときはつぶさないよう、引っ張らずデリケートに扱う。

③ 縫い針を通すときはメタノットを回しながらおこなう。

とはいえ、私も最近は老眼が進み、通しづらくなってきましたが…。ハナカン周りはいくつかの接続方法を考えましたが、やはりシンプルで簡単なものにしました。ちなみに、この仕掛けを移動式ハナカンにしたものが、普段使用しているのと同じものになります。

ZOOM UP!! 水中糸

水中糸の複合メタルの端はメタノットで処理しているので、ツケ糸はチチワで接続すればOKだ。目印は上側に2つ、下側に3つのグループに分けてセットする。ベタ竿から立て竿へ、あるいは立て竿からベタ竿へと竿の角度を変えても、見やすい位置に目印がある。目印は固結び1回。動きやすいことは間違いないが、あまり気にしないという。

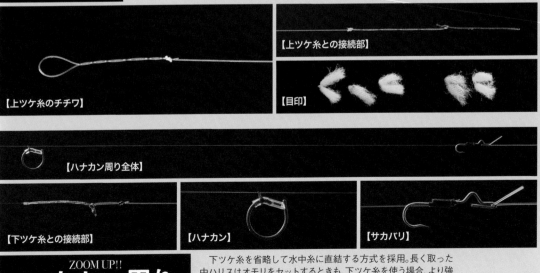

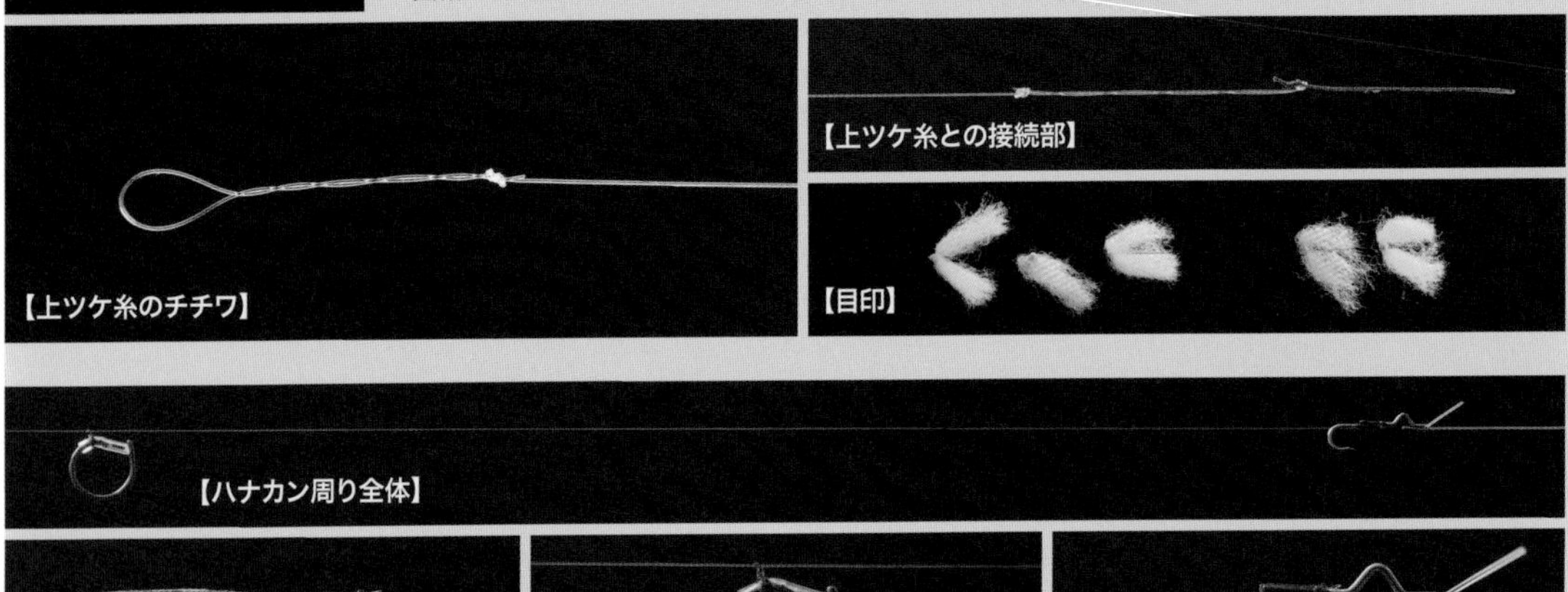

ZOOM UP!! ハナカン周り

下ツケ糸を省略して水中糸に直結する方式を採用。長く取った中ハリスはオモリをセットするときも、下ツケ糸を使う場合、より強度があるので安心。瀬釣りに向いているといえる。ハナカンと中ハリスの接続はトックリ結びを繰り返してアソビを作っている。

※1：メーカー名のない商品はモーリス製です　※2：★の結びはp36で解説します

三嶋英明

Hideaki Mishima

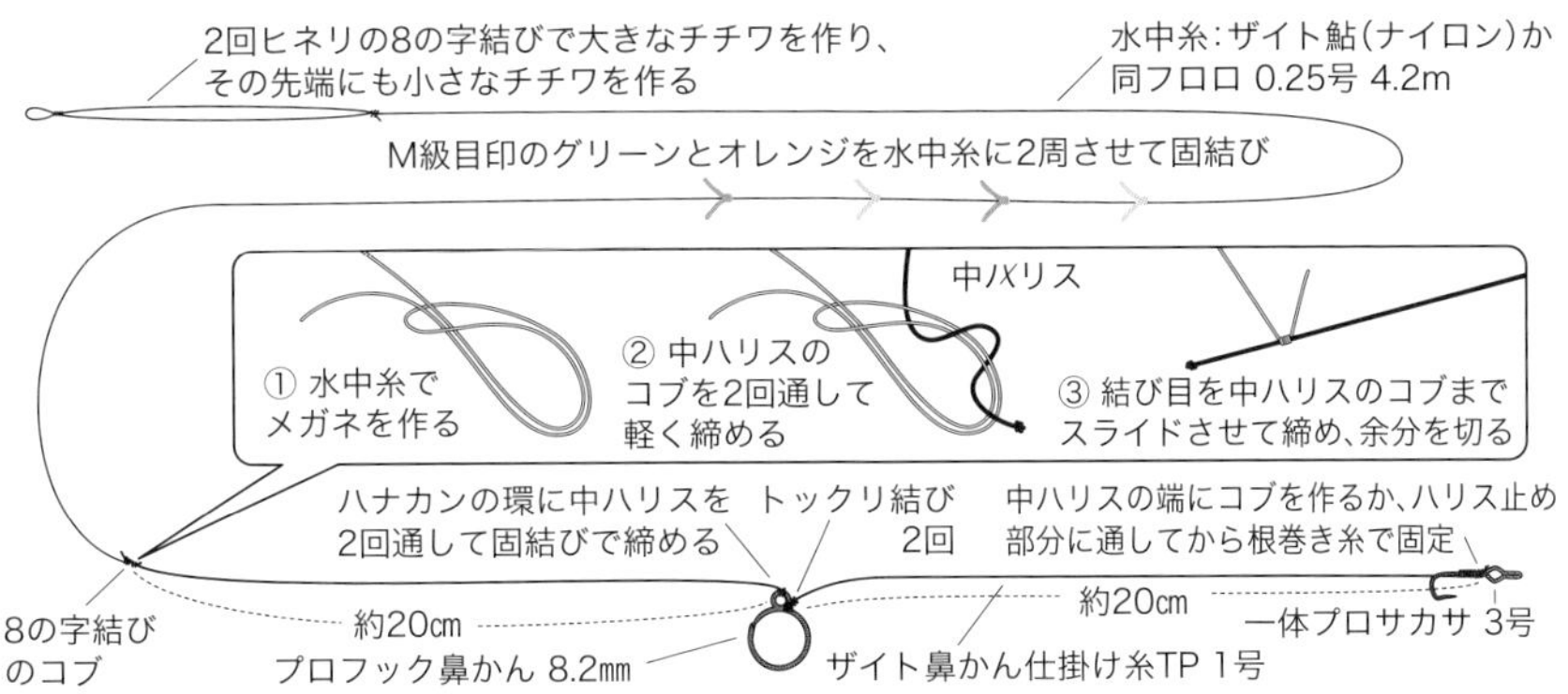
2回ヒネリの8の字結びで大きなチチワを作り、
その先端にも小さなチチワを作る
水中糸：ザイト鮎（ナイロン）か
同フロロ 0.25号 4.2m
M級目印のグリーンとオレンジを水中糸に2周させて固結び
中ハリス
① 水中糸で
メガネを作る
② 中ハリスの
コブを2回通して
軽く締める
③ 結び目を中ハリスのコブまで
スライドさせて締め、余分を切る
ハナカンの環に中ハリスを
2回通して固結びで締める
トックリ結び
2回
中ハリスの端にコブを作るか、ハリス止め
部分に通してから根巻き糸で固定
8の字結び
のコブ
約20cm
約20cm
一体プロサカサ 3号
プロフック鼻かん 8.2mm
ザイト鼻かん仕掛け糸TP 1号

狩野川御用達の0.25号。瀬釣りも問題なし。ハナカン固定は普段通り

川の状況や魚の大きさが極端に違う場合は変えていますが、ほとんどこの仕掛けと同じものを普段も使用しています。

水中糸はナイロンやフロロカーボンの0・25号で、中ハリスを直結した簡単なものです。竿を立てて泳がせることが多いのですが、これで竿を寝かせて瀬も釣っているので、比較的多くの条件ををカバーできると思います。今回は編み付けNGですが、普段でも放流河川で魚のサイズが揃っている場合は固定式ハナカンを使っています！

仕掛けのポイントですが、目印は水中糸に2回（1回だと緩い）回して固結びでセットします。水中糸を張り気味にして結ぶとトラブルが少ないと思います。

中ハリスの長さは35〜40cm。中間でハナカンを結びます。ハナカンはフック式を選び、環に2回通して固結び＋その根元にトックリ結びします。サカバリまで20cm前後で作成すると10〜23cmのオトリに対応可能です。小さい場合は中ハリスを体に巻き付けて対応します。

サカバリの取り付けは、必ず中ハリスの端にコブを作るか、ハリス止め部分にまたがせて根巻き糸で巻き、瞬間接着剤をつけます。

ZOOM UP!! 水中糸

天上糸に接続するための上側のチチワに注目。大きめのチチワを作り、さらにその先端に小さなチチワを作ってつまみ部分にする。取り外しがしやすく頻繁な交換もしやすい。

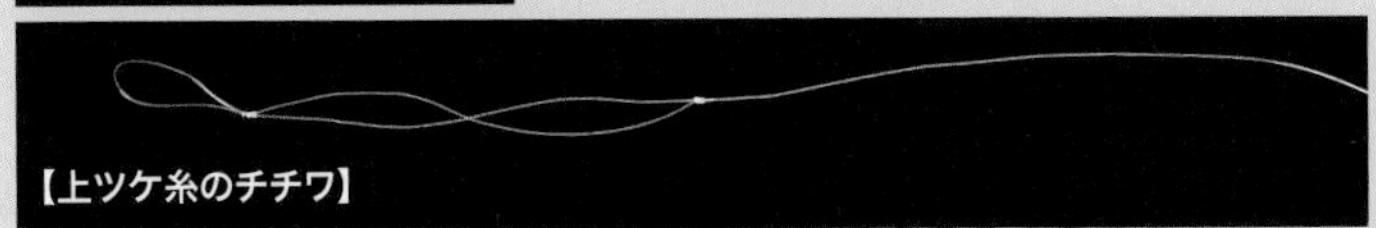
【上ツケ糸のチチワ】

【目印】

ハナカン周りの調整方法

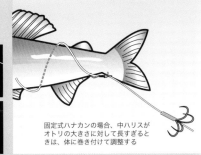

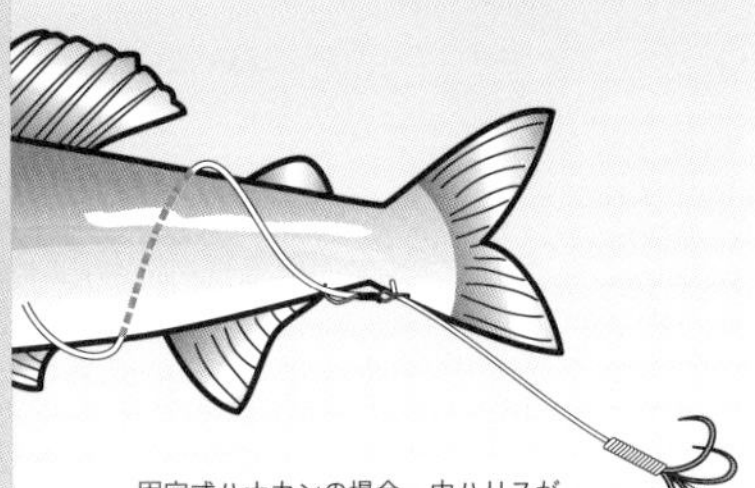
固定式ハナカンの場合、中ハリスがオトリの大きさに対して長すぎるときは、体に巻き付けて調整する

【ハナカン周り全体】

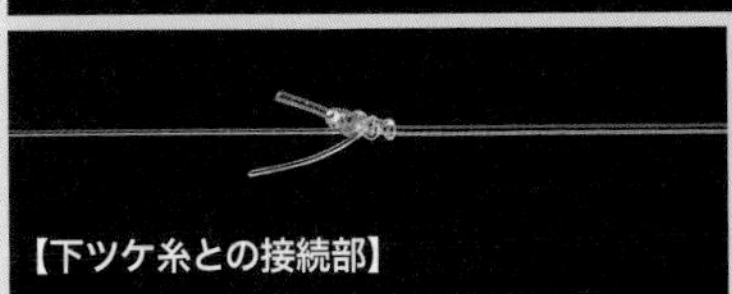
【下ツケ糸との接続部】

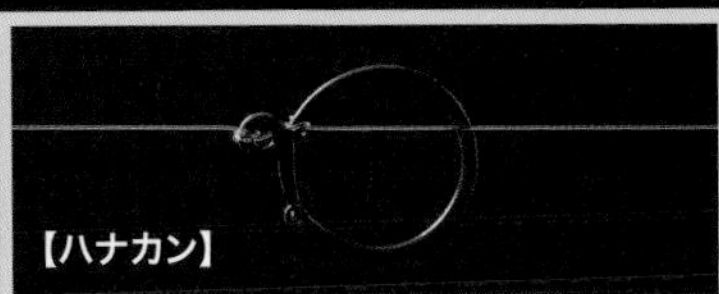
【ハナカン】

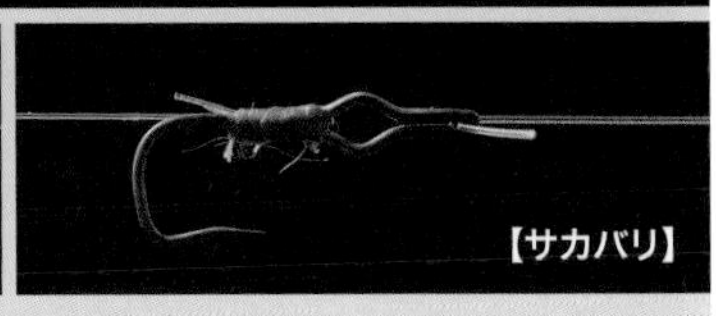
【サカバリ】

ZOOM UP!! ハナカン周り

とにかくハナカンもサカバリも大きいのが特徴。中ハリスはハナカンの前後ともに長い。これで極小サイズのオトリにまで対応してしまうというから驚き。「こんな仕掛けのヤツに負けたのか！」と仲間に言われることも少なくないという。

※メーカー名のない商品はオーナーばり製です

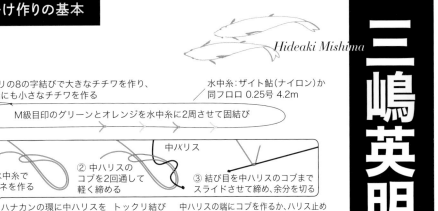

谷口輝生

Teruyuki Yaguchi

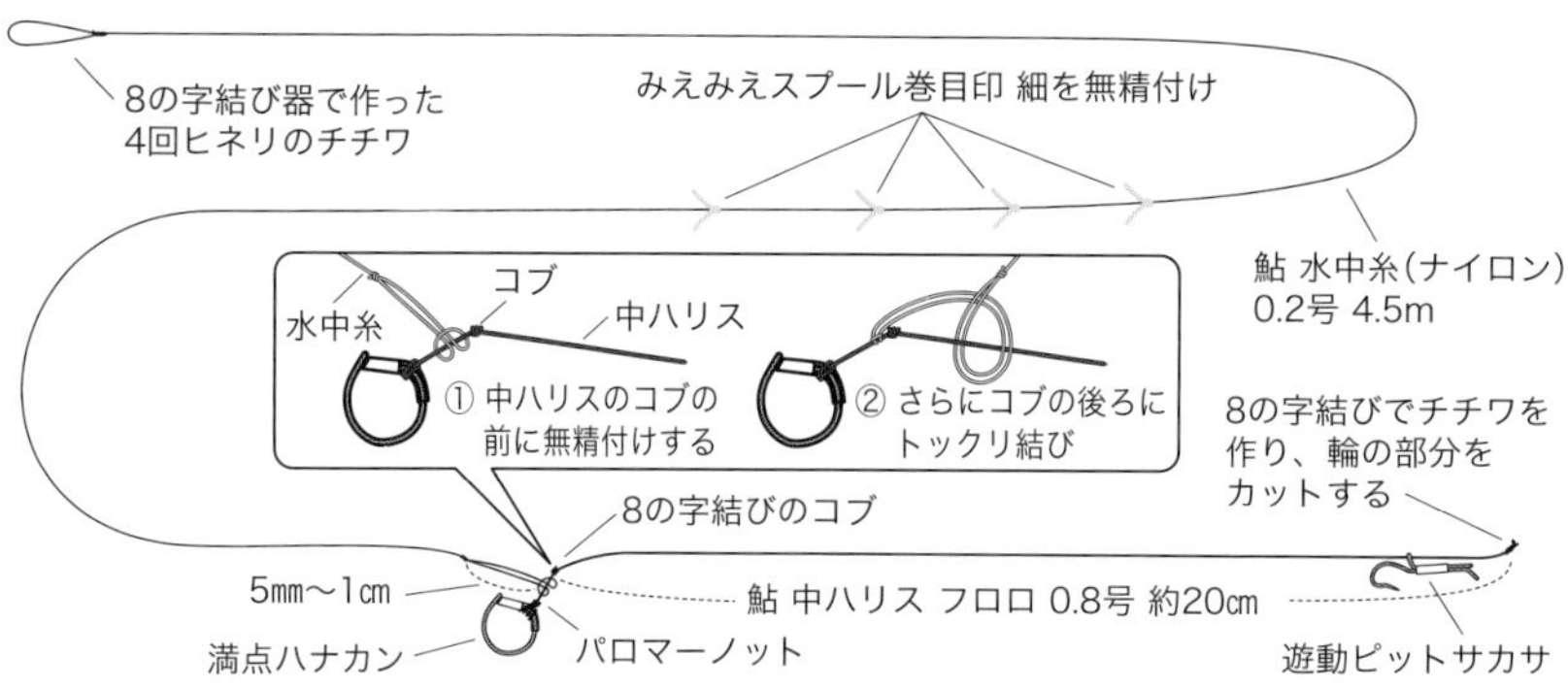

原点の仕掛けにプラスα。遊動ピットサカサならオトリのサイズも無関係

私がひとりで仕掛けをセットして釣りだしたのが小学5年生ごろで、そのときに使っていた仕掛けは編み付けを使ったものではありませんでした。それでも問題なく釣れますし、簡単に作れますのでそれをご紹介します。

ただ、編み付けを使わないとなると固定式ハナカンになってしまうため、ハナカンからサカバリの間隔を長くしすぎると、掛けバリが中ハリスに絡んだりしてしまいます。

そこで今回は、遊動ピットサカサという環付きのサカバリを使うことで、サカバリを遊動式にしつつ仕掛け作りも簡単にしています。

中ハリスとハナカンの接続はパロマーノットを使用しています。水中糸はハナカン上の中ハリスに直結していますが、水中糸が0・2号ならまったく問題ありません。以前、私は0・1号まで使用していました。

昔のタモは網を枠に仕付け糸で固定してあり、抜いたアユをキャッチするときに水中糸がこの部分で擦れて傷み、切れてしまうことがありました。

しかし現在のように仕付け糸のないタモ枠なら水中糸が傷むことも少なく、このような仕掛けでも問題はないと思います。

ZOOM UP!!

水中糸

チチワは8の字結び器を用いて4回ヒネリで作る。これは手で作業する8回ヒネリに相当するので谷口さんは強いと考えている。目印はシンプルに無精付けでセット。

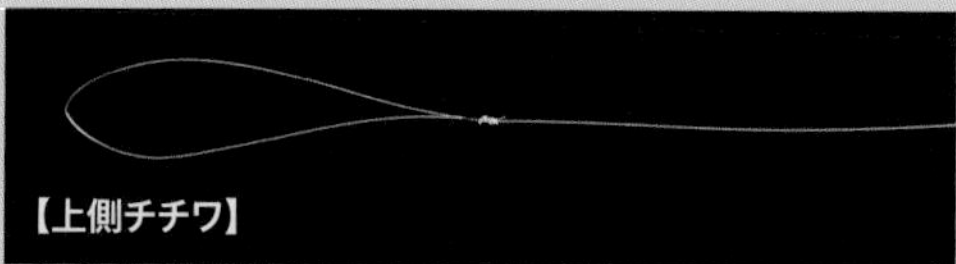

【上側チチワ】

【目印】

かつてはタモ枠の仕付け糸に水中糸が擦れることによって高切れが生じることもあったが、現在はその心配も無用

【ハナカン周り全体】

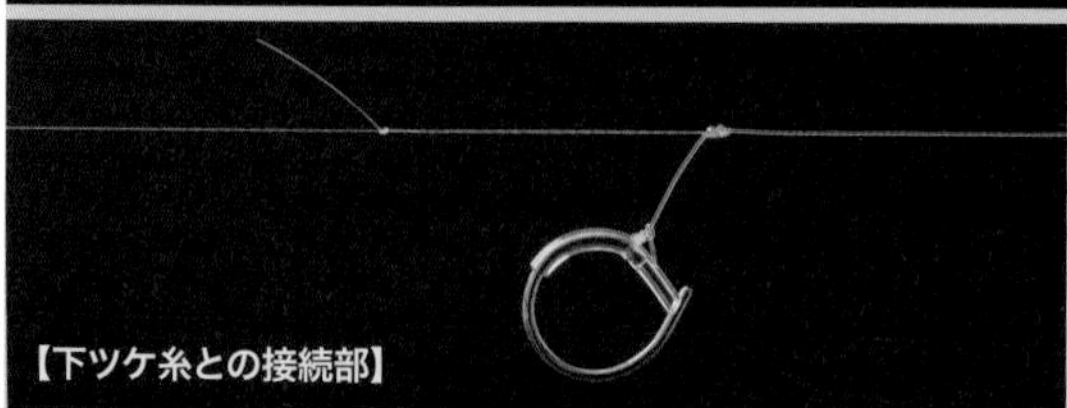

【下ツケ糸との接続部】

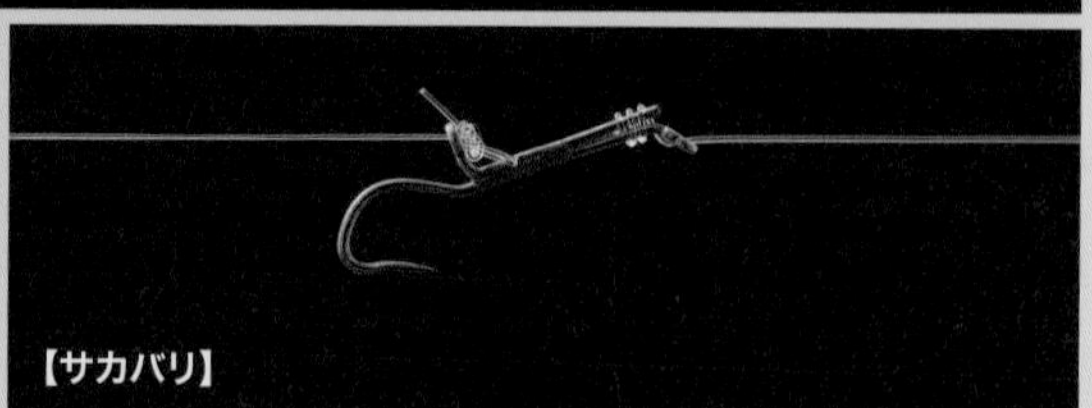

【サカバリ】

ZOOM UP!!

ハナカン周り

ハナカンから中ハリスのコブまでの距離は長め。これだけのアソビがあればワンタッチハナカンでも外れることはない。水中糸をハナカン周りにセットするときは、そのコブからズレないように結び方を工夫している。遊動ピットサカサのストッパーとなる中ハリスのコブは8の字結びで作ったチチワの輪をカットしたもの。これも抜けない工夫。

※メーカー名のない商品はがまかつ製です

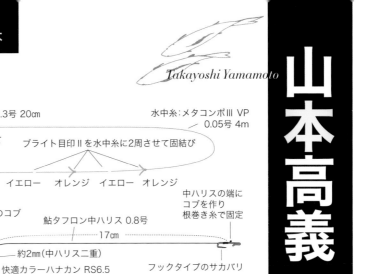

Takayoshi Yamamoto

山本高義

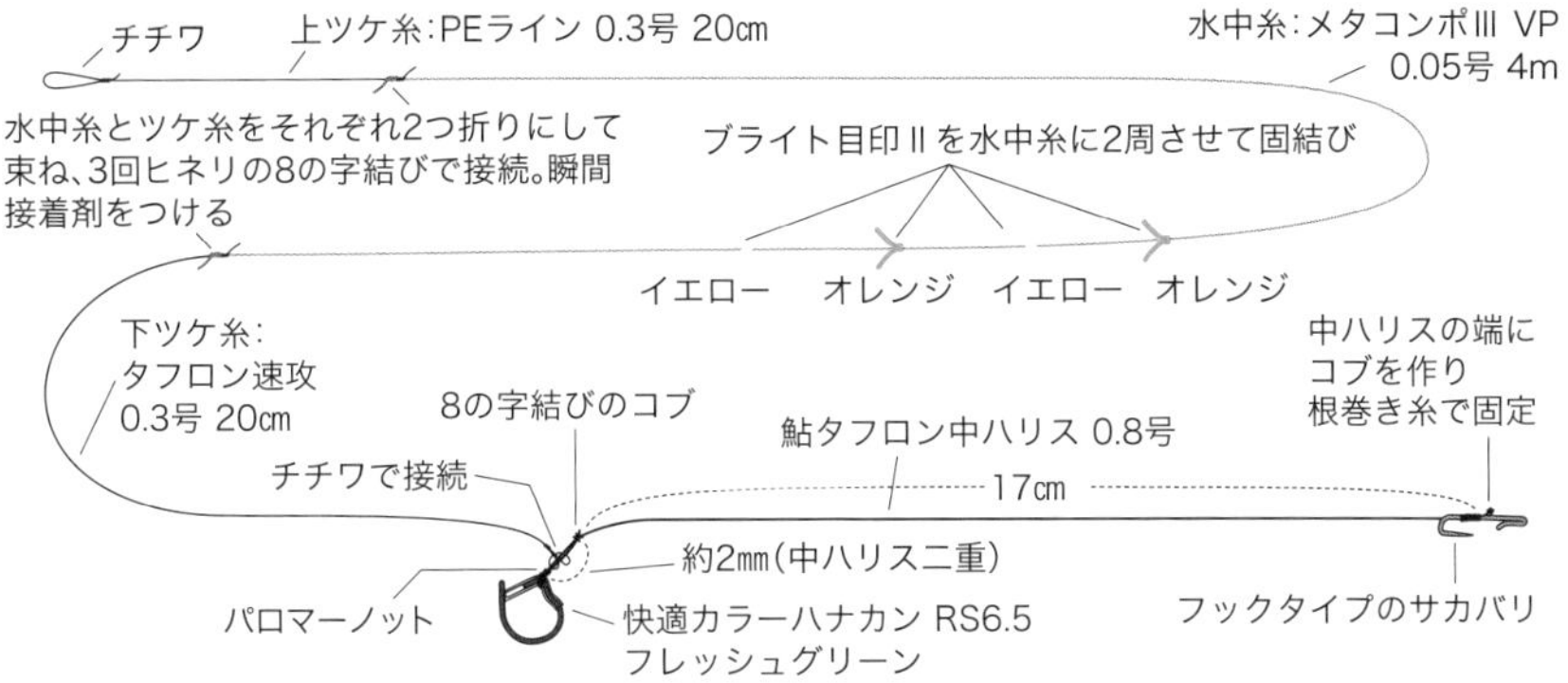

管理泳がせを意識して複合メタルを使用。8の字結びで簡単に

今回作製したものは、私が普段使用している複合メタルの仕掛けです。

普段は編み付けを使っていますが、テーマにしたがって編み付けを使わず、ナイロンやフロロカーボン仕掛けで使う8の字結びで作ってみました。

具体的なコツとしては、ツケ糸（フロロカーボンとPE）、複合メタルともに2重に折り曲げ、さらにトリプル8の字（3回ひねって結ぶ）にすることで1本の糸にかかる負担を分散しています。

また、しっかり結びすぎると糸同士が締め付け合ってラインブレイクするので、少し緩めに結んで最後に瞬間接着剤を使って仕上げます。

結束強度をテストしましたが十分確保できているので、普段編み付けを使っていても、現場のトラブル時に対応できる方法だと思います。ちなみに、ほかの結び目もほとんど8の字で作っています。

ハナカン周りの特徴としてはハナカンの結び方です。昔はトックリ結びなどで結んでいましたが、今回はパロマーノットです。

この結び方は結び目が小さく、一度締め込むと結び目が緩まないのでハナカンを結ぶには最適です。ぜひマスターしてください。

ZOOM UP!! 水中糸

泳がせ釣りを想定しているとはいえ、複合メタルは汎用性が高く、かなりオールラウンドに使える。水中糸の上下とツケ糸との接続は3回ヒネリの8の字結びだが、どちらもラインを2重にし、締め過ぎずに瞬間接着剤で固めてしまうのがポイントだろう。

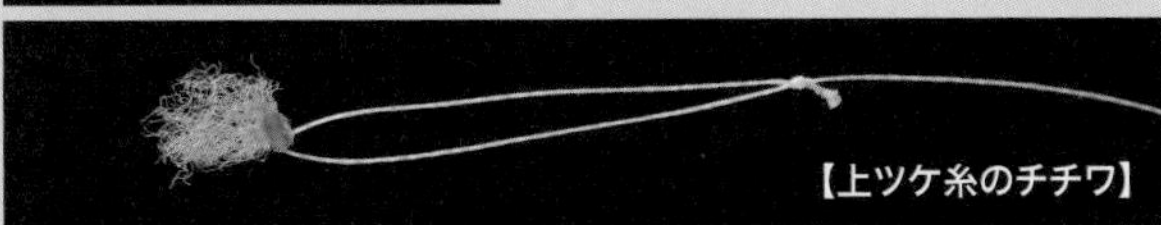
【上ツケ糸のチチワ】

【上ツケ糸との接続部】

【目印】

【下ツケ糸との接続部】

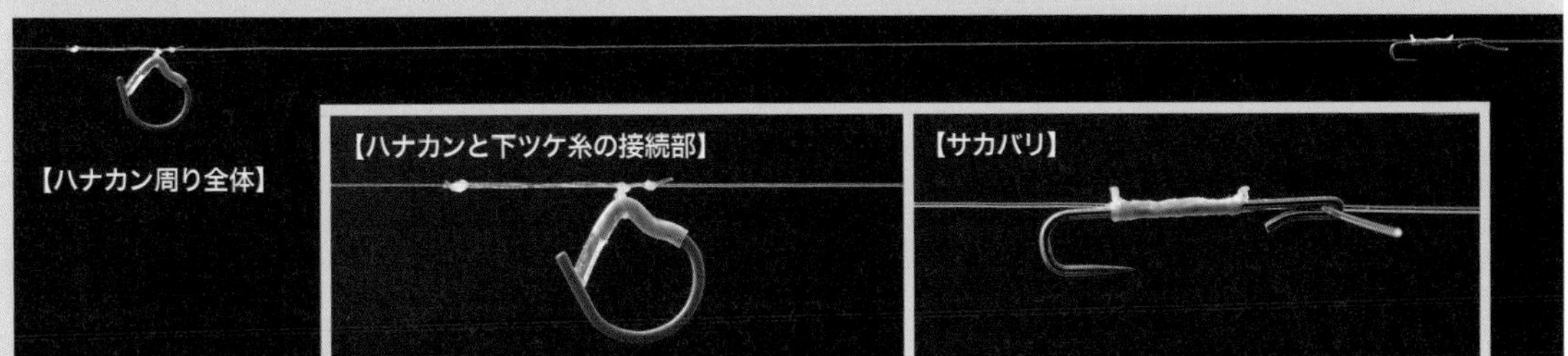
【ハナカン周り全体】
【ハナカンと下ツケ糸の接続部】
【サカバリ】

ZOOM UP!! ハナカン周り

ハナカンから出る中ハリスが水中糸側にはないのが特徴。ギリギリまでツケ糸なので水の抵抗が少なく、まさに泳がせ釣りを意識した構造になっている。サカバリの結びは簡単な方法をあえて採用したため、今回は根巻き糸で固定している（もちろん瞬間接着材で固める）。

※メーカー名のない商品はDAIWA製です

便利な3つの結び＋アルファ

先に詳しくご紹介できなかったが、おぼえておけば便利な3つの結びやアイテムをここで取り上げよう。

まずは複合メタルとツケ糸の接続に使える電車結び。一般的な釣りの結びのひとつだが、あなどれない実績がある。現場での応急処置にも使いやすい。巻き付ける回数は5回くらいにするのがコツ。

次が通称〝龍神結び〟。和歌山県日高川龍神地区の名手たちがこぞって愛用する方法だが、水中糸と中ハリスの接続や、パロマーノットに似て中ハリスをハナカンに結ぶのに適している。

最後のフィンガーノットは難しいが、サカバリを中ハリスで直接結ぶ方法としてはメジャーかもしれない。

メタノットは編み付けなしで金属糸が使えるお役立ちアイテム。詳細はp34に詳しいが、かなり便利だ。

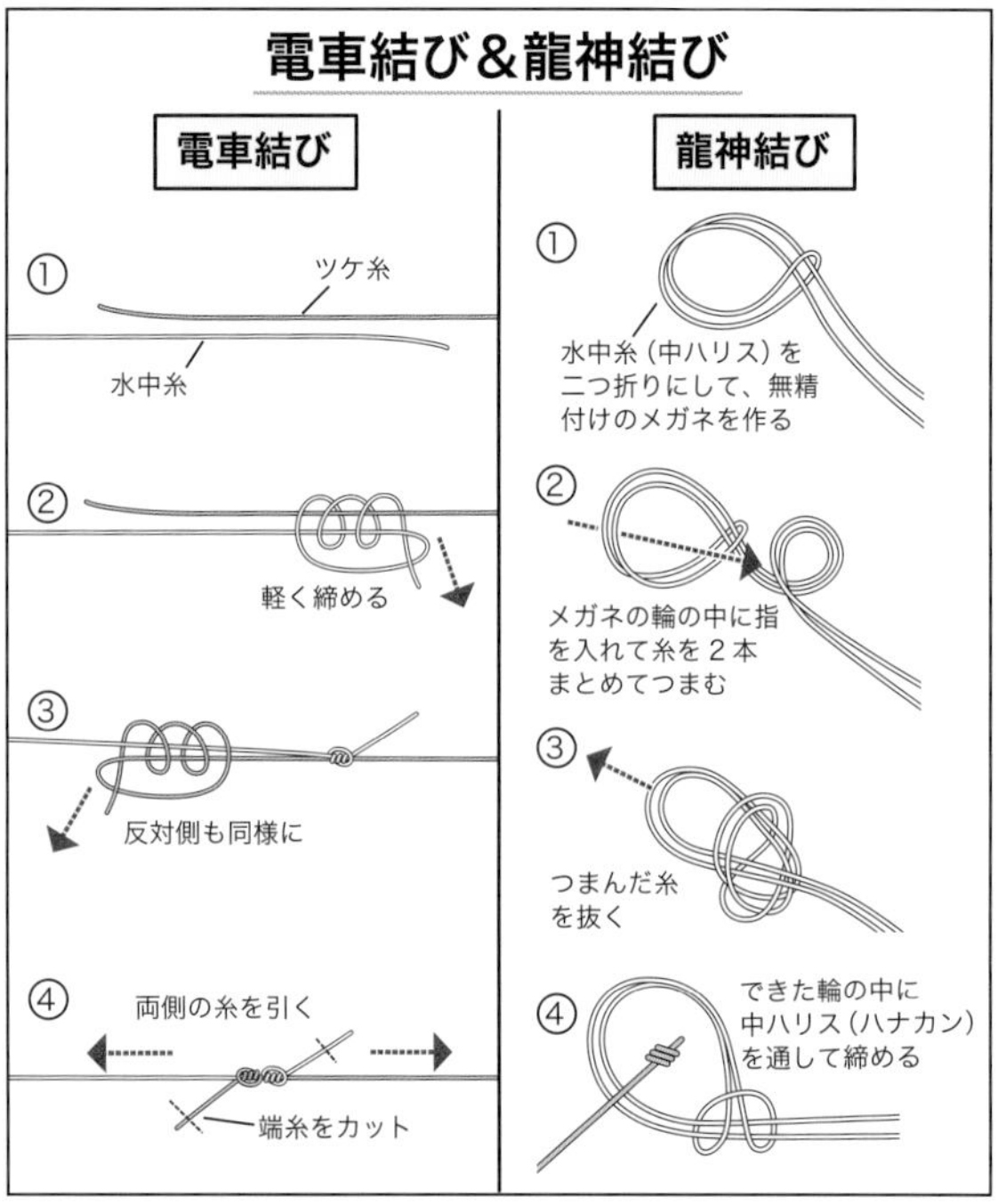

YGK
MADE IN JAPAN
POWER ZENITH METANOTTO
JAPAN QUALITY FISHING LINE
パワージーニス
メタノット
METANOTTO
0.8号
5m
金属ライン専用接続糸
金属糸
下ツケ糸や中ハリスのチチワ
メタノット

メタルラインも複合メタルもOKのYGKよつあみ・メタノット。芯を抜き、ラインを通して結びコブを作るだけ。瞬間接着剤を塗ればバッチリだ

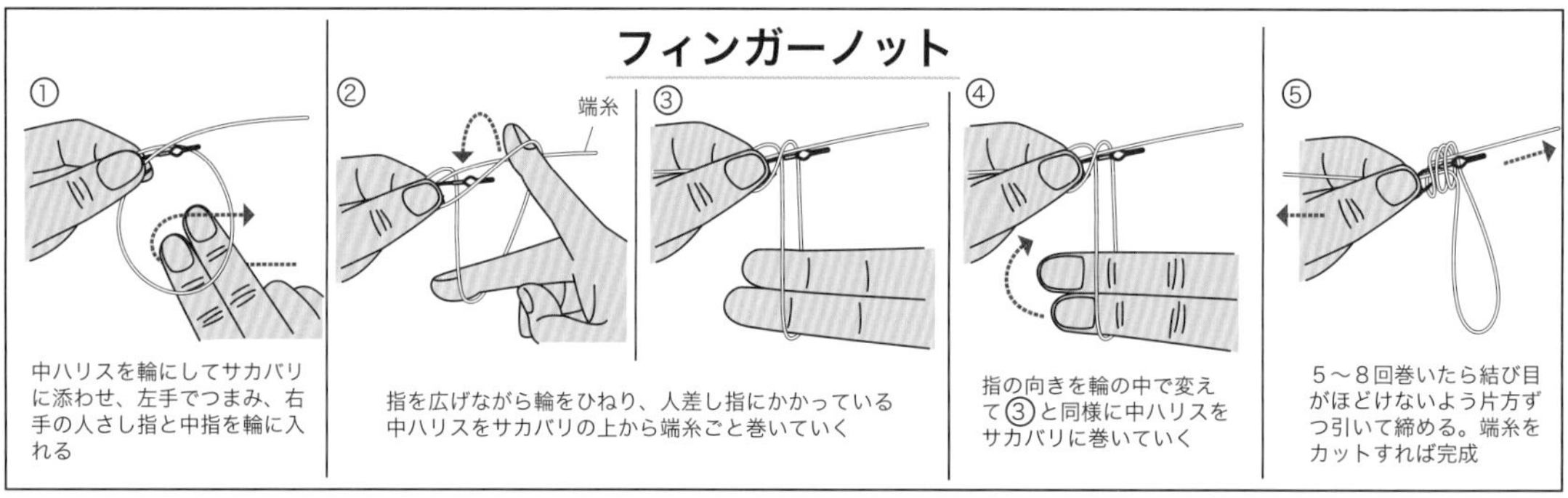

フィンガーノット
①
中ハリスを輪にしてサカバリに添わせ、左手でつまみ、右手の人さし指と中指を輪に入れる
②
端糸
③
指を広げながら輪をひねり、人差し指にかかっている中ハリスをサカバリの上から端糸ごと巻いていく
④
指の向きを輪の中で変えて③と同様に中ハリスをサカバリに巻いていく
⑤
５～８回巻いたら結び目がほどけないよう片方ずつ引いて締める。端糸をカットすれば完成

市販仕掛けを使いこなす知識とコツ

釣り場で起こるトラブルに素早く対応するために

いまではベテランアングラーの中にも愛用者が増えてきた市販仕掛け。完成度が高く手軽に友釣りを楽しめるスグレモノだ。完全仕掛けから掛けバリまで様々なアイテムをうまく使いこなし、快適な釣りを実現するための知識とノウハウをお届けしよう。

「細くて小さいパーツが多く構造も複雑で…」。そんな高いハードルを下げて、ビギナーが手軽に友釣りを楽しめる強い味方が市販仕掛けだ。名手監修品をはじめ最新のパーツを使った完成度の高い製品が目白押しで愛用するベテランも増えている。

こんなときに仕掛けをチェンジ!

天上糸が傷付いた
ゴリゴリッ!
ガリッ!
水中糸やハナカン周りが石やタモ枠などに当たって傷んだ
ブチッ!
仕掛けが切れた
掛けバリが傷んだ
ガリッ!

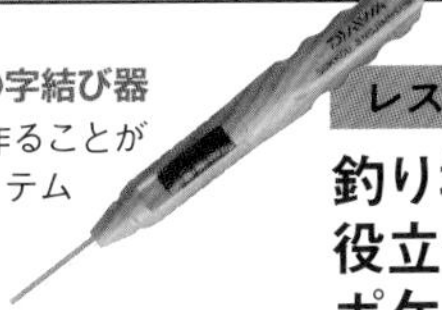

8の字結び器
小さなチチワを作ることができるスーパーアイテム

レスキューサポートアイテム

釣り場ですぐに役立つ4アイテムをポケットに忍ばせておこう

釣り場で仕掛けをリペアするのに必要最小限持っておきたいのが以下の4つ。ベストのポケットに忍ばせておこう。

瞬間接着剤
メタルや複合メタルの結び目補強にぜひ!

ハサミ
目印のサイズをそろえたりラインをカットしたり。メタルや複合メタルには専用品を

フロロカーボンライン0.4号
メタルや複合メタルの下ツケ糸がトラブったときに重宝する

友釣りの仕掛けは天上糸、水中糸、ハナカン周り、掛けバリの4つに大別され、市販仕掛けには、天上糸からハナカン周りまでが一式になった「完全仕掛け」、水中糸からハナカン周りまでがセットになった「張り替え仕掛け」、ほかには「天上糸仕掛け」「水中糸仕掛け」「ハナカン仕掛け」「完成バリ」といった部分的な仕掛けが用意されている。

完全仕掛けと掛けバリがあれば釣りは可能だが、仕掛けは傷付いたり切れたりするので、水中糸やハナカン周りなどの部分的な予備は必須。さらに自分好みのパーツを手軽に、そして自在に組み合わせられるのも市販仕掛けのメリットだ。

一日の釣りでは掛けバリは20本、ハナカン周りは4、5セット、水中糸は3セットほど用意しておくと安心だ。

メタルや複合メタルの水中糸では、ハナカン仕掛けとの接続部分にフロロカーボンのツケ糸があり、この部分が傷付いたり切れたりすることは少なくない。こんなときに水中糸仕掛けごと交換するのはもったいない。フロロカーボン0・4号をツケ糸にしてハナカン仕掛けをセットすれば、補修も簡単だし経済的だ。

基本セッティング

穂先への接続とパーツや手尻の調整を覚えよう

釣り場に着いたらまずは完全仕掛けを竿にセットする。穂先には接続パーツが回転して天上糸の絡みを防ぐ回転式トップと、フックに引っ掛け、カバーを上げることで直線的にセットかつ回転し絡みを防ぐDAIWA式がある。トップ形状に合わせてセットする。

市販仕掛けの目印は好みの長さにカットできるよう、かなり長いものが取り付けられている。このまま使うとぶらんぶらんと揺れてジャマだし、風や水の抵抗が大きくて使いづらいので、自分が見やすい範囲で小さめに切って使う。

また、水中糸仕掛けの下ツケ糸や、ハナカン仕掛けの中ハリスも長さの調整幅と結びしろを考えてかなり長いので、最適な長さに切って使うことを覚えておこう。この部分が長すぎると水中での抵抗が大きくオトリ操作がやりづらい。

完成仕掛けは、だいたいが7～10ｍの竿で使えるようになっている。自分の竿に合わせて、天上糸の編み付け部分を動かして、仕掛けの全長（手尻）を調整しよう。ビギナーは竿尻いっぱいにハナカンがくる〝トントン〟から10㎝ほど長めにするぐらいが使いやすいだろう。

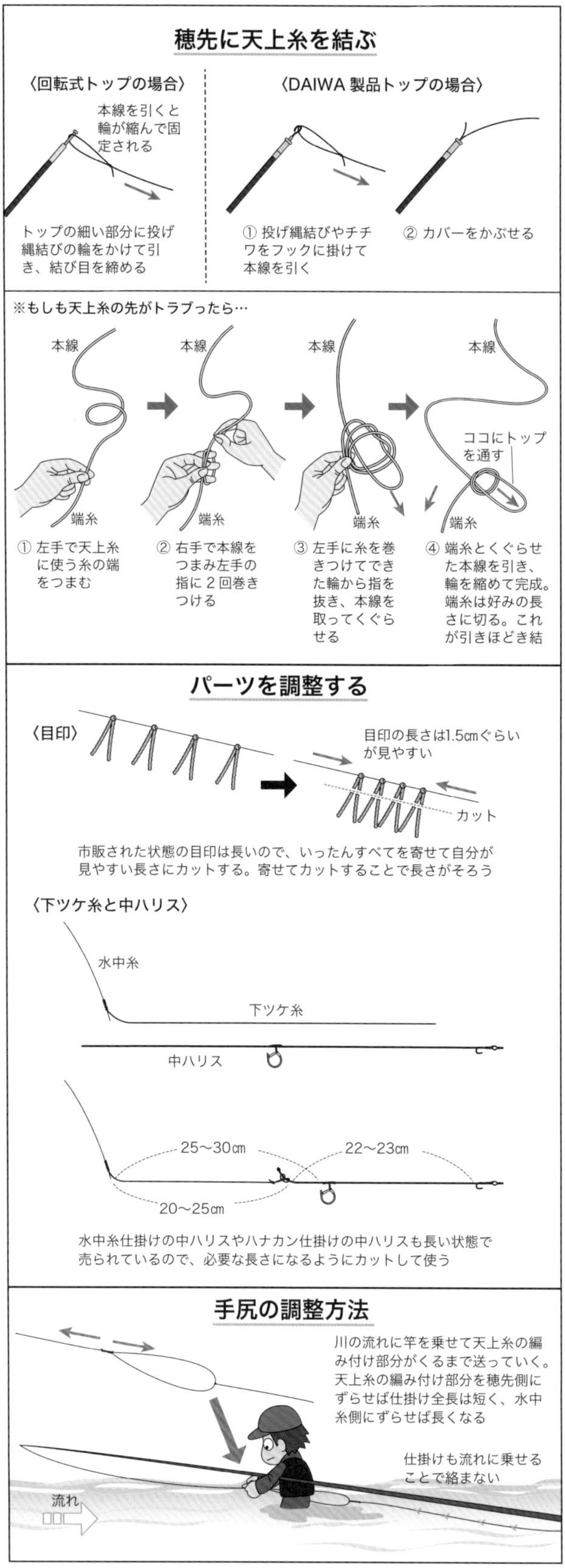

穂先に天上糸を結ぶ
〈回転式トップの場合〉
本線を引くと輪が縮んで固定される
トップの細い部分に投げ縄結びの輪をかけて引き、結び目を締める
〈DAIWA製品トップの場合〉
① 投げ縄結びやチチワをフックに掛けて本線を引く
② カバーをかぶせる
※もしも天上糸の先がトラブったら…
本線
端糸
ココにトップを通す
① 左手で天上糸に使う糸の端をつまむ
② 右手で本線をつまみ左手の指に2回巻きつける
③ 左手に糸を巻きつけてできた輪から指を抜き、本線を取ってくぐらせる
④ 端糸とくぐらせた本線を引き、輪を縮めて完成。端糸は好みの長さに切る。これが引きほどき結
パーツを調整する
〈目印〉
目印の長さは1.5㎝ぐらいが見やすい
カット
市販された状態の目印は長いので、いったんすべてを寄せて自分が見やすい長さにカットする。寄せてカットすることで長さがそろう
〈下ツケ糸と中ハリス〉
水中糸
下ツケ糸
中ハリス
25～30㎝
22～23㎝
20～25㎝
水中糸仕掛けの中ハリスやハナカン仕掛けの中ハリスも長い状態で売られているので、必要な長さになるようにカットして使う
手尻の調整方法
川の流れに竿を乗せて天上糸の編み付け部分がくるまで送っていく。天上糸の編み付け部分を穂先側にずらせば仕掛け全長は短く、水中糸側にずらせば長くなる
仕掛けも流れに乗せることで絡まない
流れ

仕掛け交換

出番が多いチチワ 複合メタルは 電車結びが使える

釣りをしていてもっとも傷むのは掛けバリだが、掛けバリはサカバリのハリス止めにセットするだけなので難しくはない。

実際の釣りでは困ることが多いのはハナカン周りや水中糸のトラブル。石に擦って傷付いたり根掛かりで切れたりすることが避けられないからだ。

これらを交換する際に覚えておきたいのがチチワ。水中糸の上下（メタルや複合メタルではツケ糸）をチチワにして、天上糸やハナカン仕掛けに接続する。指で結んでもいいのだが、８の字結び器を使えば簡単にきれいに小さなチチワを作ることができる。

水中糸が複合メタルの場合、下ツケ糸が傷付いたときは、電車結びでツケ糸の交換が可能だ。しかし、メタルラインの場合（特に単線メタル）は強度面から編み付けた方がよく、釣り場でのツケ糸交換には不向き。水中糸仕掛けをまるごと交換しよう。

なお、金属糸はツケ糸が傷んだだけなら自宅で修繕して再使用できる。使い捨てるにはあまりにコスト高なので、きっちり保管して持ち帰ろう。

水中糸やハナカン仕掛けを替える

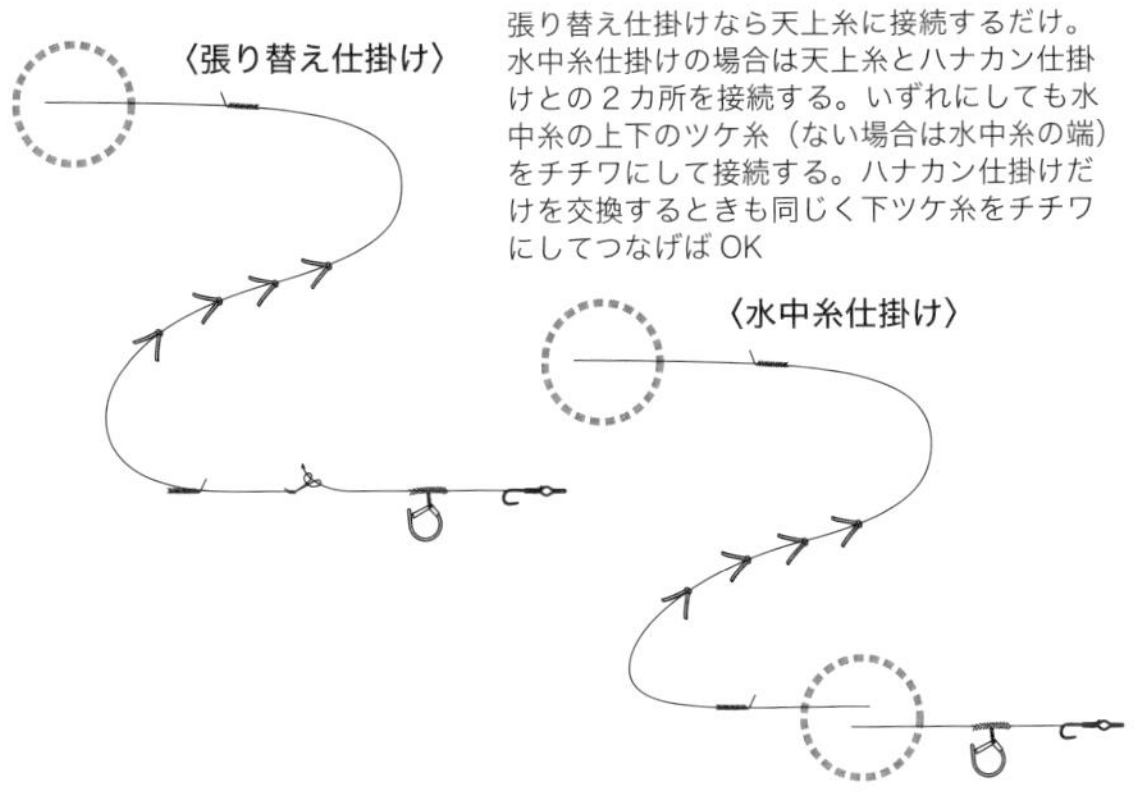

張り替え仕掛けなら天上糸に接続するだけ。水中糸仕掛けの場合は天上糸とハナカン仕掛けとの２カ所を接続する。いずれにしても水中糸の上下のツケ糸（ない場合は水中糸の端）をチチワにして接続する。ハナカン仕掛けだけを交換するときも同じく下ツケ糸をチチワにしてつなげばOK

〈チチワ作り〉※点線の丸で囲った部分をチチワで接続する

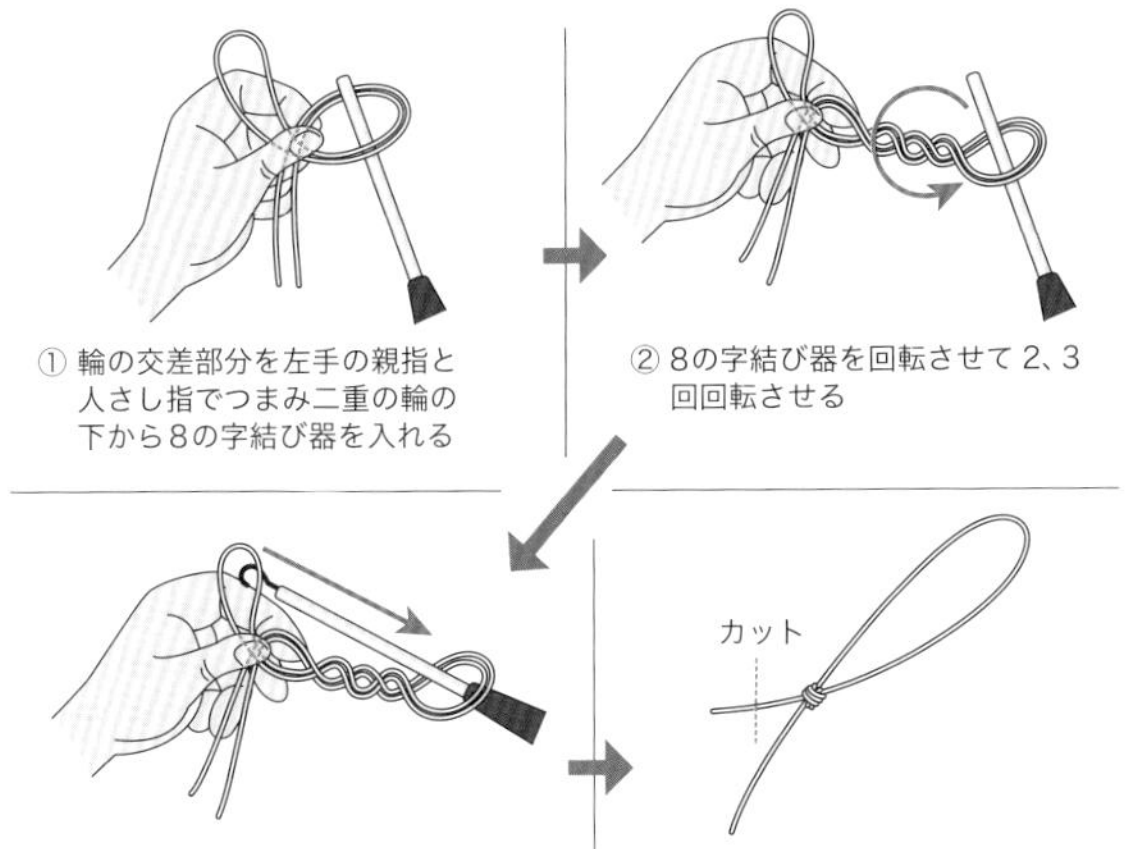

① 輪の交差部分を左手の親指と人さし指でつまみ二重の輪の下から８の字結び器を入れる

② ８の字結び器を回転させて２、３回回転させる

③ ８の字結び器のフックを出し先端の輪に引っ掛け、先端のフックを収めてから引き抜き二重の輪に先端の輪を通す

④ 結び目を湿らせてからゆっくり締め込み端糸をカットすれば完成

〈仕掛けハナカン仕掛けとの接続〉

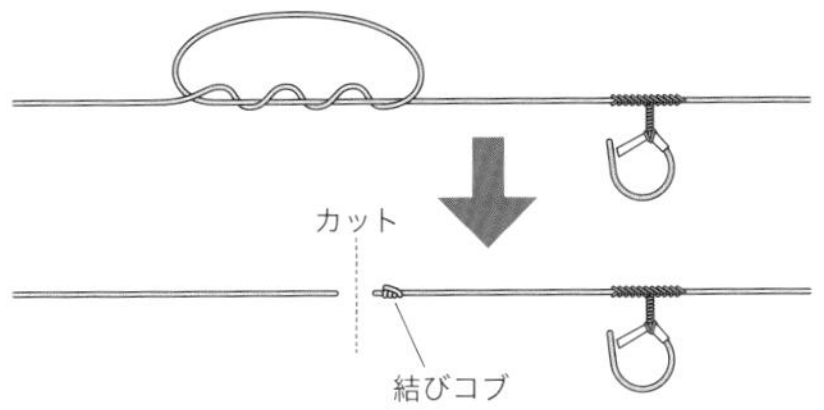

中ハリスの全長が22〜23㎝になる位置に結びコブを作る。輪の中に先端を３回くぐらせ湿らせてからゆっくり締め込んだら先端を２㎜ほど残してカット

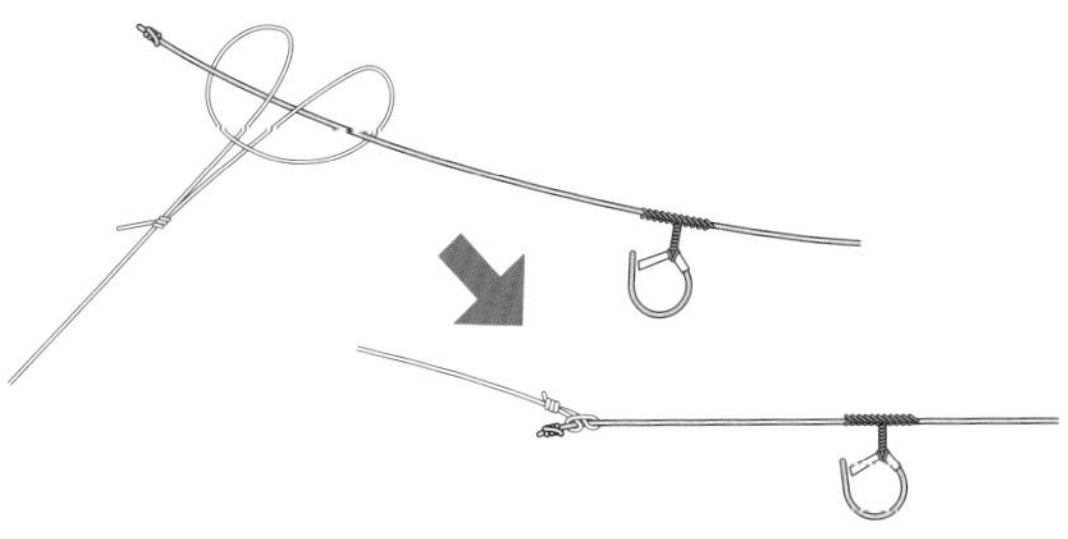

下ツケ糸のチチワの先端を折り返してできたメガネ状の輪の中に中ハリスの先端をくぐらせてから、ゆっくり輪を縮めれば完了

下ツケ糸が切れたら

下ツケ糸が切れた場合、水中糸が複合メタルならフロロカーボンの0.4号を電車結びでつなぐことで簡単にツケ糸にすることができる。釣り場でも即対応できるので覚えておこう

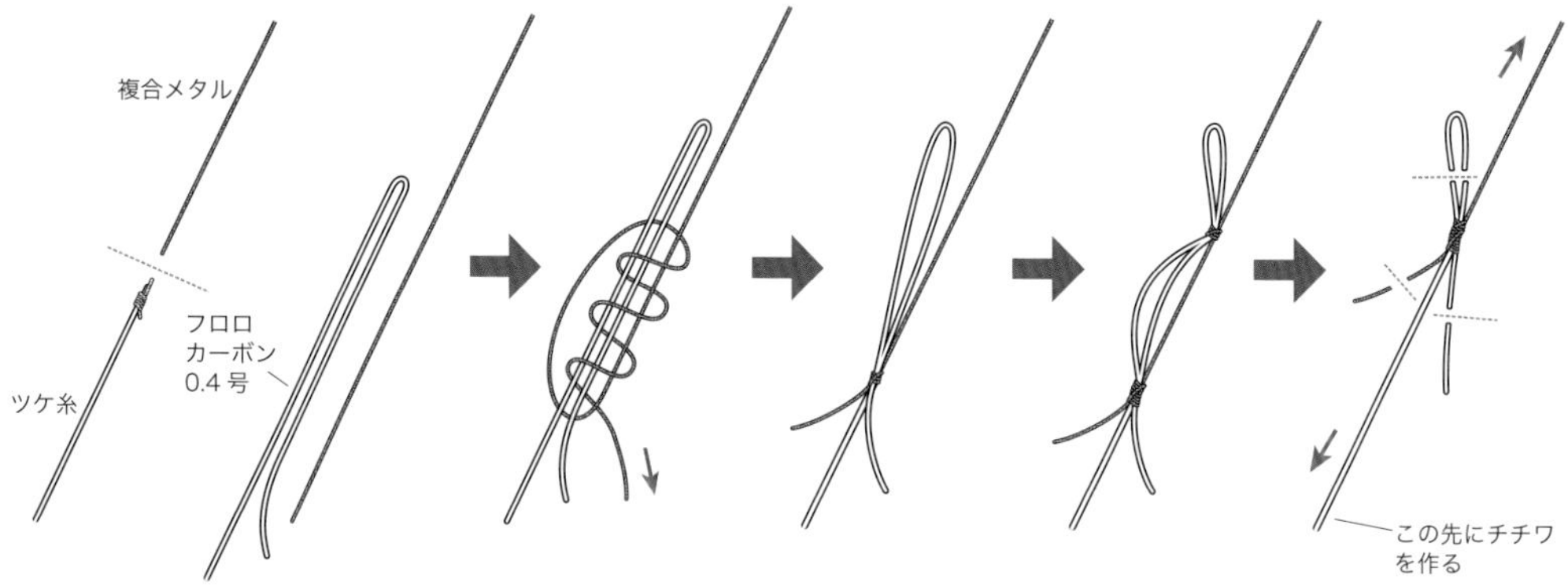

① ツケ糸の結び目が残っている場合は、結び目すぐ上の複合メタル部分でカット

② フロロカーボン0.4号の端を二つ折りにし複合メタルの端にそえる

③ 複合メタルの端を折り返して輪を作り、その中に端を2、3回くぐらせる

④ 結び目を締める

⑤ 二つ折りにしたフロロカーボンの端も同様に結ぶが、こちらは輪の中に3回ほどくぐらせると強度が落ちにくい

⑥ 本線同士を引いて結び目をドッキング。端糸をカットする。ツケ糸の全長が20～25cmになるように先端にチチワを作れば完成

掛けバリを替える

掛けバリはサカバリのハリス止めにハリスを通して止めるのだが、端を2回くぐらせることで下になった端がマクラになり切れにくくなるとともにしっかり止まる

〈メガネタイプ〉

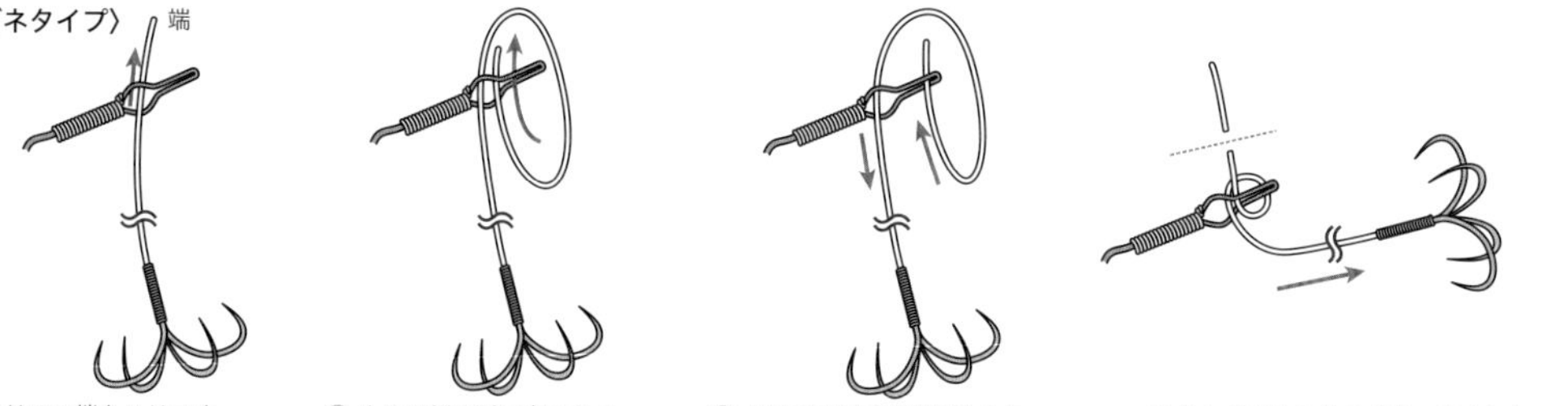

① ハリスの端をハリス止めの環にくぐらせる

② 止める側に近い方へもう一度端をくぐらせる

③ ハリスの長さを調整したら端を押さえて掛けバリ側を引き輪を縮める

④ サカバリとハリスが真っ直ぐになるようにハリ側をさらに引き完全に挟み込み端糸を切って完成

〈フックタイプ〉

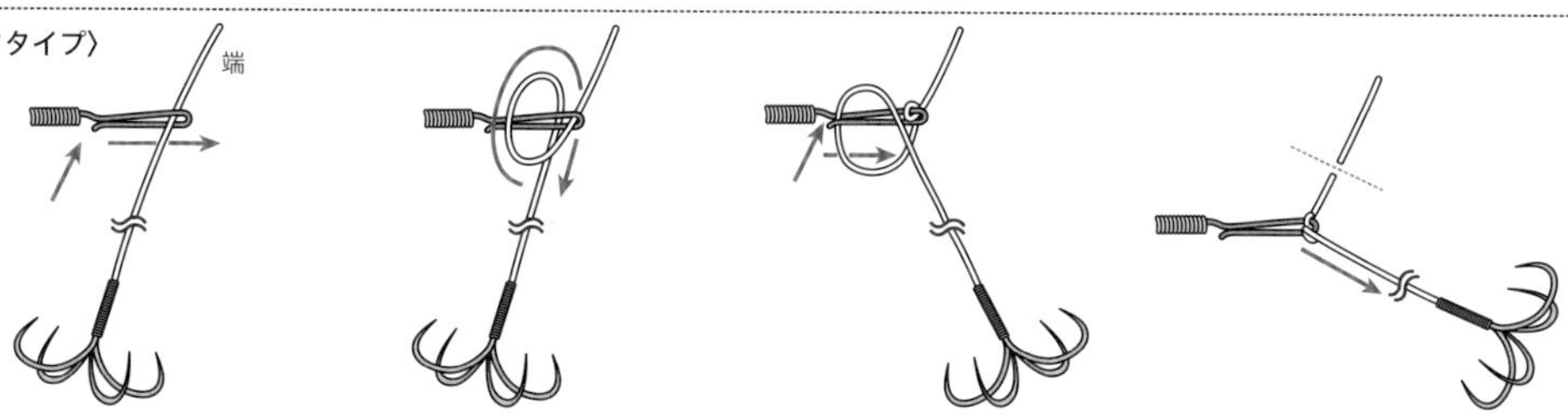

① ハリスの端をフックの端から差し込みハリスの長さを決めたら固定する

② イカリ側のハリスを持ってハリス止め部外側を１回巻く

③ 再度切れ目にハリスを差し込む

④ サカバリと一直線になるよう引っ張ってしっかり固定。端糸を切って完成

〈ハリスの長さ〉

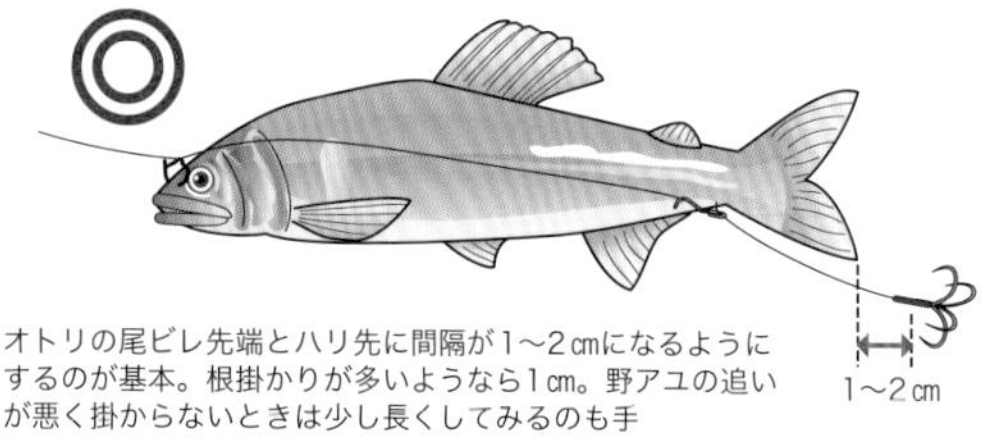

オトリの尾ビレ先端とハリ先に間隔が1～2㎝になるようにするのが基本。根掛かりが多いようなら1㎝。野アユの追いが悪く掛からないときは少し長くしてみるのも手

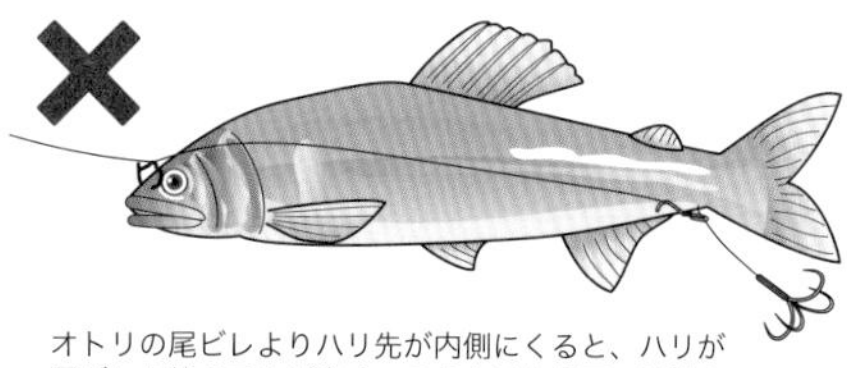

オトリの尾ビレよりハリ先が内側にくると、ハリが尾ビレに絡むことが多く、こうなると野アユは掛からない。この異変に釣り人も気づきにくい

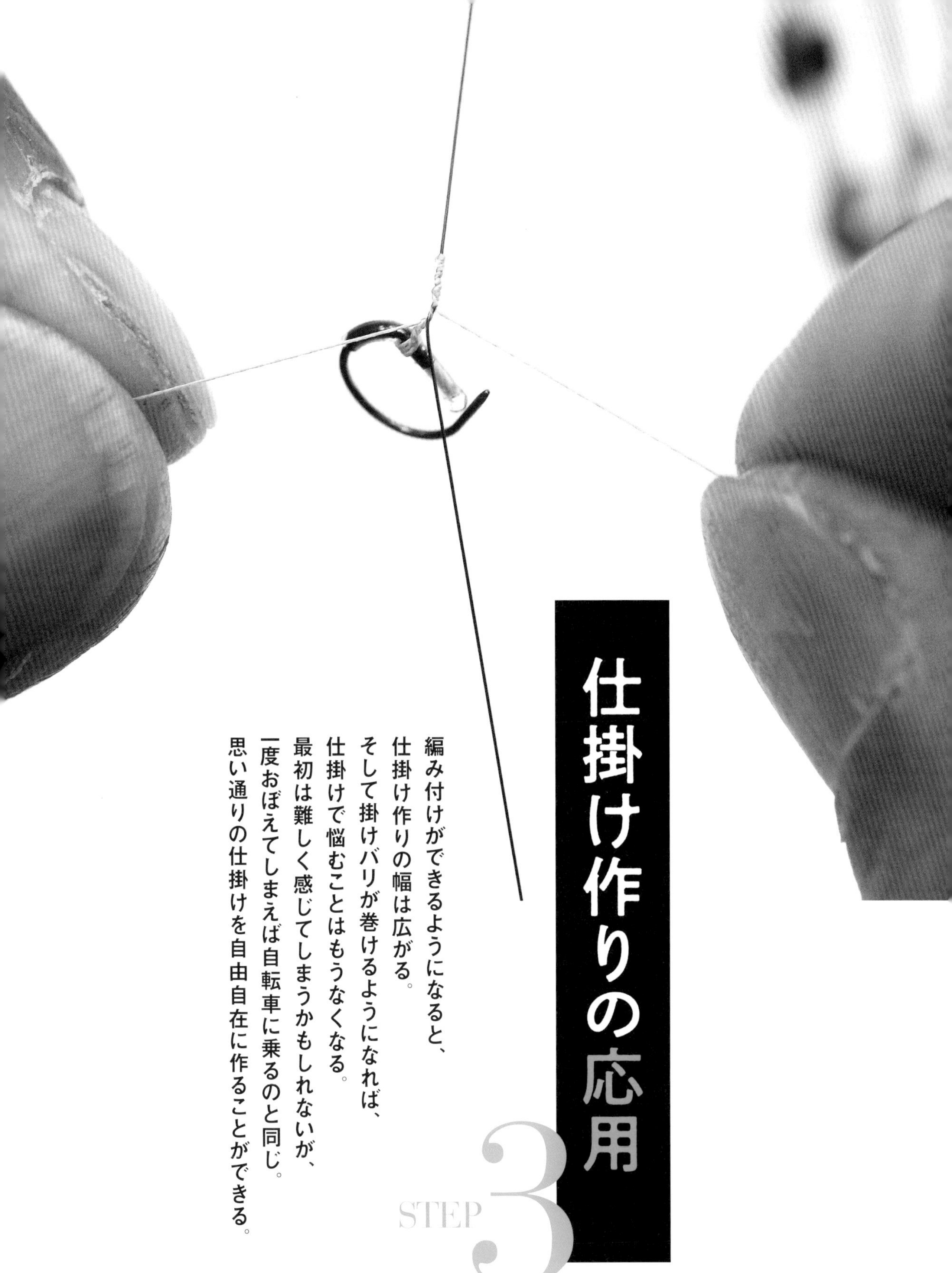

STEP 3

仕掛け作りの応用

編み付けができるようになると、
仕掛け作りの幅は広がる。
そして掛けバリが巻けるようになれば、
仕掛けで悩むことはもうなくなる。
最初は難しく感じてしまうかもしれないが、
一度おぼえてしまえば自転車に乗るのと同じ。
思い通りの仕掛けを自由自在に作ることができる。

移動式天上糸を作る

金属糸には不可欠な友釣り仕掛けの最上部

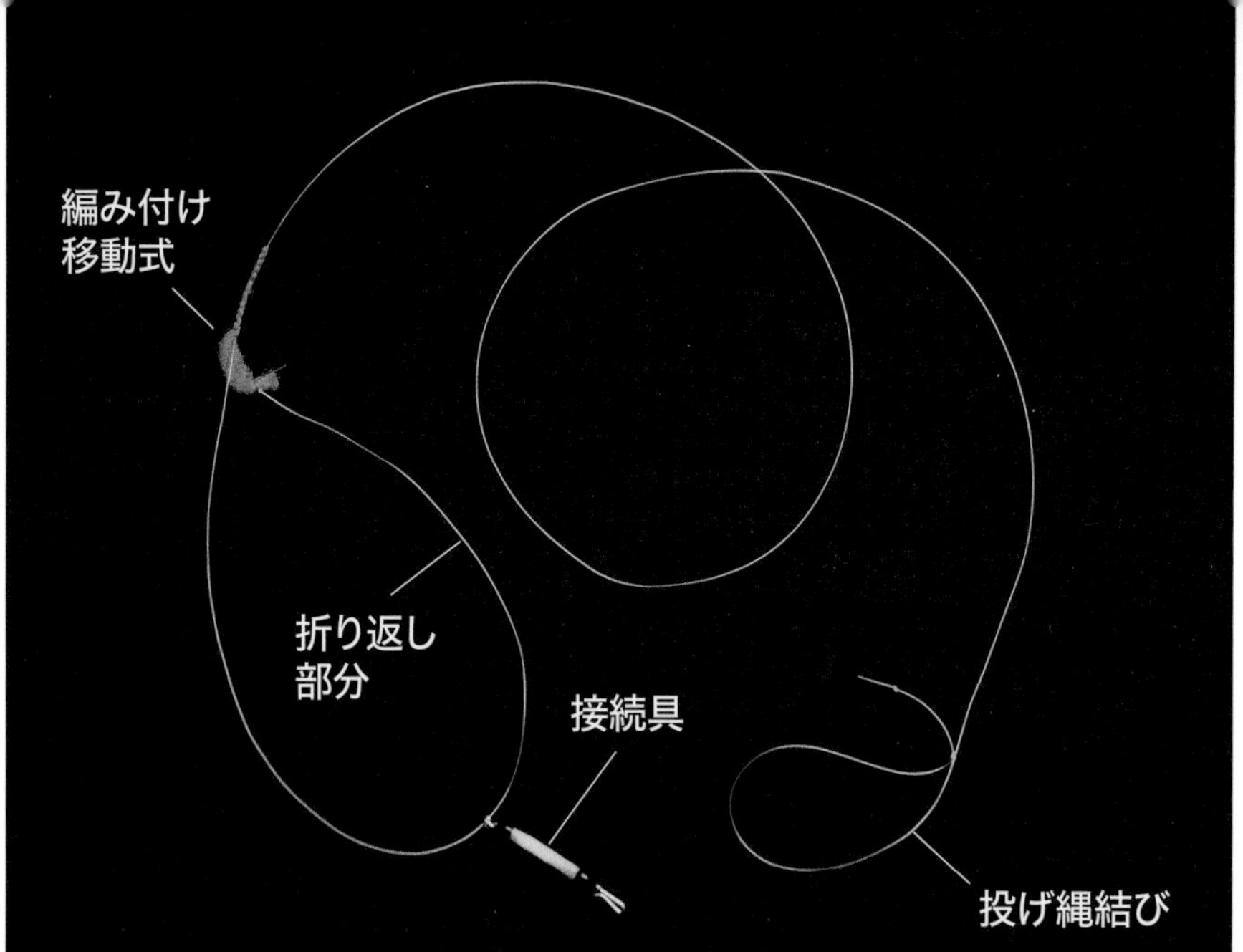

天上糸のポイントは2つ。穂先にセットするための投げ縄結びと、長さを調整するための編み付け。折り返しの部分にはもちろん接続具を通しておく

編み付けをおぼえるには、何といってても移動式天上糸から始めるのがやさしい。水中糸のように糸が細くないのであまり神経を使わなくていいし、ここでご紹介する方法は目印を使って編み付け部分を作るため、編み付け用の糸を使うよりも作業はしやすいはずだ。

竿の穂先と接続する部分は投げ縄結び。大アユ用の竿には今も回転式リリアンが一部採用されているが、この結びだと穂先先端の形状を問わずきっちり固定することができる。

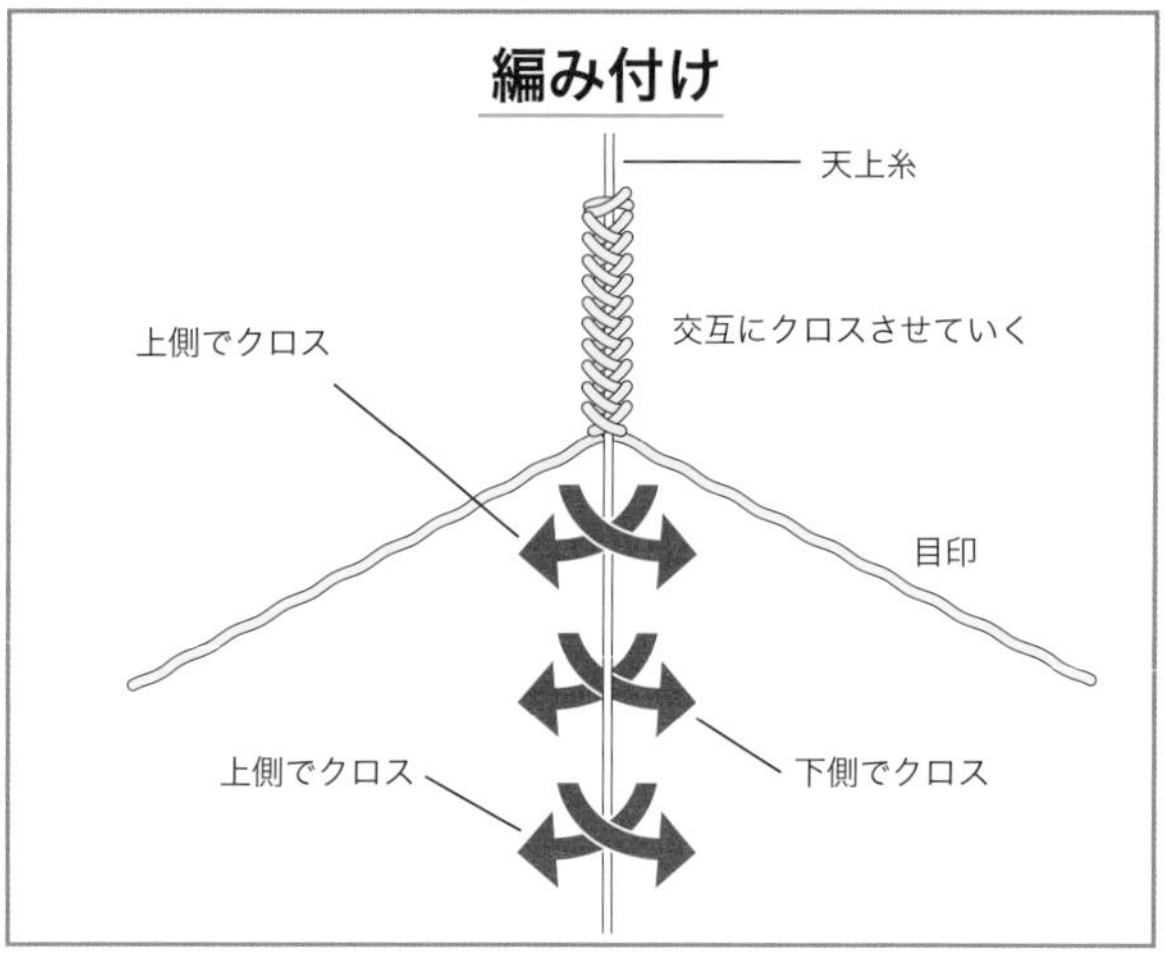

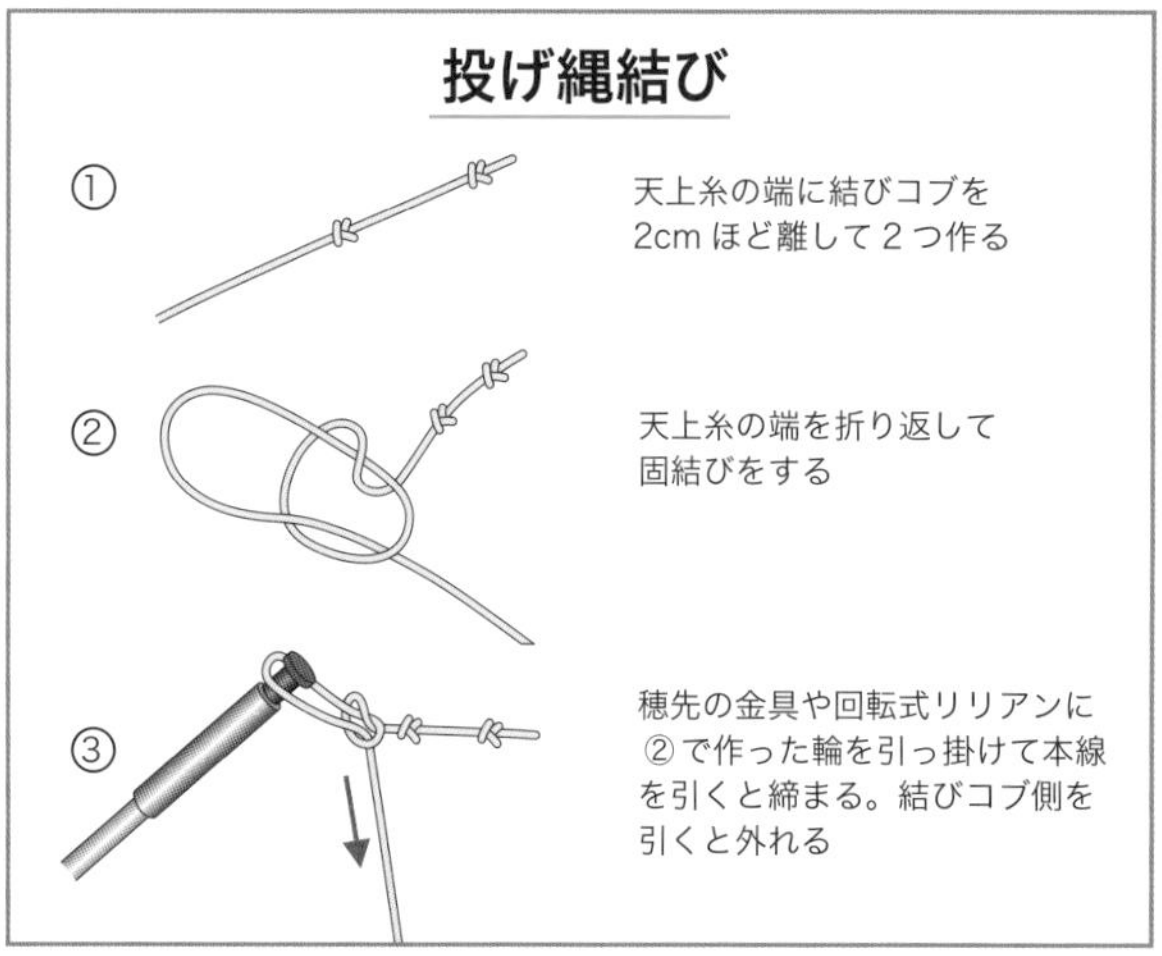

投げ縄結び
①
天上糸の端に結びコブを2cm ほど離して 2 つ作る
②
天上糸の端を折り返して固結びをする
③
穂先の金具や回転式リリアンに②で作った輪を引っ掛けて本線を引くと締まる。結びコブ側を引くと外れる

天上糸を編み付け台に張る

天上糸をスプールから引き出して編み付け台にセットし、ピンと張っておく。手前が端（水中糸側）になる

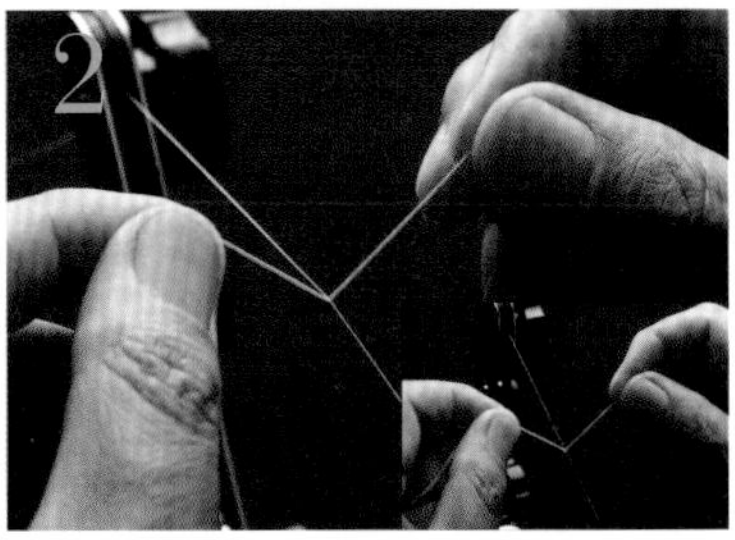

目印を天上糸の下側から掛ける

目印を20㎝くらいカットして、天上糸の下から掛ける

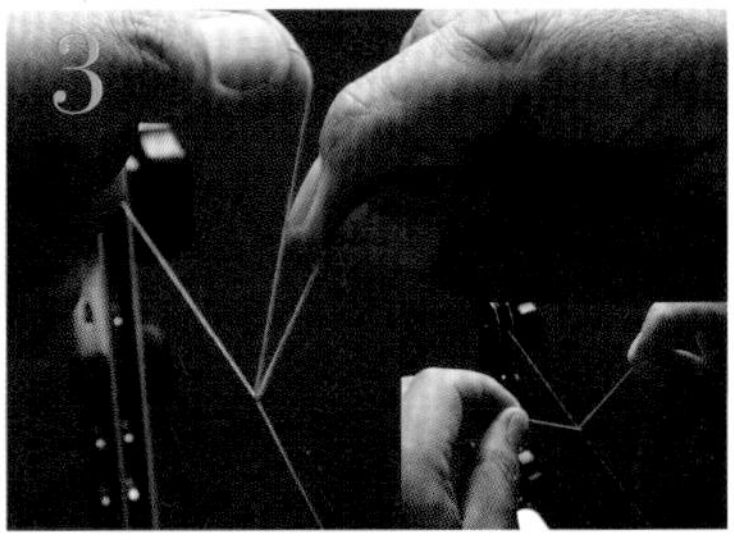

天上糸の上側で目印をクロス

目印の両端を天上糸の上側に持ってきてクロスさせる

天上糸の下側で目印をクロス

目印の両端を天上糸の下側に持ってきてクロスさせる。これが編み付け

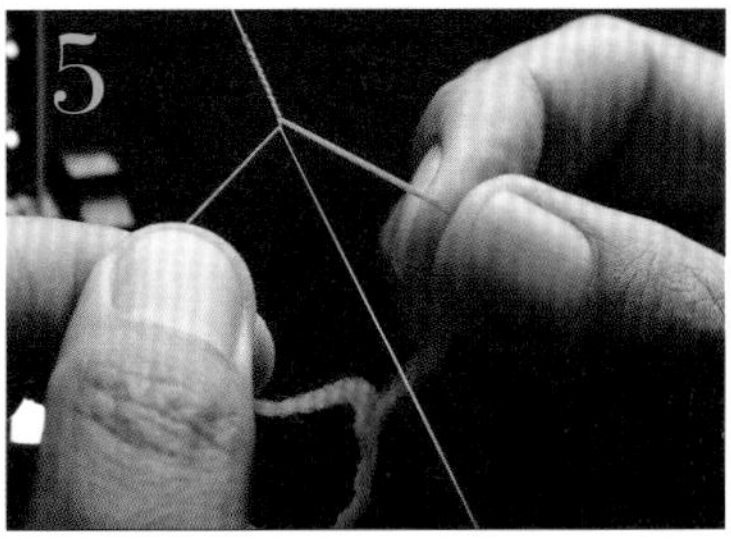

目印を編み付けていく

同じ作業をくり返す。動かしやすく、ずれにくい加減をチェックしながら編み付け部分を伸ばしていく

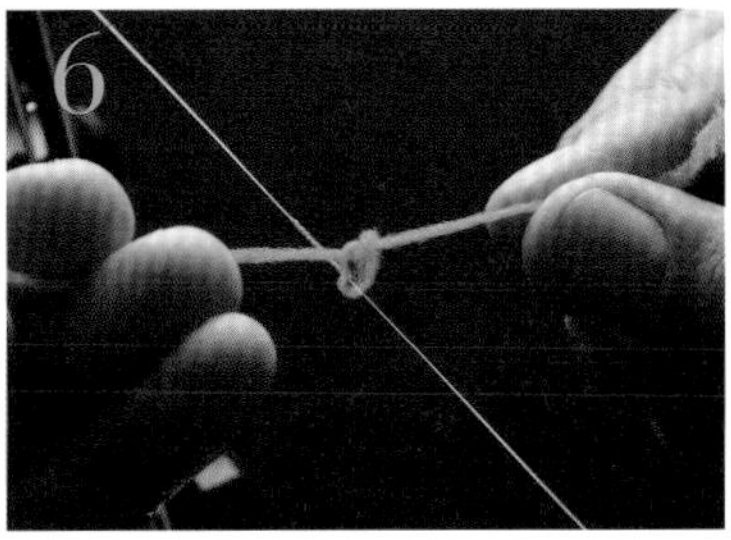

目印を固結びで固定する

目印の両端を持ち固結びで一度固定する

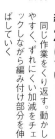

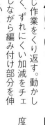

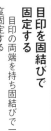

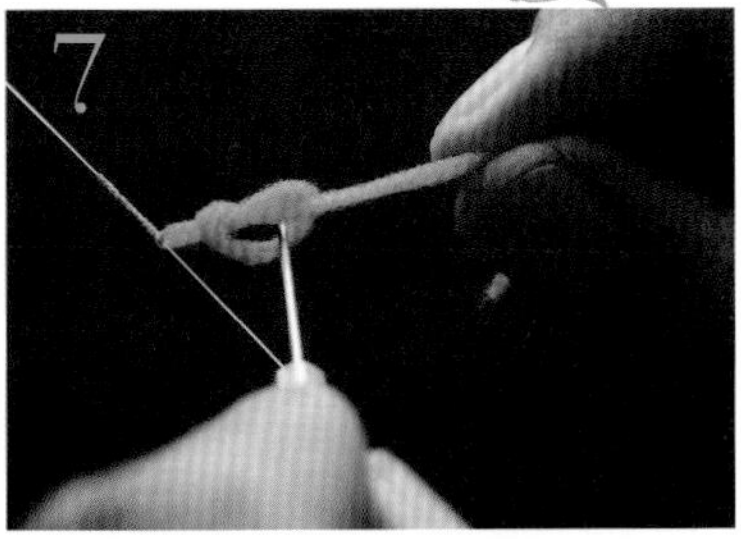

少し離して結びコブを作る

次に目印を2本束ね、編み付けから2㎝ほど離して結びコブを作る。余りはカット

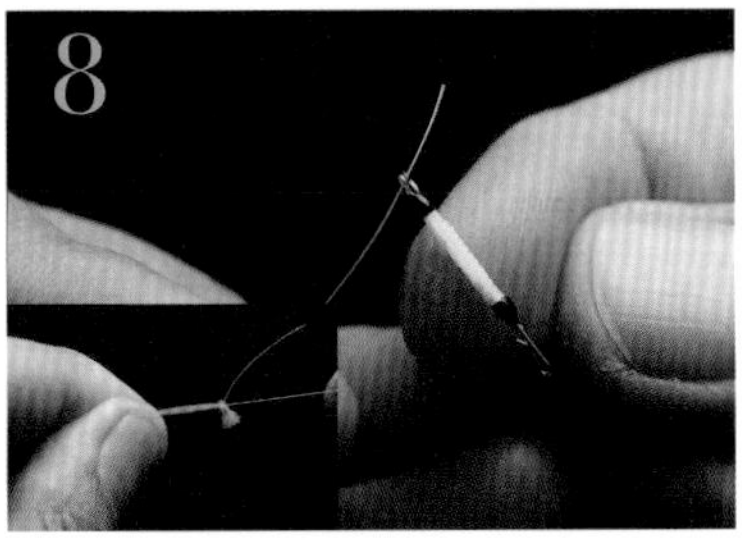

接続具を通して折り返しを作る

編み付け台から天上糸を外して接続具を通し、端を編み付けのコブに結び付ける。折り返し部分は50㎝～1mに調整

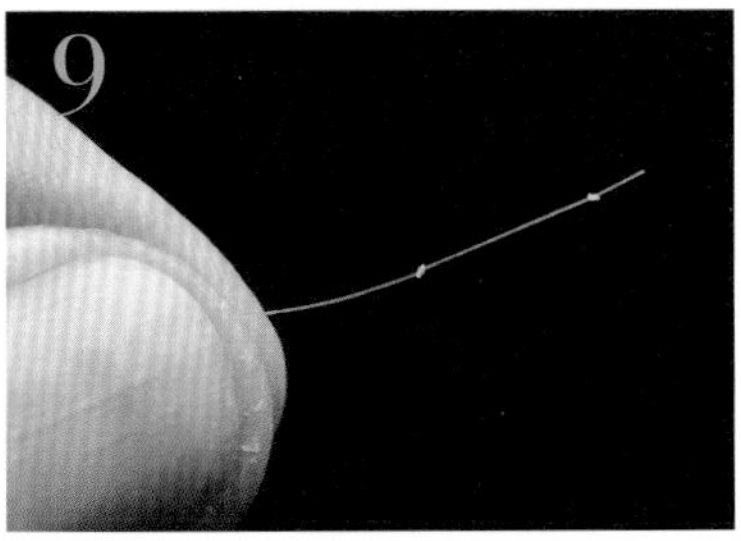

穂先側の端に結びコブを作る

天上糸の全長分をスプールから引き出してカット。端に8の字結び（1回ヒネリで十分）のコブを2つ作る

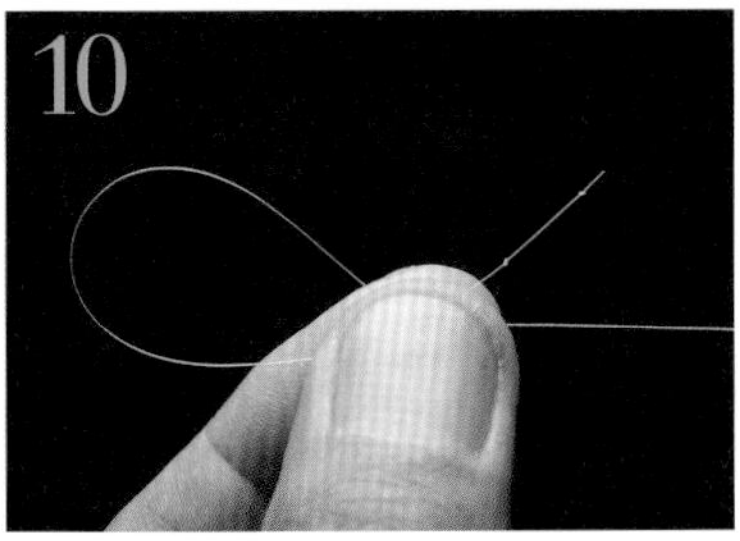

結びコブの側を折り返す

結びコブを作った部分を折り返す。長めに折り返した方が作業はラク

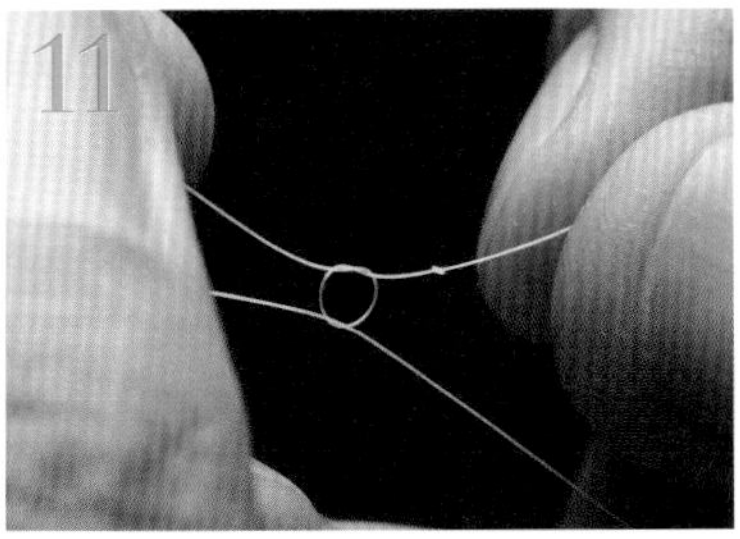

結びコブの近くで軽く固結び

折り返した部分を本線に巻いて、結びコブの近くで軽く固結びをする（締め込まなくてもよい）

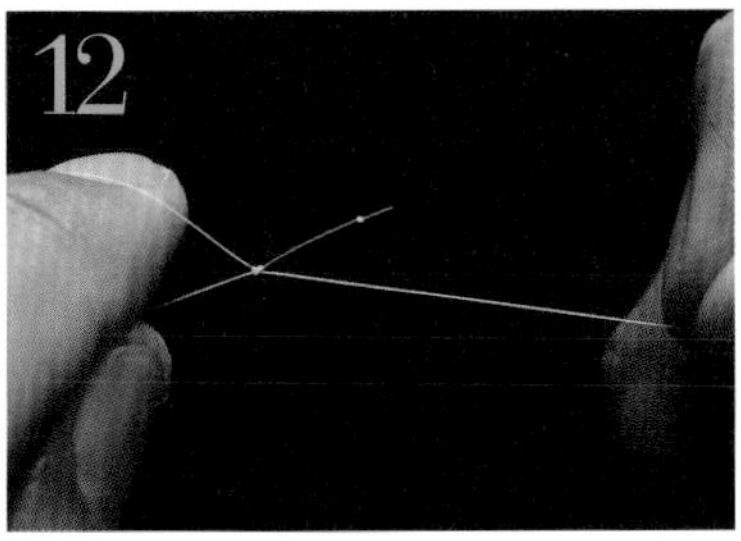

結び目を整えて完成

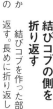

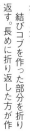

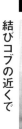

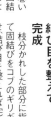

枝分かれした部分に指を入れて固結びをコブのギリギリに寄せ、結び目を整えれば完成

金属糸で水中糸を作る

現在の釣りには避けて通れない友釣り仕掛けの核心部

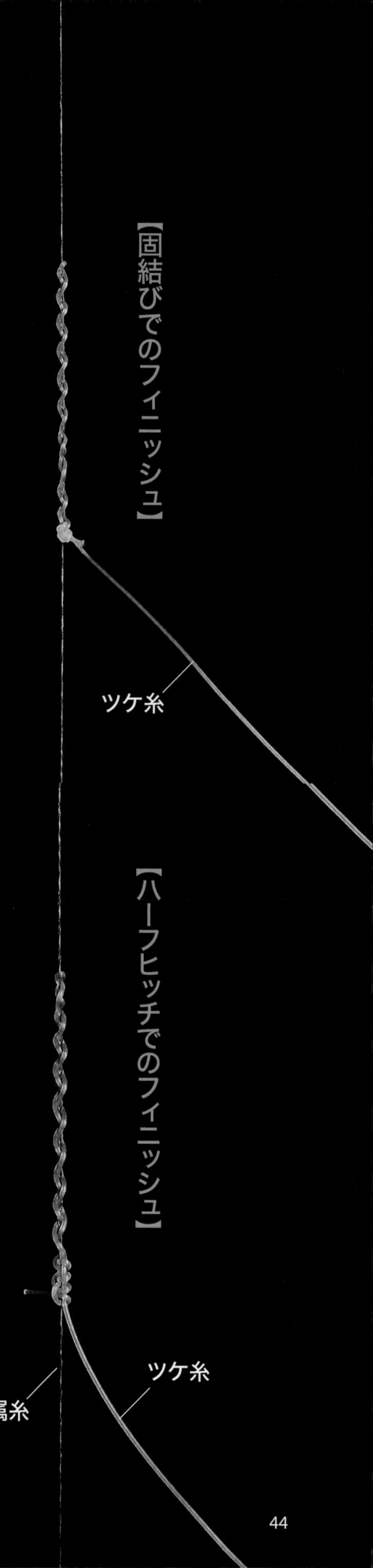

メタルラインや複合メタルで水中糸を作る場合、上下にツケ糸を接続してチチワを作り、目印をセットする。

目印はナイロンやフロロカーボン水中糸と同様の付け方（無精付けは除く）でもいけるが、ツケ糸を接続するには編み付けを利用するのが一般的だ。

編み付けを利用したツケ糸の接続方法にはバリエーションがある（p67を参照）。ここではシンプルに直接ツケ糸を水中糸に編み付ける方法をご紹介したい。

作業としては、先にご紹介した天上糸のケースと基本的に同じ。ただし水中糸の編み付けは動かないようにするのが対照的。

ポイントは編み付けを終えた後のフィニッシュだ。

ひとつはもっとも一般的な、固結びをくり返して固定する方法。最後に本線と端糸を開くようにして締め、編み付けの近くに結び目を持ってくる。

もうひとつの方法は、端糸でハーフヒッチをくり返して固定する方法。ソルトルアーでのPEラインとリーダーの結節に近い。これはツケ糸の本線がまっすぐの状態で固定される。

正確に計測したデータが見当たらないので何とも言えないが、ツケ糸を直接編み付ける場合、後者の強度が高いように思えるものの、前者も問題なく使える。作業のしやすさや好みで選択すればいいだろう。

ハーフヒッチによる固定

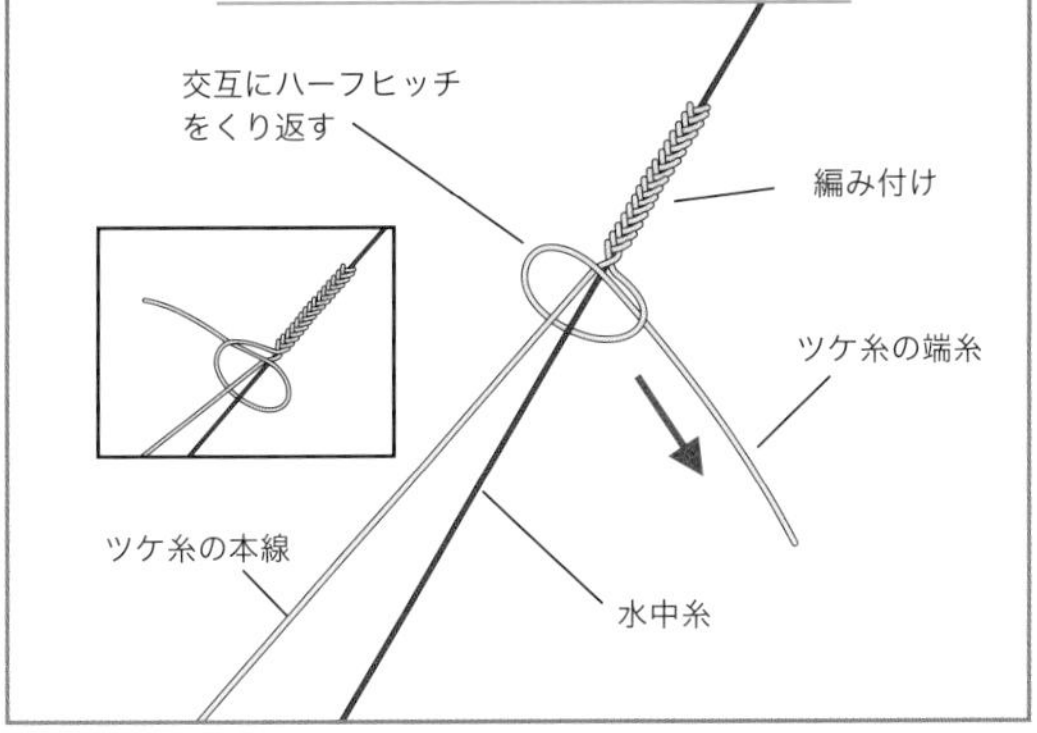

1 編み付けを終え端糸を本線に回す

ツケ糸はスプールから出してカットし、片側を短く持ち金属糸に編み付ける(短い方が端糸になる)。編み付けの終わりを指で押さえ、ツケ糸の端糸を本線と金属糸の両方に回す

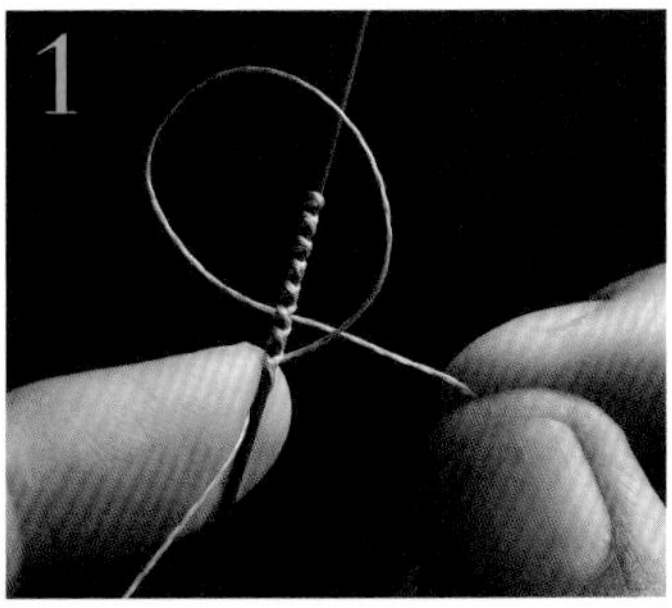

2 回してできた輪に端糸を通る

ツケ糸の端糸を本線と金属糸の両方に回してできた輪の中に入れる

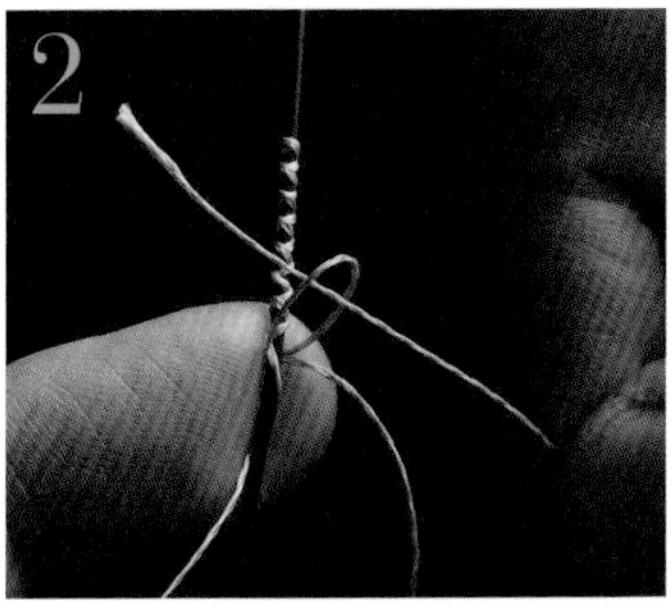

3 端糸を引いて締め込む

ツケ糸の端糸を引いて締め込む。これがハーフヒッチだが、要するにトックリ結びと同じ。

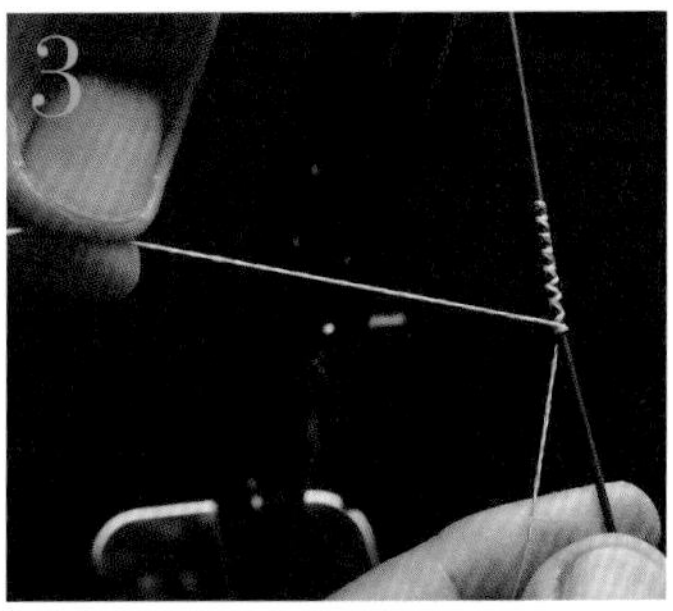

4 ハーフヒッチをくり返す

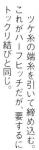

ハーフヒッチの向きを変えながら2、3回くり返し、端糸をカットすれば完成

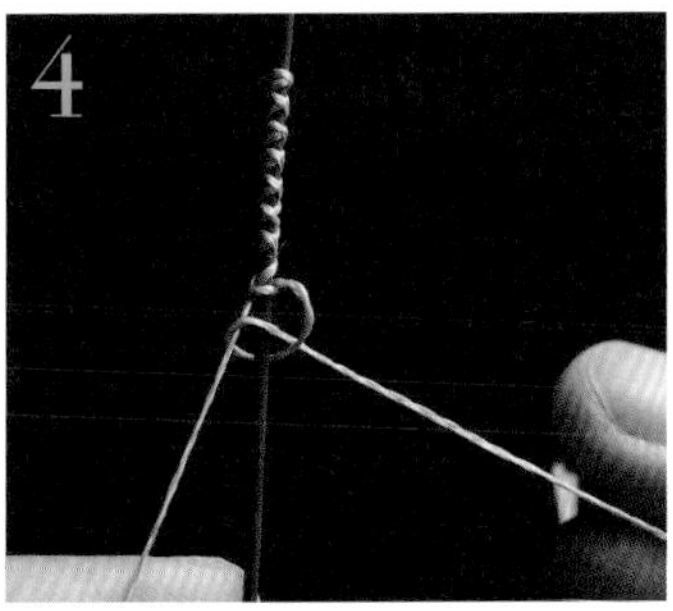

固結びによる固定

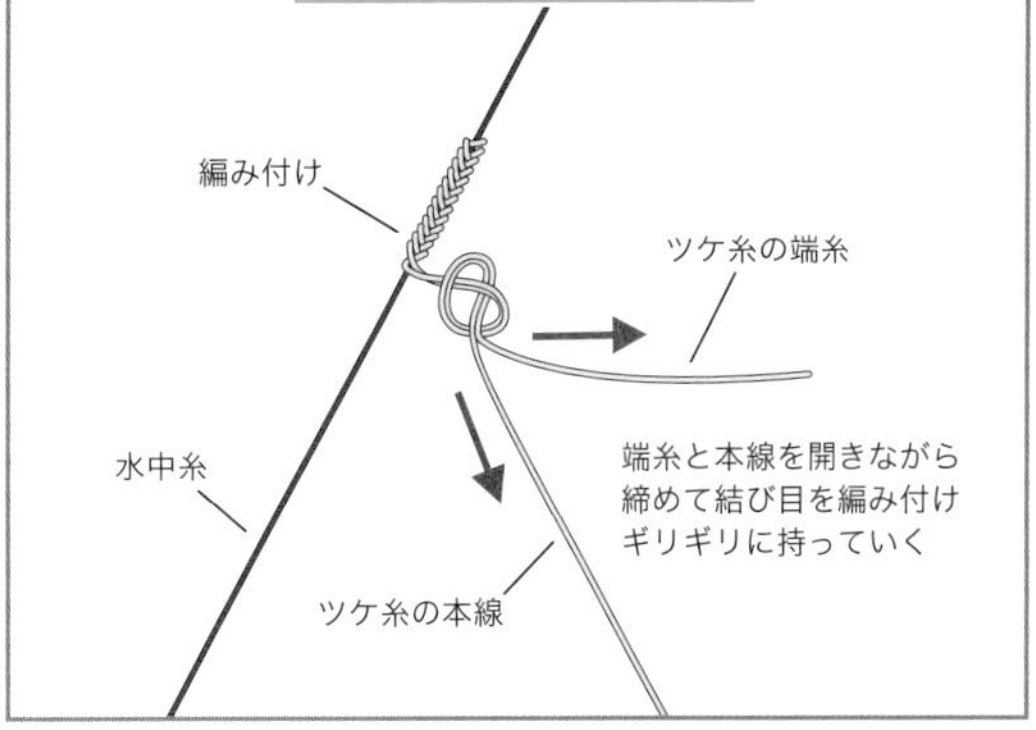

1 編み付けを終え両端を持ち固結び

ツケ糸はスプールから出してカットし、片側を短く持ち金属糸に編み付ける(短い方が端糸になる)。編み付けを終えたら一度固結びをおこなう

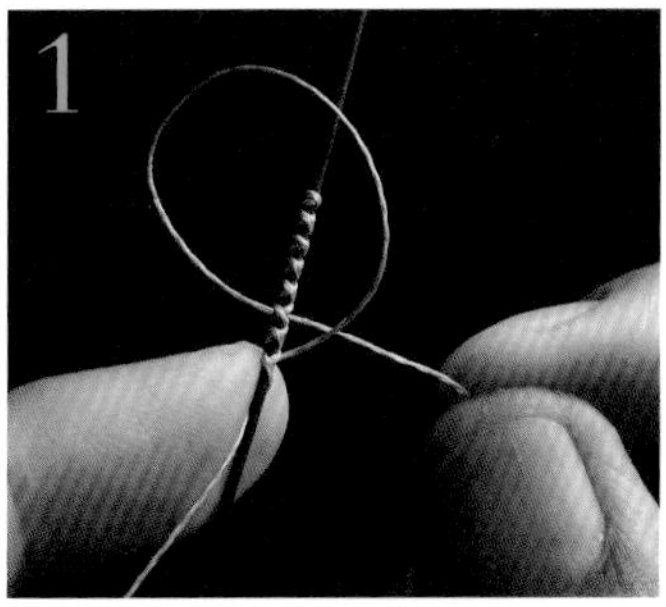

2 ツケ糸を揃えて輪を作り端を通す

ツケ糸の本線と端糸を2本揃えて輪を作り、その中に揃えたツケ糸を通す

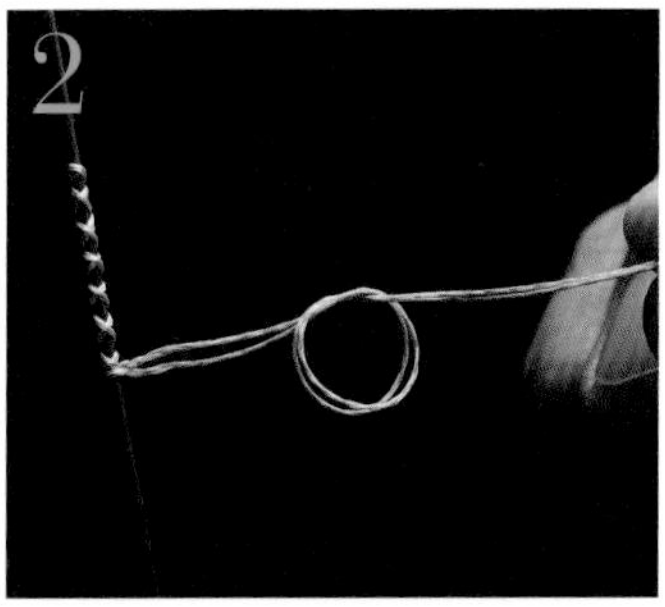

3 ツケ糸の輪をニードルで動かす

2で作った輪をニードルやつまようじで動かして編み付けに近付ける

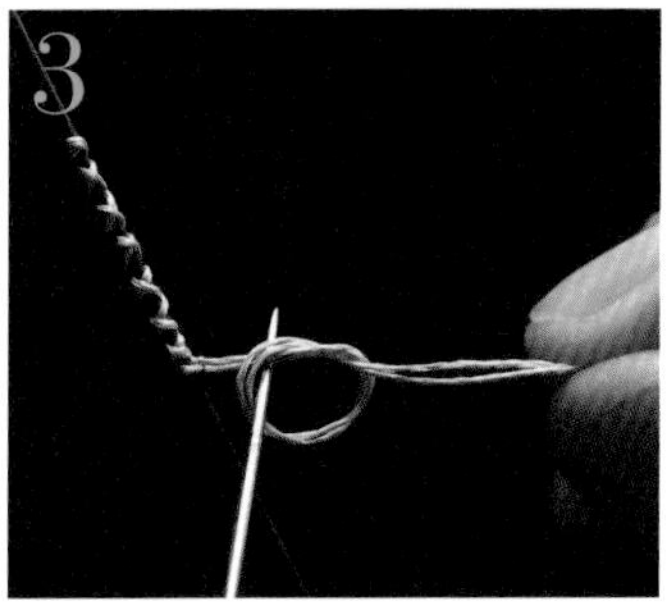

4 本線と端線を開きながら締める

ツケ糸の本線と端糸を開きながら締め、端糸をカットする。5㎜くらい残しておくのが安全

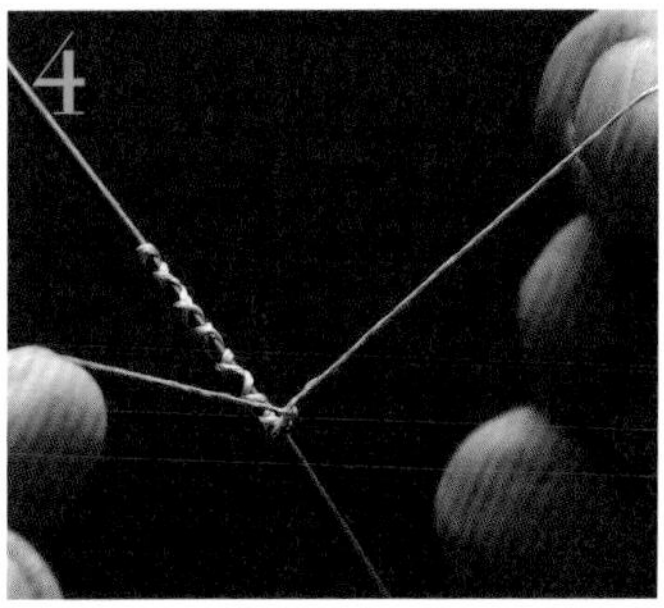

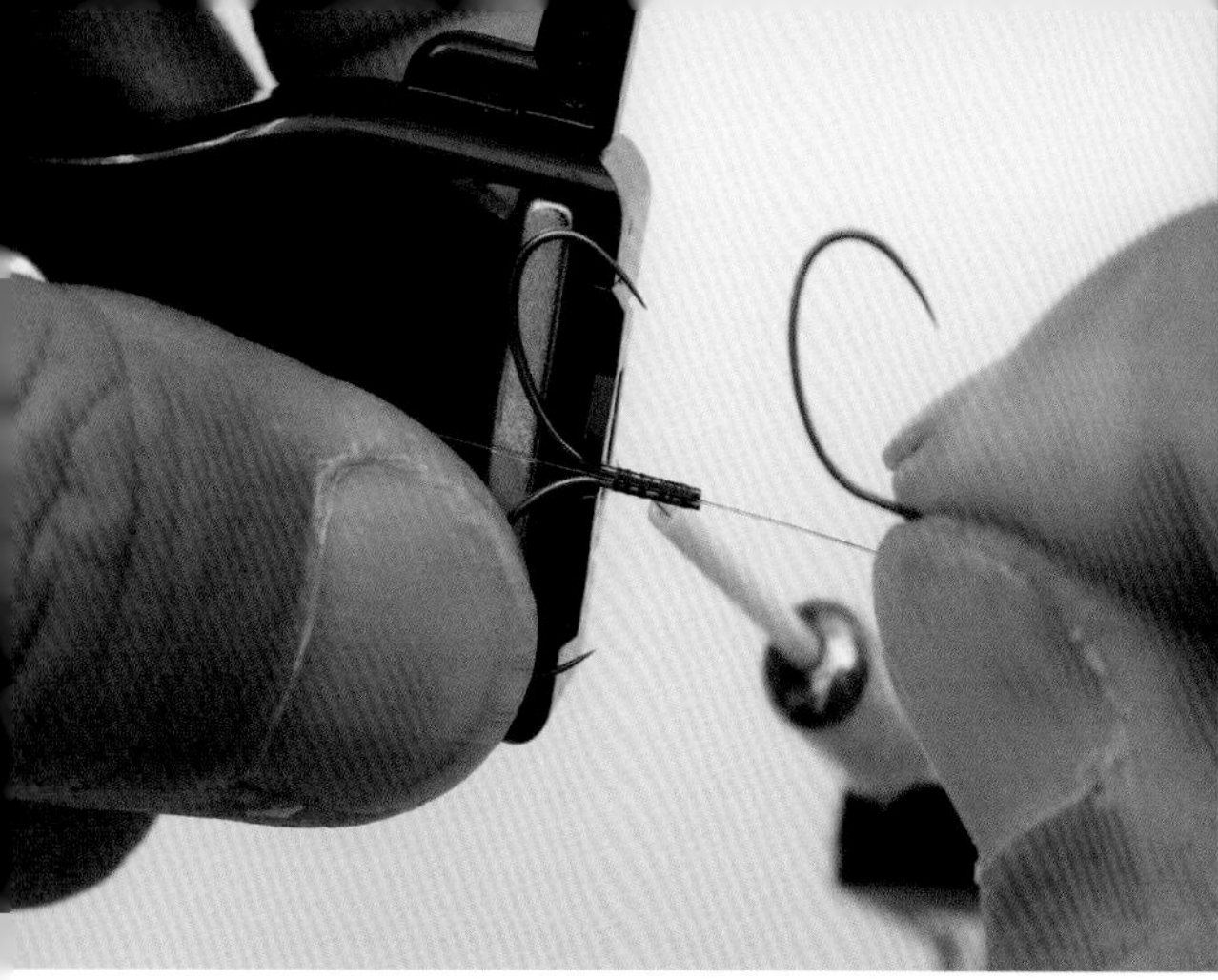

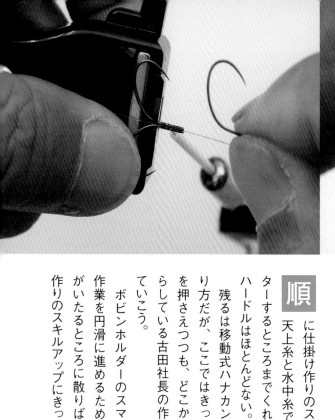

友釣り界随一のアイデア社長が教える

作り方にひと工夫 移動式ハナカン周りとイカリバリ

「あるものだけを使っていると、アイデアは浮かばない」友釣り関連のアイデア商品を多数リリースするタックル・インジャパンの古田社長は言う。精度の高い完成仕掛けが充実している現在だが、すべてではなくても、やはり仕掛けは自分で作ったほうがいい。

古田徹哉

ふるた・てつや　岐阜県多治見市に拠点を置くヤマワ産業の代表。自らもアユ釣りに熱心で、「あったらいいな」をテーマにアイデア商品を次々と開発、リリースする。

順に仕掛け作りのステップを踏んで、天上糸と水中糸で編み付けをマスターするところまでくれば、もう大きなハードルはほとんどない。

残るは移動式ハナカンと掛けバリの作り方だが、ここではきっちりベーシックを押さえつつも、どこかにひと工夫を凝らしている古田社長の作り方をご紹介していこう。

ボビンホルダーのスマートな使い方や作業を円滑に進めるためのアイデアなどがいたるところに散りばめられ、仕掛け作りのスキルアップにきっと役立つはずだ。

編み付け糸の種類

移動式ハナカンを作るには編み付け糸が必要になる。編み付け糸の素材はPEやポリエステルなどだが、今はPEが多いようだ。PEは高強度で細い糸が使えるが滑りやすいので編み付け回数を増やす必要がある。ポリエステルは滑りにくい。

編み付け糸はPEが主流。「ダイニーマ」を商品名にうたう製品もあるが、それもPEのこと。原糸の商品名なのです

移動式ハナカン周りの作り方

サカバリはハリス止めと一体式が一般的だが、この工程では別々のものを組み合わせて製作した。シンプルでコンパクトにできるメリットがある。

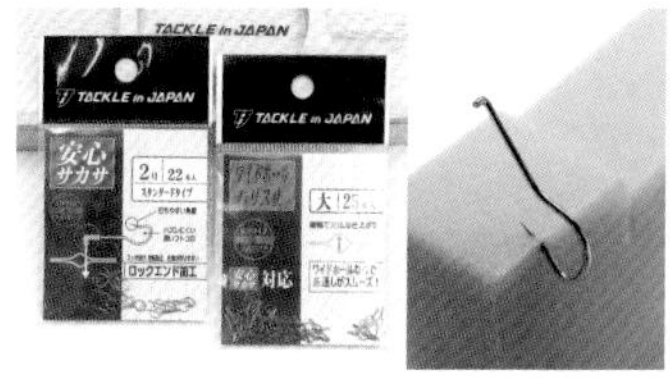

使用したのはタックル・インジャパンの『ワイドホールハリス止』と、スッポ抜け防止のロックエンド加工が施された『安心サカサ』

1 編み付け糸を二つ折りにする

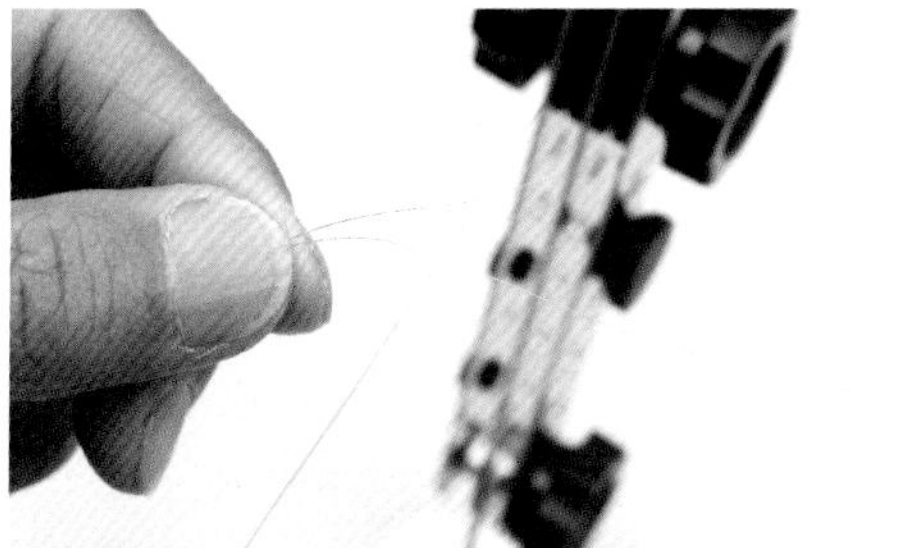

編み付け糸を30cmほどカットして二つ折りにする。端は5cmほどずらしておく

2 二つ折りの輪に指を入れて返す

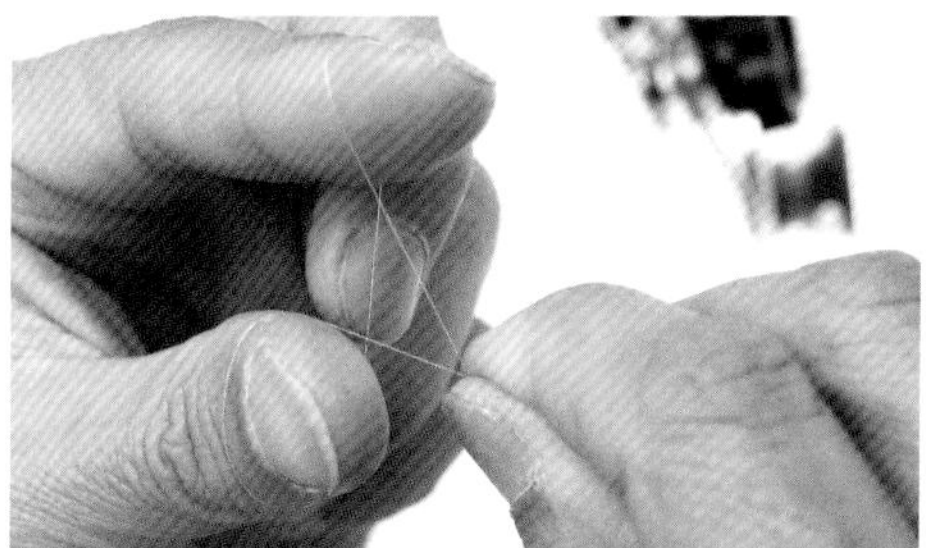

二つ折りにした編み付け糸の輪に人さし指と親指を入れ、無精付けの要領で返して"メガネ"を作る

3 "メガネ"の輪を合わせる

メガネ状になった両側の輪を合わせる

4 編み付け糸を引っ掛ける

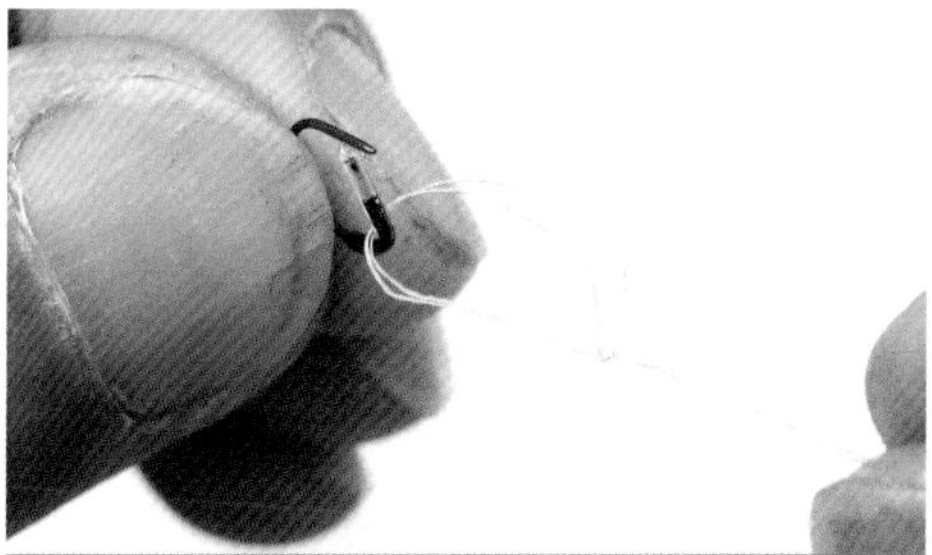

3で作った輪をハナカンに引っ掛ける

5 編み付け糸を引き締める

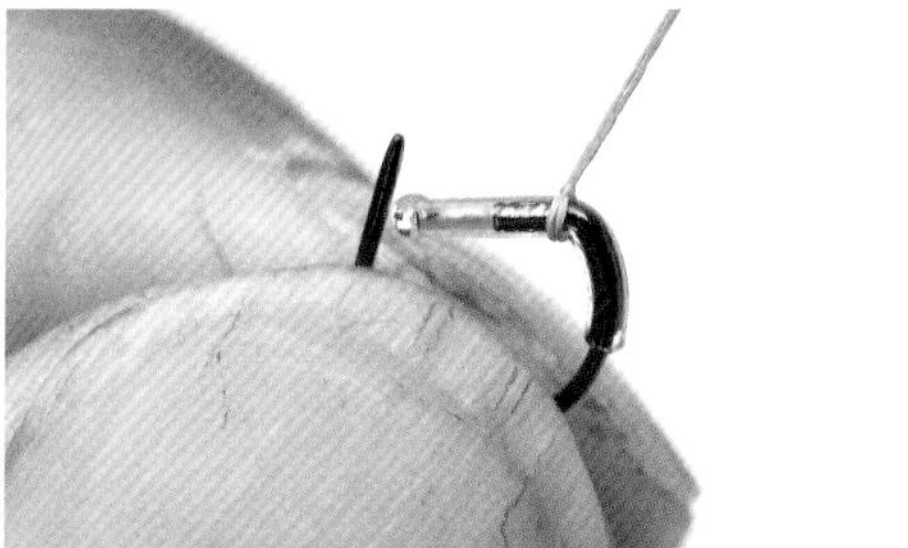

オトリが外れる事故を防ぐため、ハナカンのセンターから少しチューブ寄り(ワンタッチハナカンの場合)にずらした位置で、引っ掛けた編み付け糸の輪を引き締める

6 編み付け糸を引き締める

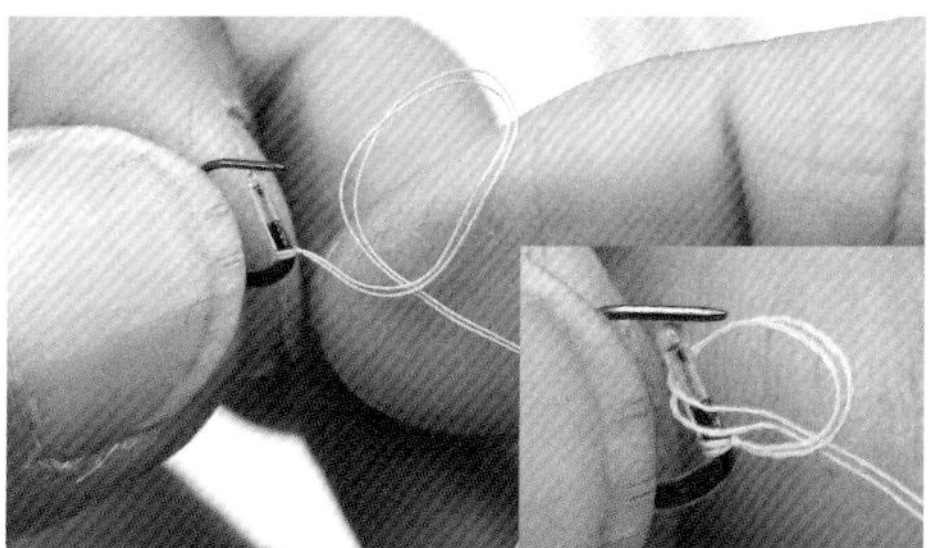

編み付け糸を2本束ねてひねり、輪を作ってトックリ結びでハナカンに引っ掛けて締める

7 固結びをもう1回

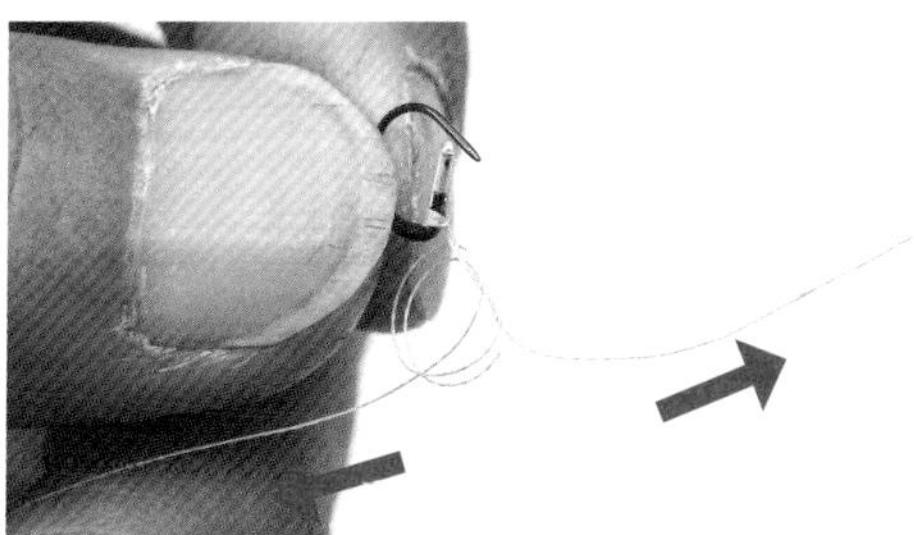

編み付け糸を2本束ねて普通に固結びを1回。編み付け糸を左右に開くように強く引っ張ると結び目をハナカン近くに作れる(PEラインは縮れない)

8 瞬間接着剤を塗る

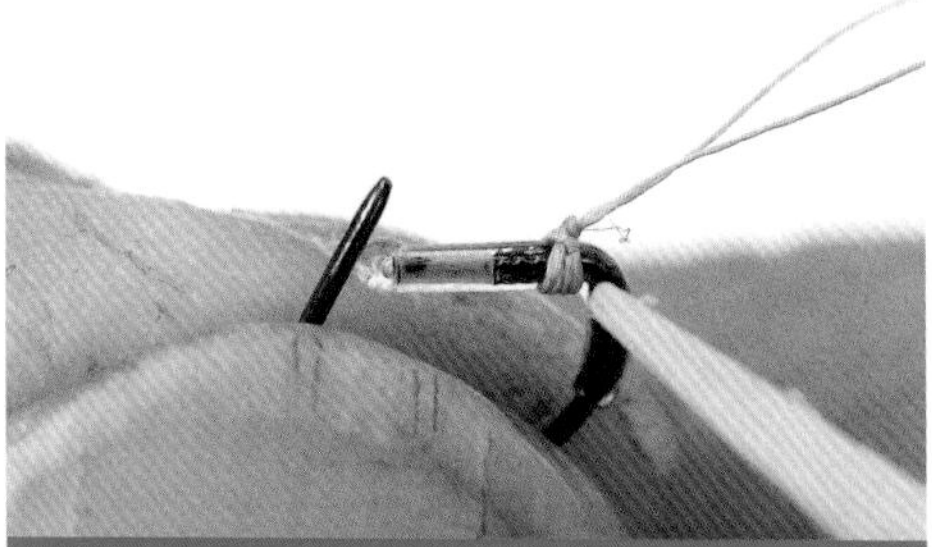

結び目の部分に瞬間接着剤を塗る。つまようじを使うと作業が楽

9 固結びをくり返す

固結びをくり返しおこなう。編み付け台に中ハリスを張って、そこにハナカンを引っ掛けると作業しやすい

10 外れ防止のアソビを作る

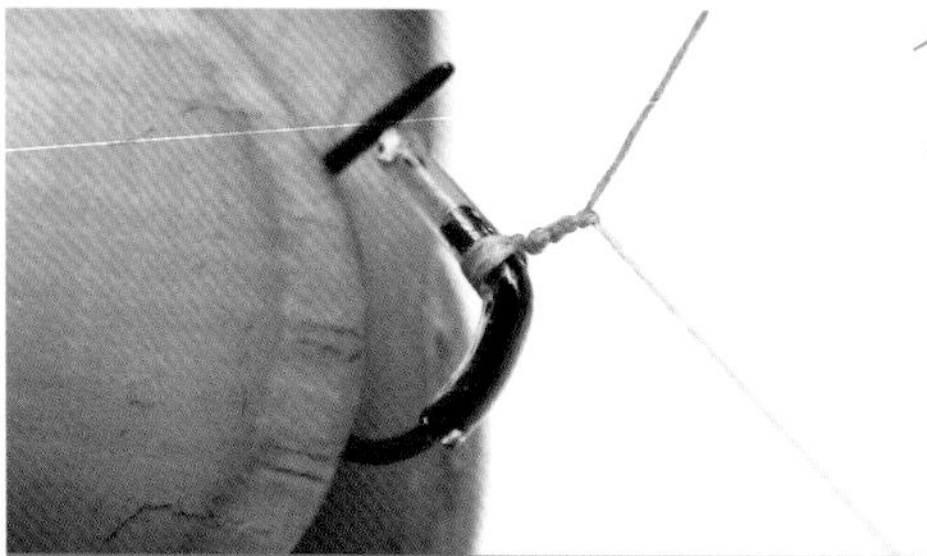

固結びをくり返した部分の長さが2mmくらいになればOK。このアソビがないとワンタッチハナカンの場合、オトリが外れやすくなる

11 編み付け糸を中ハリスに掛ける

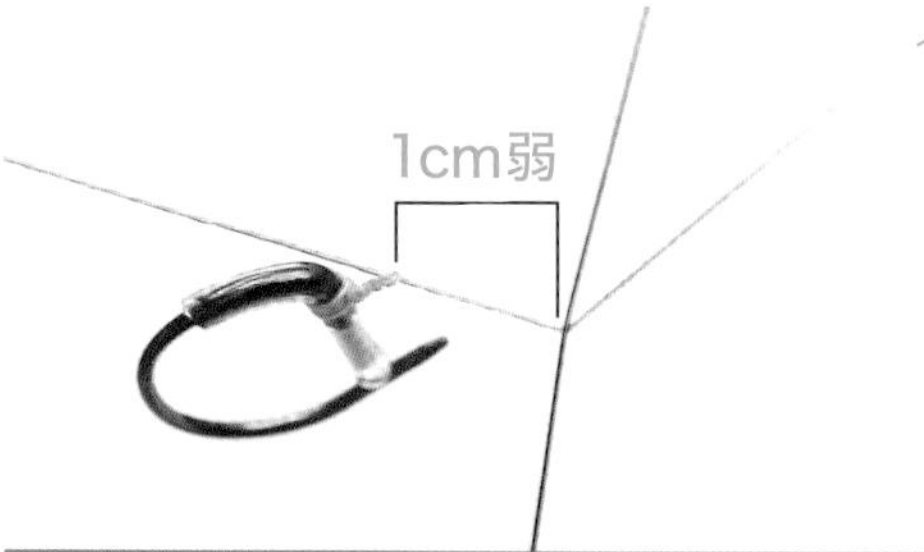

編み付け台に張った中ハリスに、ハナカンの編み付け糸の長い方を1cm弱ほど離して下側から掛ける

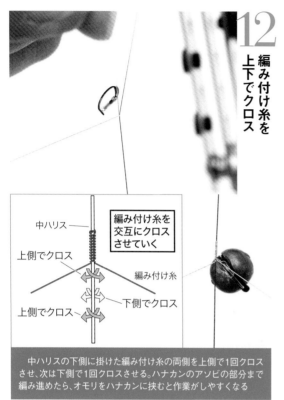

12 編み付け糸を上下でクロス

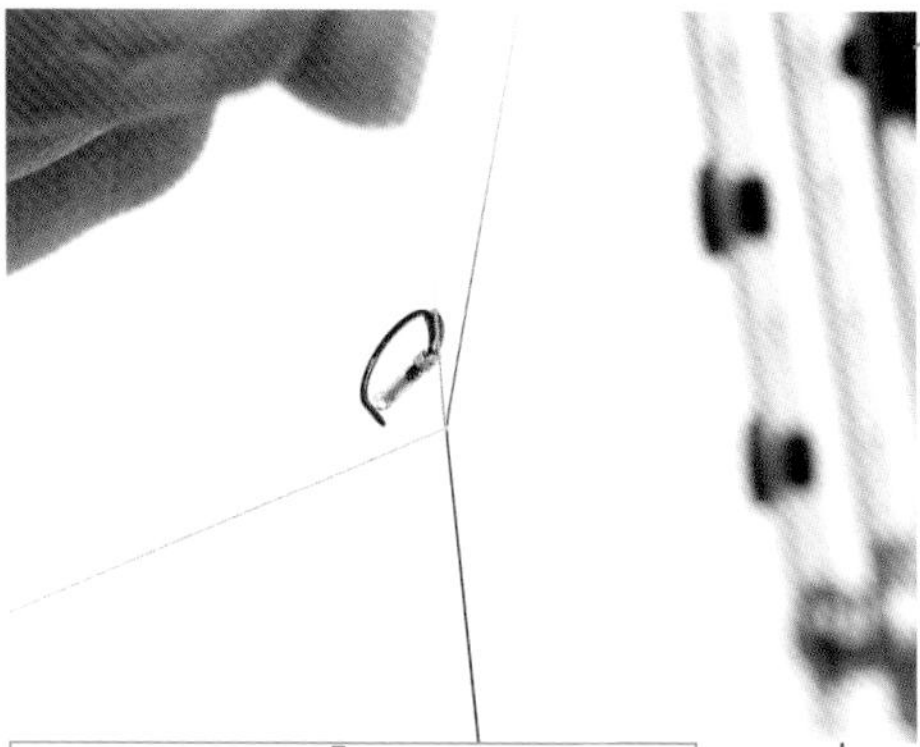

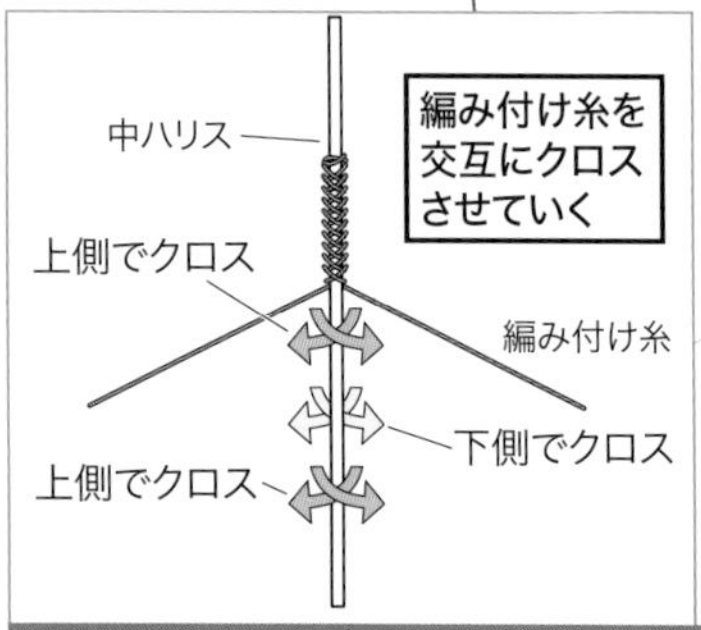

中ハリスの下側に掛けた編み付け糸の両側を上側で1回クロスさせ、次は下側で1回クロスさせる。ハナカンのアソビの部分まで編み進めたら、オモリをハナカンに挟むと作業がしやすくなる

13 編み付けをさらに進める

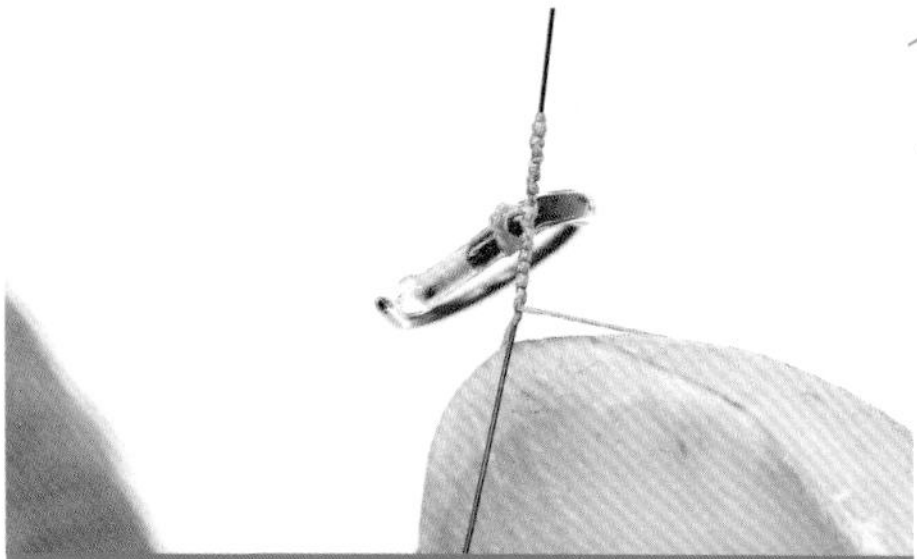

ハナカンのアソビの部分を越えて編み進め、アソビの両側の編み付け部分の長さが同じくらいになるようにする。ときおり爪で編み付け部分を詰めてやるとよい

14 固結び1回で止める

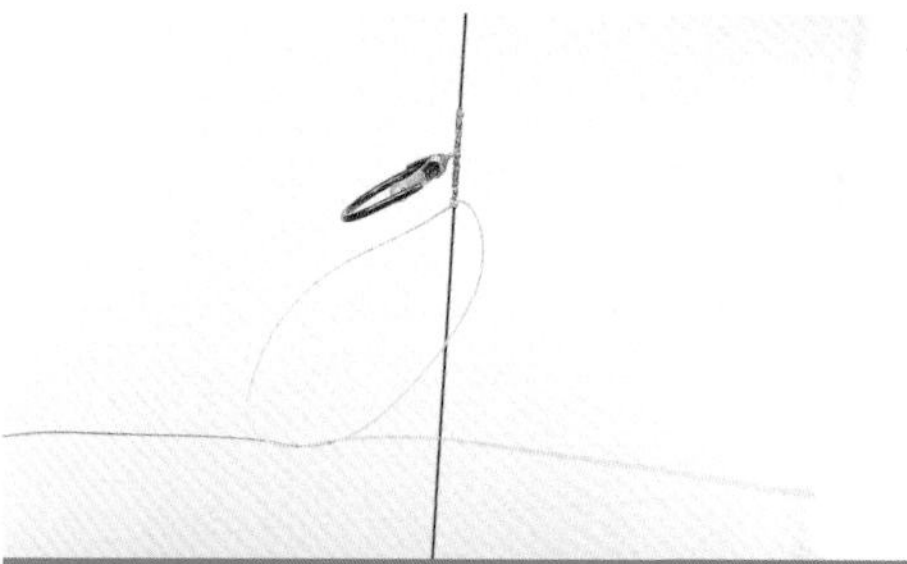

固結びを1回おこない編み付け糸を固定する

15 8の字結びで完全に固定

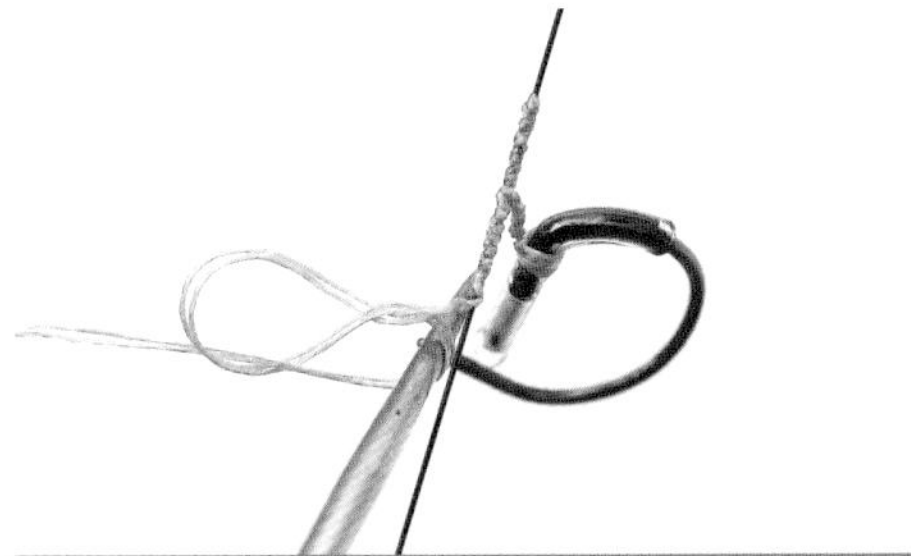

8の字結びで完全に編み付け糸を固定する。ニードルを使えば結び目をギリギリに作りやすい。あとはハサミでカットして8の字の結び目に瞬間接着剤を塗れば完成

16 端糸を伸ばせば背バリに便利

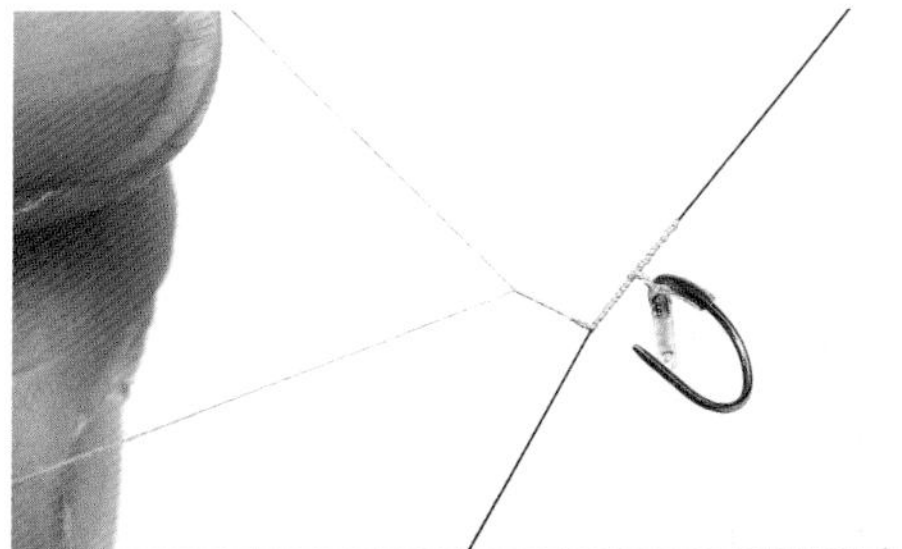

古田社長の場合は15で編み付け糸をカットせず、2cmほど2本ヨリにしてから8の字結びで固定する。背バリをセットしやすいひと工夫

17 ハリス止めとサカバリを付ける

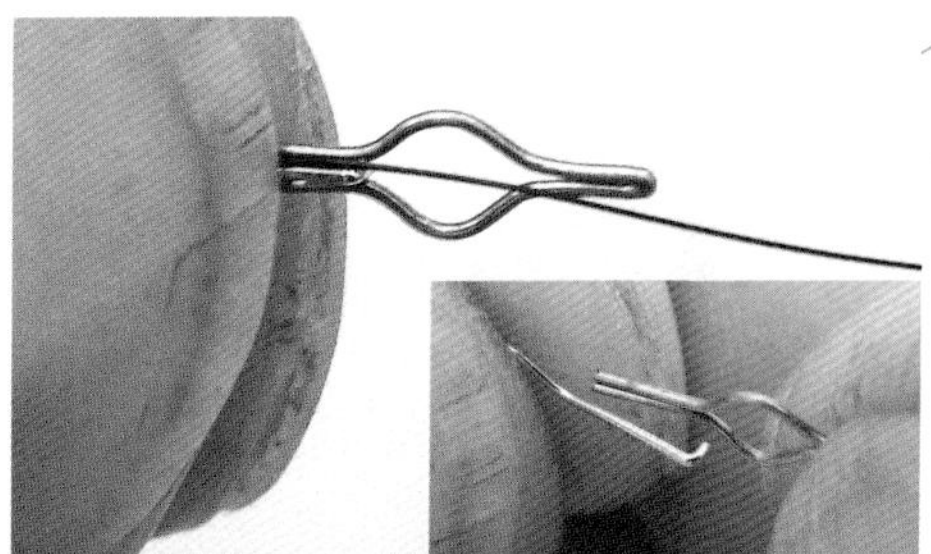

ハリス止めの穴にサカバリの軸のロックを引っ掛けて、中ハリスの端近くを添えて一緒に持つ。ロックのないサカバリの場合はハリス止めと瞬間接着剤で仮止めしてもいい

18 根巻き糸で一緒に巻く

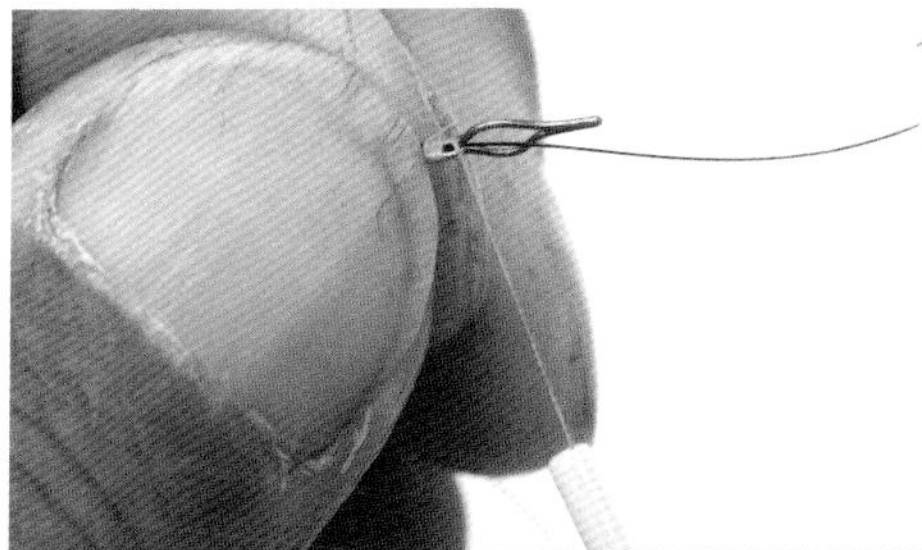

ハリス止めとサカバリ、ハリスを一緒に根巻き糸で巻く

19 中ハリスの端を折り返す

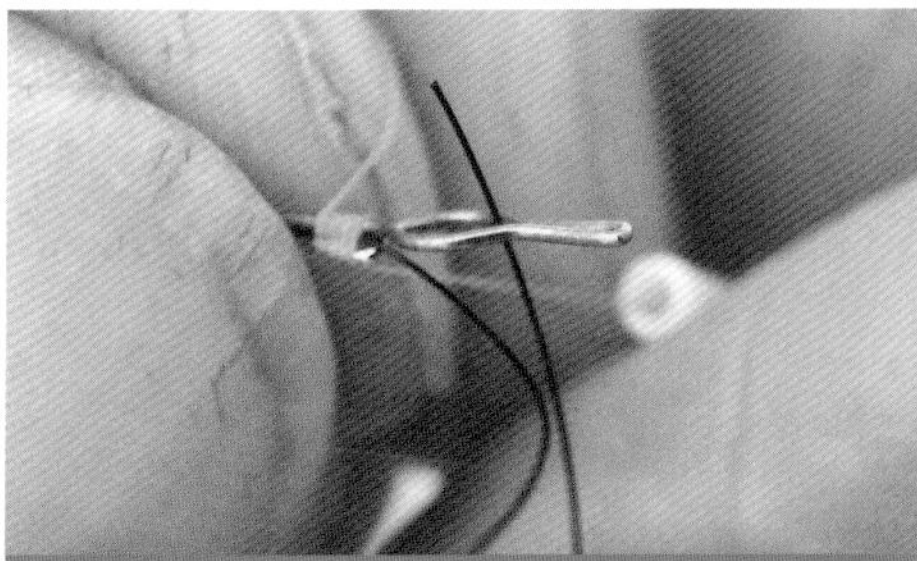

中ハリスの端をハリス止めの輪の中に通して折り返す

20 折り返しを巻き込んで止める

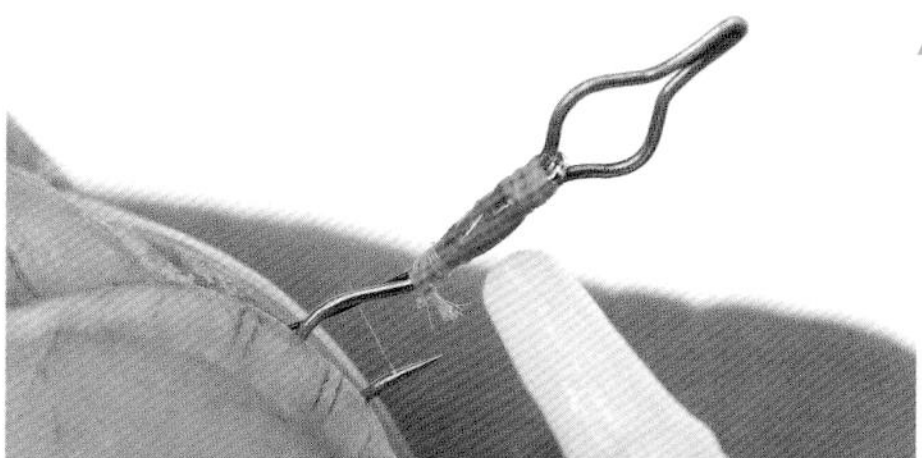

折り返した中ハリスを根巻き糸で巻き込んで端糸をカット、根巻き糸をトックリ結びで固定して本線をカット。その後瞬間背着剤を塗れば完成

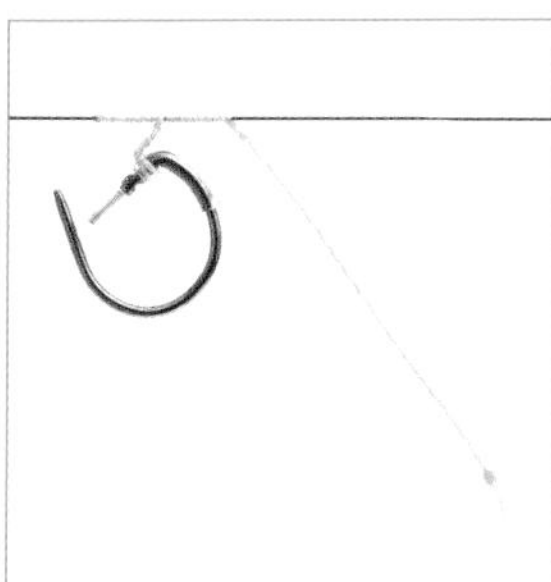

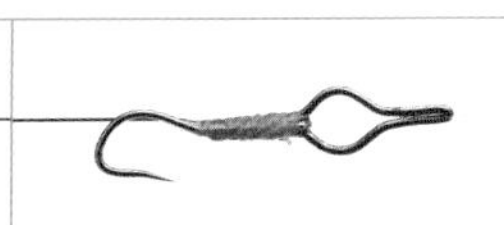

ハナカンとサカバリ周辺はこのような仕上がりになる。中ハリスは使用する長さにカットして、水中糸側の端はツケ糸と接続するなら結びコブを作る。もしくは投げ縄結びで水中糸の編み付け部分に接続する

編み付け糸を2本ヨリにして余らせた部分に、ハリス止め付きサカバリをセットすれば背バリとして機能する

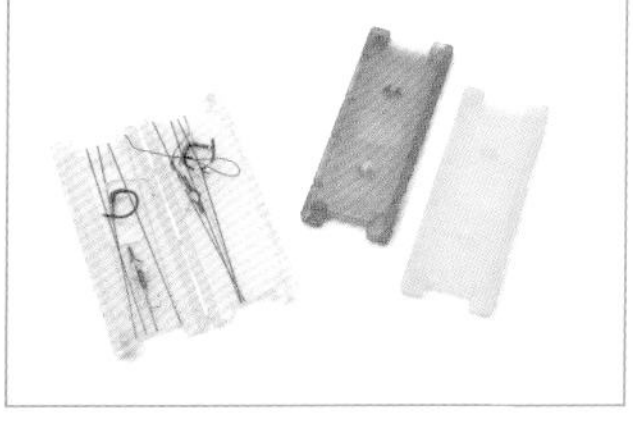

ハナカン周りは薄い仕掛け巻きに収納するとたくさんストックできる

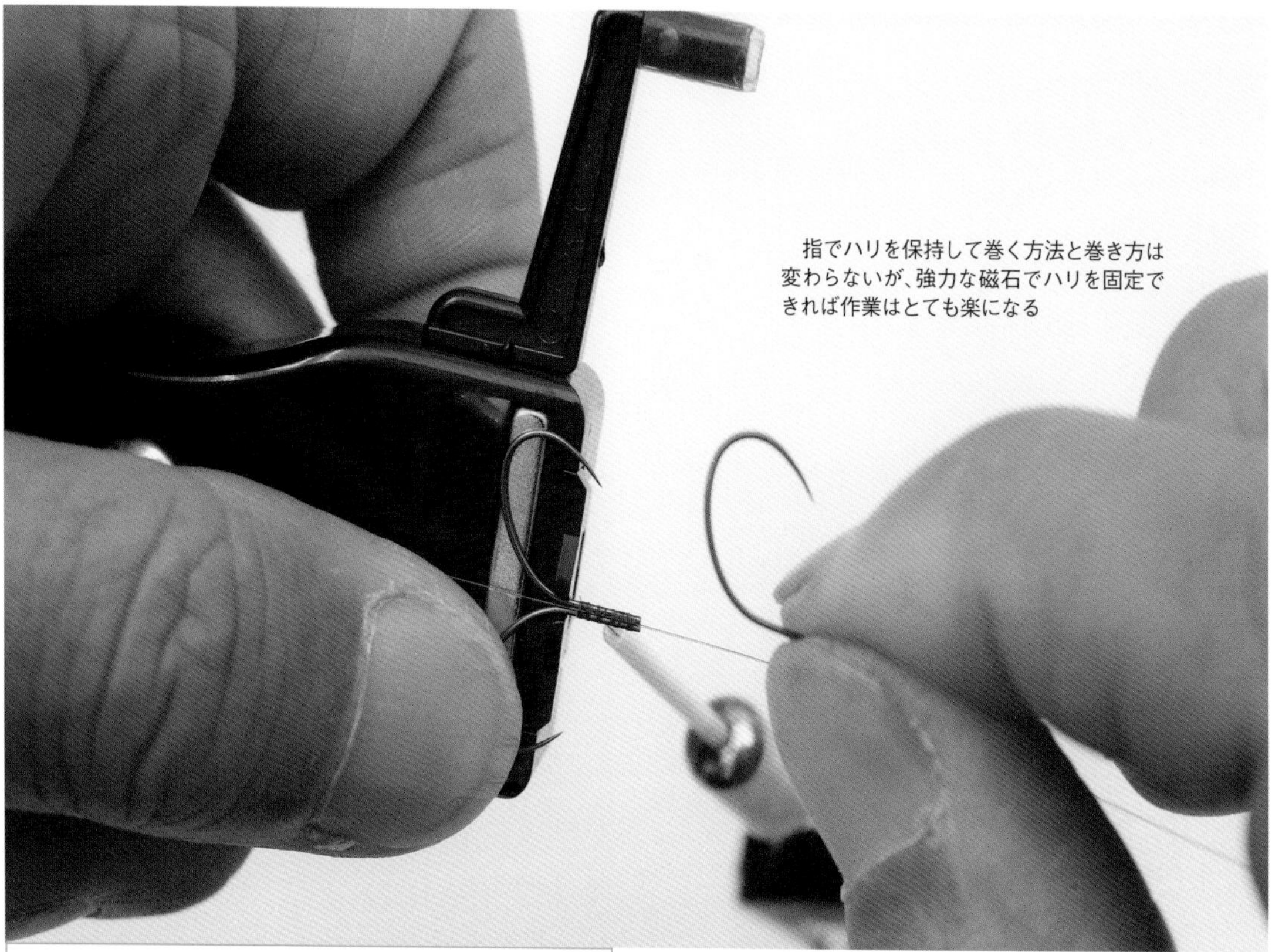

指でハリを保持して巻く方法と巻き方は変わらないが、強力な磁石でハリを固定できれば作業はとても楽になる

強力ネオジウム磁石とアジャスターがハリをしっかり固定し、イカリ作りが楽になるタックル・インジャパンの『イカリマイター』。小バリを巻くときも指が痛くなりにくい。アジャスターが5サイズあり、ハリのサイズや形状に合わせて選択できる

友釣り界随一のアイデア社長が教える

補助ツールを使って イカリを巻く

掛けバリを巻く場合、昔ながらに指でハリをつまむ手巻きとチャック式のホルダーを用いる方法とがある。

前者は慣れが必要で、後者はハリとハリスを一度にセットして巻けるため便利ではあるが、近年のフッ素コートのハリではハリスやハリが抜けてしまうケースも出てきた。前者は下巻きの手順が入るため、抜け防止に役立っているのだ。

ここでは強力磁石でハリを固定できる補助ツールを使った巻き方をご紹介したい。昔ながらの巻き方と工程は同じだがより巻きやすく、すっぽ抜けの事故も減るはずだ。

イカリバリの巻き方

4本イカリも3本イカリも、ハリスがハリ軸の間のセンターを通っていることがポイント。手巻きや補助ツールを用いる方法は、比較的ハリスをセンターに通しやすいことが大きなメリットだろう。

撮影で用いたハリは『スパット6.5号』と『レインボー・アユ7.25号』

1 背中合わせにハリを2本セット

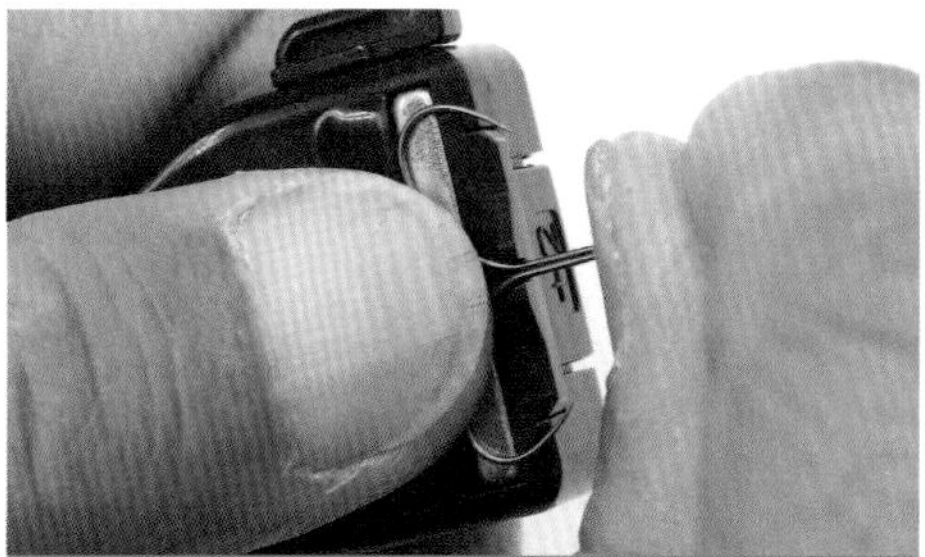

指で押さえながら、磁石の部分に2本のハリを背中合わせにセットする。ハリ軸はアジャスターの溝にはめて先端を揃える

2 ハリ軸の間にハリスを乗せる

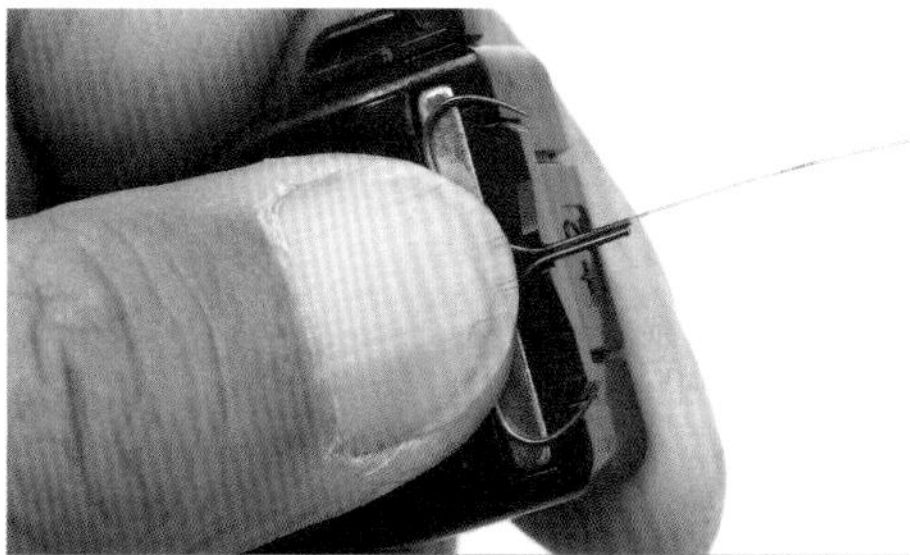

ハリ軸の間にハリスを乗せて指で押さえる

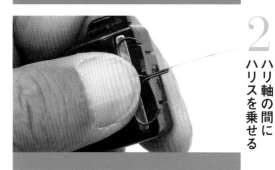

3 根巻き糸の端をアームに固定する

アームのシリコンチューブの部分に、ボビンホルダーのチューブから出た根巻き糸の端を2、3回巻き付けて固定する

4 根巻き糸を巻き付ける

ハリ軸の根元から先端に向けて根巻き糸を巻き付ける。ハリスがズレないように注意

5 根巻き糸を巻き戻す

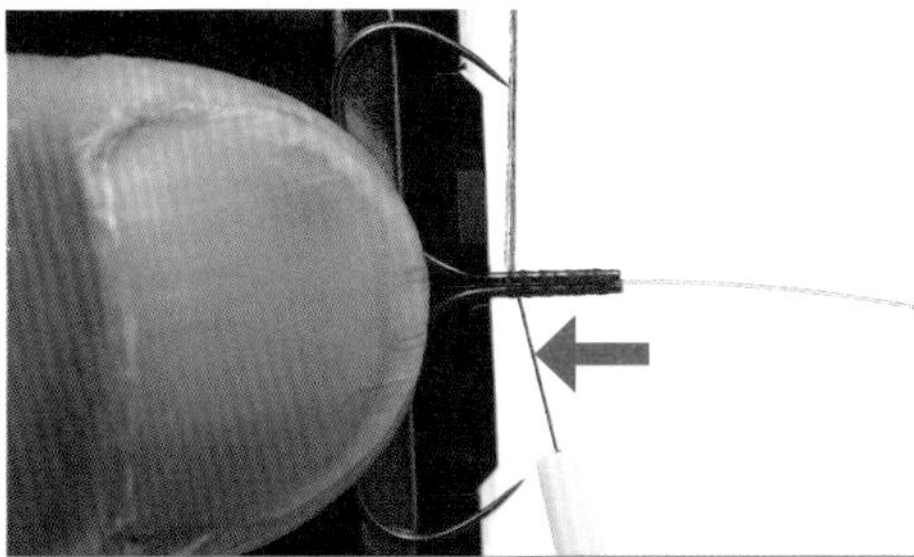

ハリ軸の先端から根元に向けて根巻き糸を巻き戻す

6 端糸を根元でカット

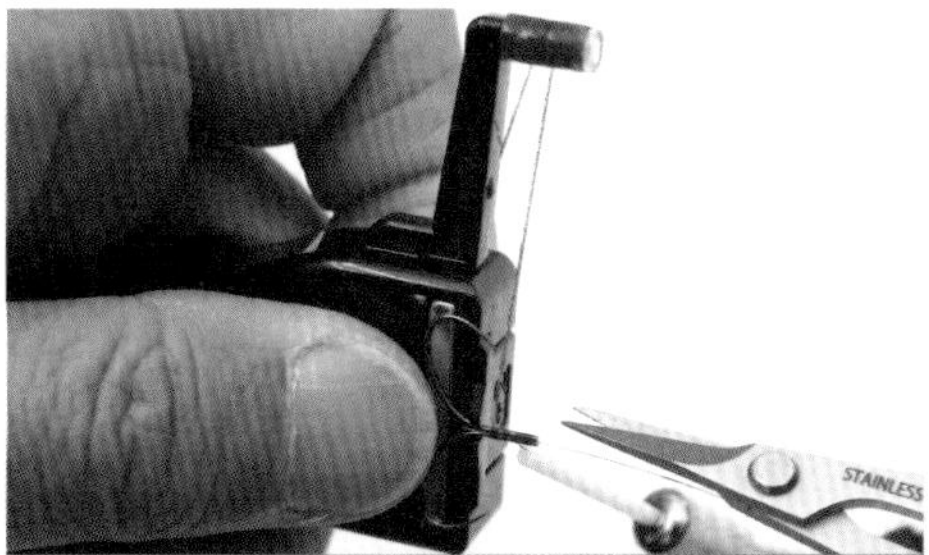

根巻き糸の端糸をハリ軸のギリギリでカットする

7 残りのハリを乗せる

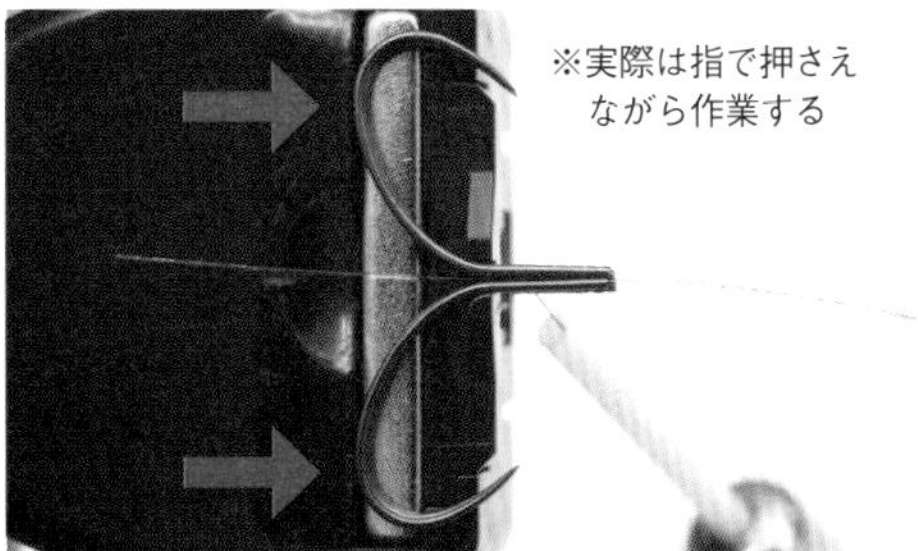

※実際は指で押さえながら作業する

仮巻きしたハリの上に残りのハリ2本を同じように乗せる。矢印の部分にすき間を作らないように注意。3本イカリの場合はハリ1本を乗せる

8 根巻き糸を1往復巻く

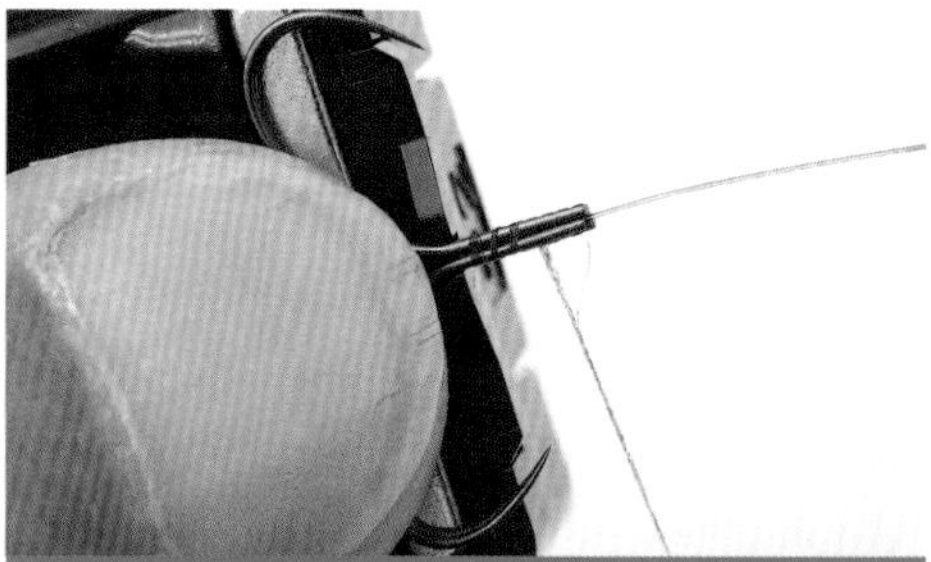

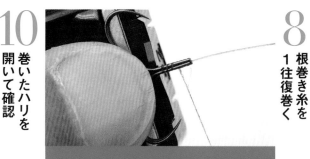

ハリを指で押さえ、ハリ軸4本をまとめて根巻き糸で1往復巻く

9 ハリの根元を巻いて補強する

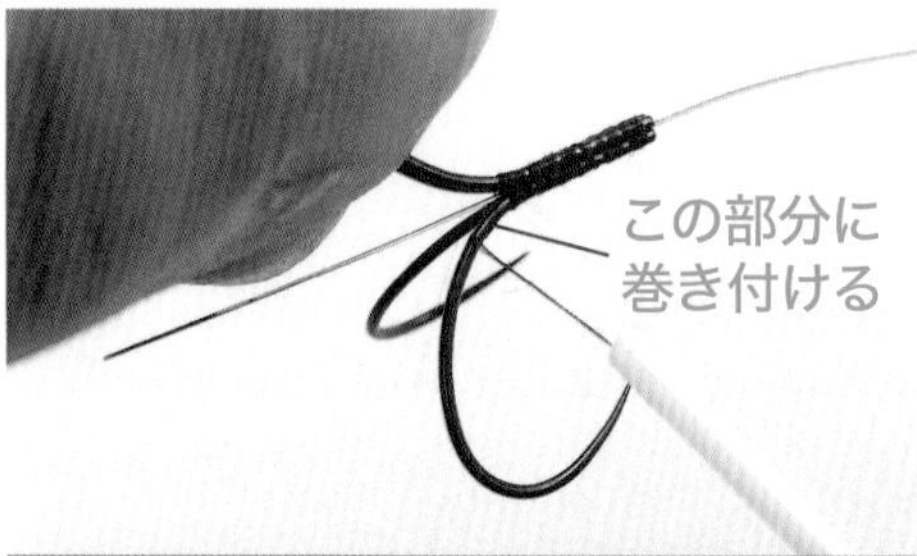

ハリの根元に根巻き糸を数回巻き付けて補強、スッポ抜けを防止する。4本イカリの場合は2本ずつまとめて、3本イカリの場合は1本ずつおこなう

10 巻いたハリを開いて確認

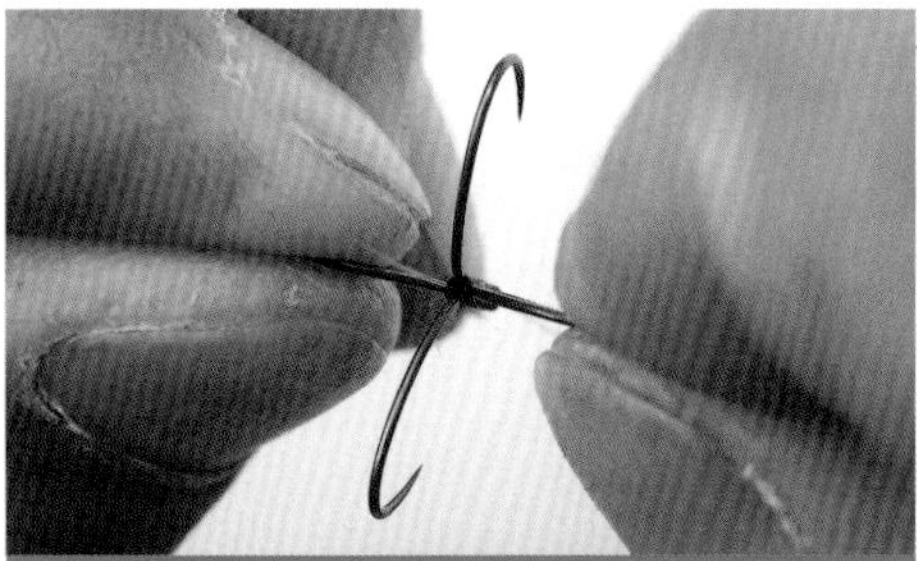

大まかにハリを開いてハリスがセンターにあるか念のため確認する

11 トックリ結びをおこなう①

根巻き糸を最後に止める方法はトックリ結び。まずはボビンホルダーから少し糸を引き出して、人さし指に引っ掛ける

12 トックリ結びをおこなう②

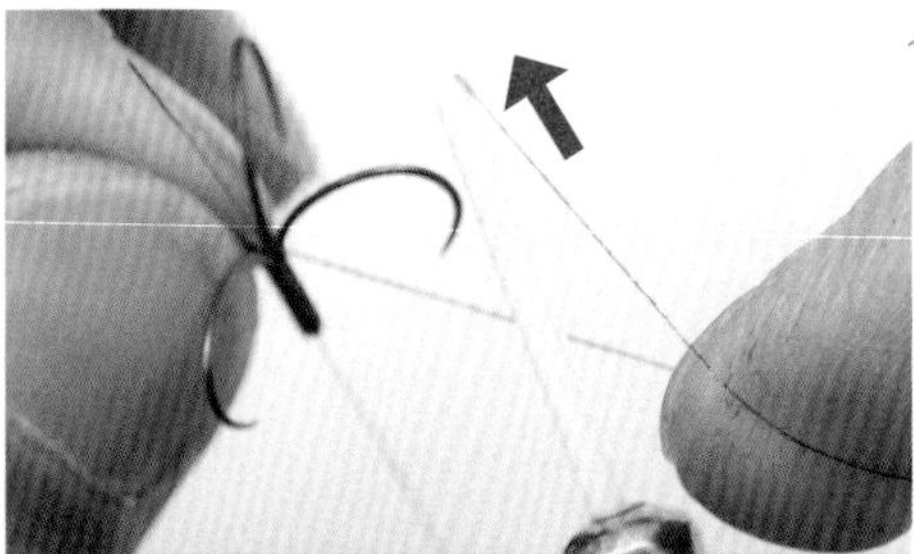

ボビンホルダーのチューブをハリ側へ押し出す

13 トックリ結びをおこなう③

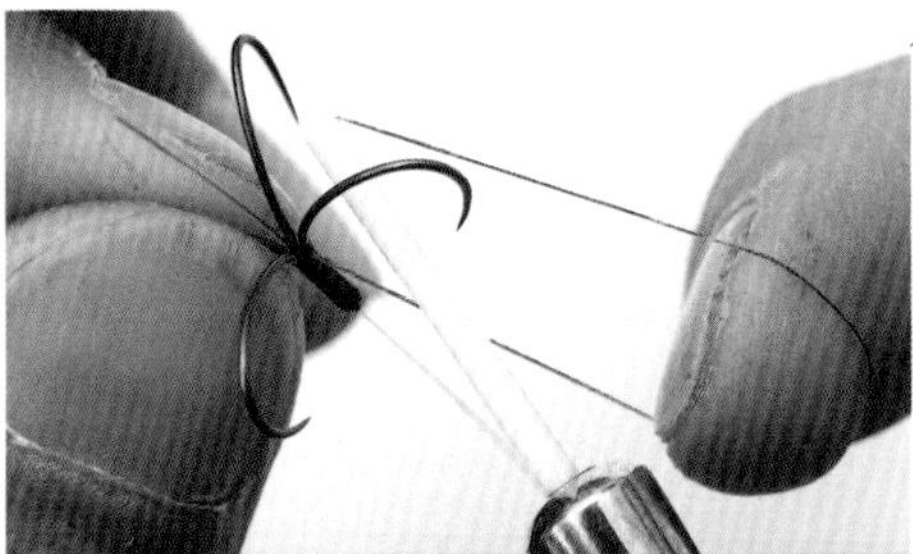

ボビンホルダーのチューブをハリのフトコロ側に持っていく

腕が上がるにつれてハリの種類はどうしても増えてしまう

完成品のバリエーションが増えた現在でも、好みのハリとハリスの組み合わせがあるとは限らない。完璧にマッチさせた掛けバリを巻くことができれば、それは掛ける自信にもつながる

14 トックリ結びをおこなう④

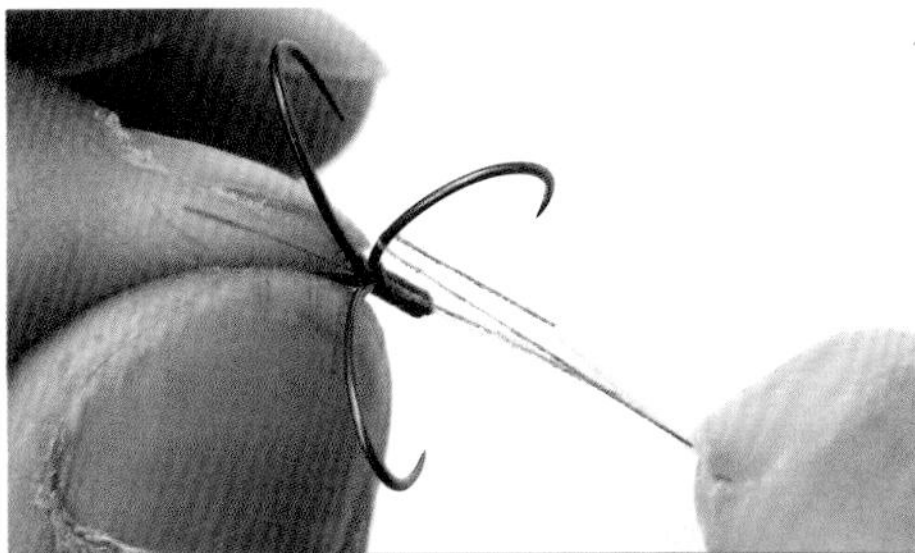

ボビンホルダーのチューブと指で作った根巻き糸の輪をハリに引っ掛ける

15 トックリ結びをおこなう⑤

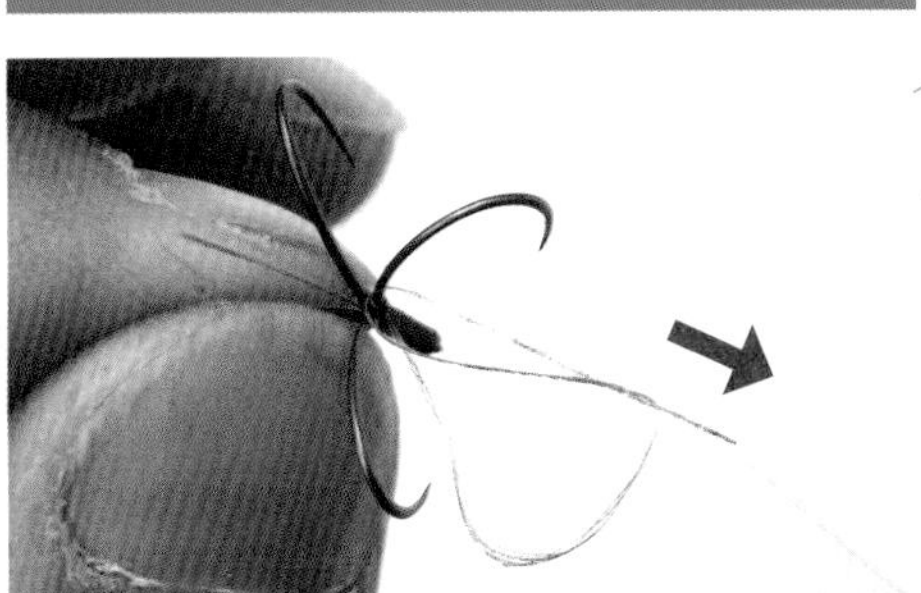

ボビンホルダーのチューブを引いて結び目を締める。1回でもOK

16 根巻き糸の本線をカットする

根巻き糸の本線をハリ軸のギリギリでカット。ハリの間の角度をきっちり整える（4本イカリは90度、3本イカリは120度）

17 瞬間接着剤をしっかり塗る

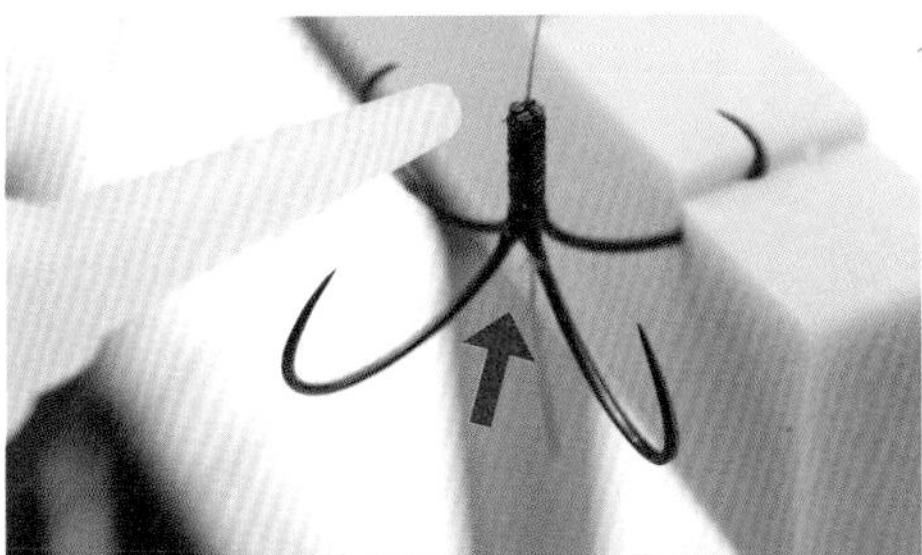

瞬間接着剤を塗る。ウレタンフォームなどにイカリバリを上向きに刺しておくと作業しやすく、接着剤が矢印の部分に溜まって固まりスッポ抜け防止になる

背バリの種類と作り方の概要

背バリとは、ハナカンから出る中ハリスの支点を後ろ（尾ビレ側）に移動させてオトリが潜りやすいようにするためのアイテム。釣り師があらゆる工夫を試みる部分なので十人十色、いろいろなバージョンが考えられている。

ざっくりと分けてしまうと、背バリを中ハリスに結びつけたものと、背バリに糸の輪を結び付けて中ハリスに付けるタイプがあり、今は後者を愛用する釣り師が多いようだ。着脱が可能なのと、製作が簡単なことが理由なのだろう。

ここで作り方を取り上げるのは後者だが、根巻き糸の使い方をマスターしていれば解説するまでもないほどだ。

手順としては背バリの軸に、二つ折りにした糸（以下、背バリ糸）を結んで作った輪を添え、根巻き糸で固定するだけ。背バリ糸にはフロロカーボンのハリス（アユ用ではなく渓流用など）や、細いウレタンゴムなどが多用されるが、結び目が抜け防止にも役立っている。

背バリ糸の素材を何にするのか、輪の大きさをどのくらいにするか、それともほかの方法があるのか、そのあたりについては次のページから6人の名手の具体例をご紹介するので参考にしていただきたい。

これは背バリを中ハリスに結んだタイプ。つまりハナカン周りが背バリ専用になるということだ

こちらが背バリに糸の輪を結び付けたもの。ハナカンの近くに後付けでセットする

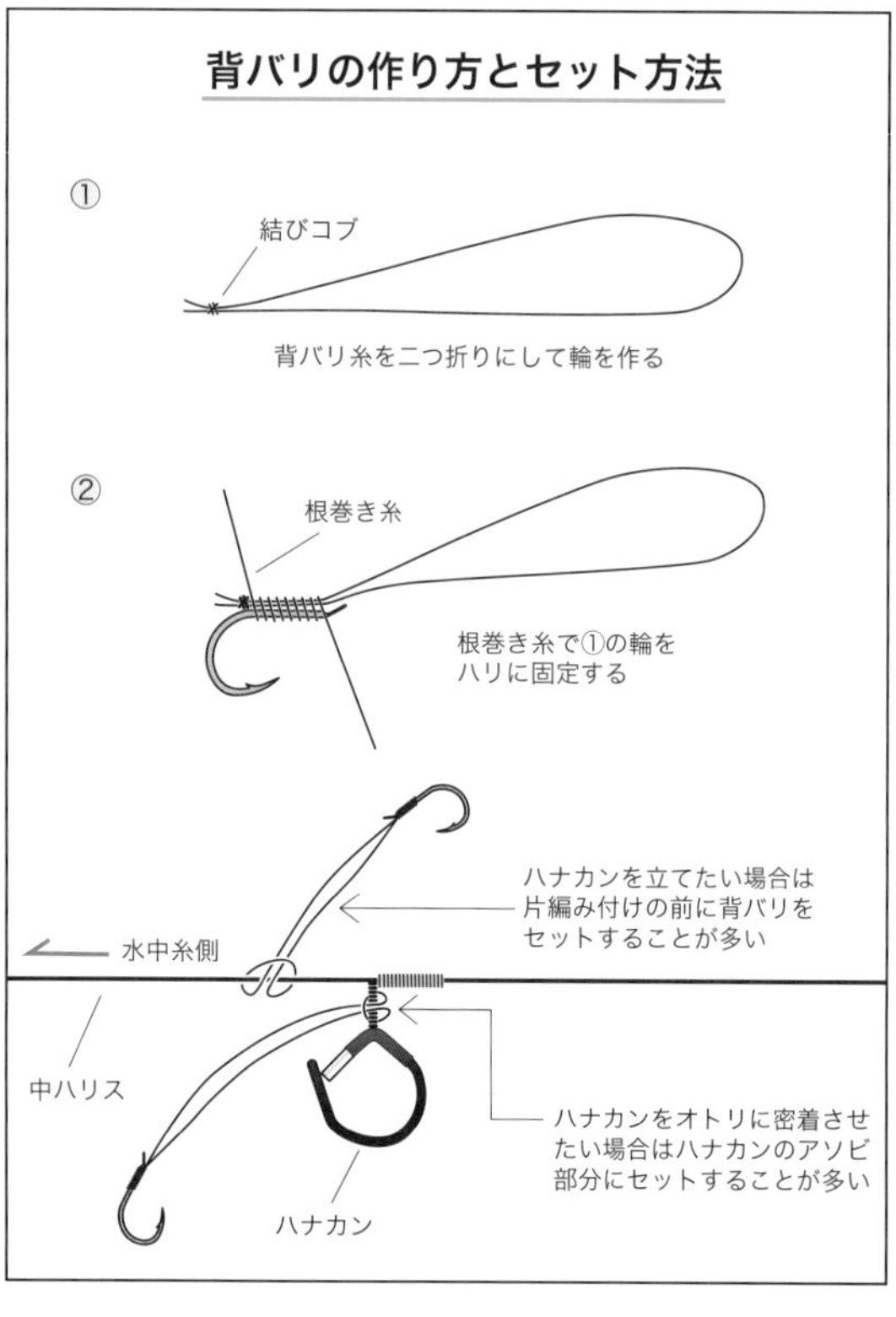
背バリの作り方とセット方法
①
結びコブ
背バリ糸を二つ折りにして輪を作る
②
根巻き糸
根巻き糸で①の輪を
ハリに固定する
ハナカンを立てたい場合は
片編み付けの前に背バリを
セットすることが多い
水中糸側
中ハリス
ハナカンをオトリに密着させ
たい場合はハナカンのアソビ
部分にセットすることが多い
ハナカン

6人の背バリクローズアップ

その構造のわずかな違いに考え方が見える

パートタイム使用 有岡只祐

現在は100%止めを意識して使う

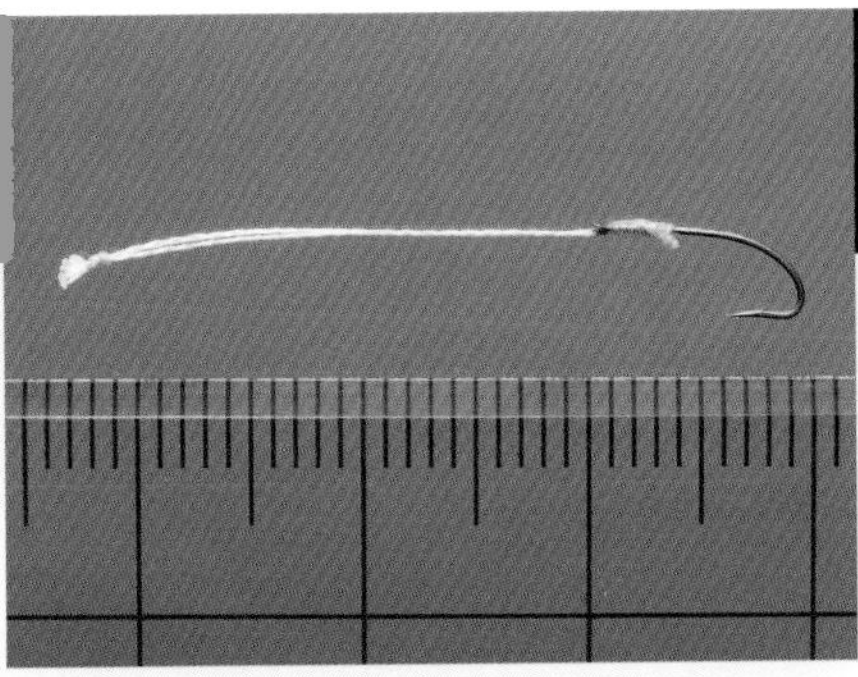

ハリはDAIWAのD-MAXシロギス投魂T-1の4号、ラインは月下美人ライン 月ノ響0.3号。ハリは先端が外向きであることに加えてフッ素加工されたサクサスで刺しやすい。全長約3cmになるように仕上げている。有岡さんが作ったものを再現した完成品も販売されている

PEラインで両側を結んだ輪を作り根巻き糸で固定する。かつてはブレスレット製作用のオペロンゴムを使用したものが主だったが、PEオンリーとなった。完全に「止め」を意識するようになったのが理由。感度もPEはすぐれているという。背バリの輪はあまり短いとオトリが22、23㎝になると打ちにくくなるのでこの長さに落ち着いた。ハナカンがほぼ垂直に立つようにして、ハリの耳がオトリの背中の黒い帯の中にくるように打つ。

フルタイム使用 岡崎 孝

引き釣りも考慮してウレタンを選択

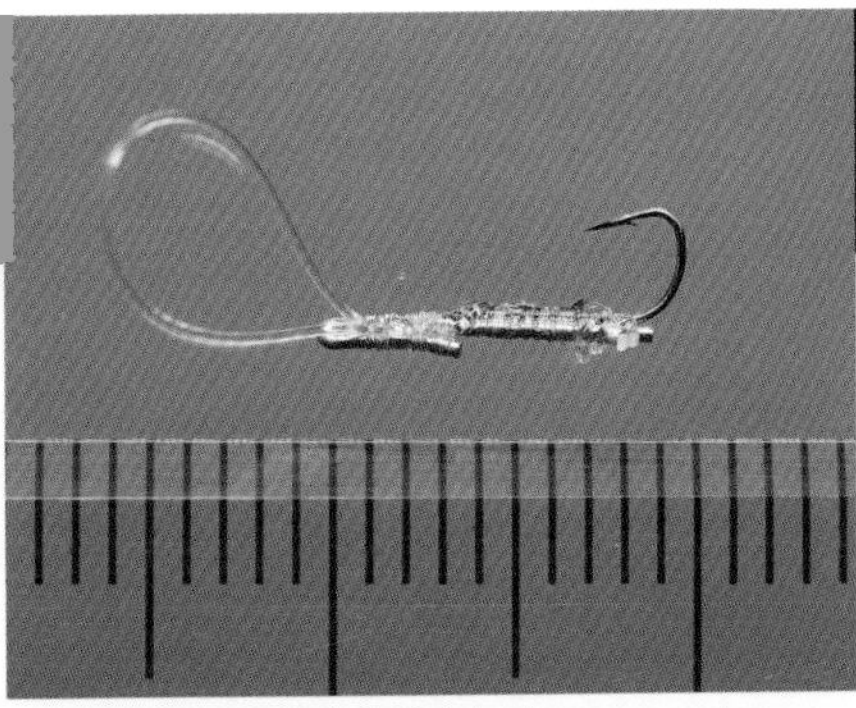

ハリはDAIWAのD-MAXワカサギ キープの2.5号。ハリが小さいのでハリス止めの小小をハリ軸に添えて持ちやすいようにしている。ウレタンゴムで作ったチチワを根巻き糸で固定。ウレタンゴムは0.3mm

引きやすさを考慮してウレタン背バリを愛用。両編み付けしたハナカンのアソビの部分にセットしている。ハリのフトコロが広いとオトリの背中に刺したときに支点が浮いてしまう。それを防ごうと斜めにハリを刺すとオトリが横になってしまう。そのため、背バリを刺すときにあまり気をつかわなくてもいいように、あえてワカサギ用の小さなハリを使用しているという。岡崎さん曰く「ウレタンの輪っかの大きさは気にしていない」とのこと。

パートタイム使用 下田成人

手前にずらす〝横打ち〟で対岸を攻略

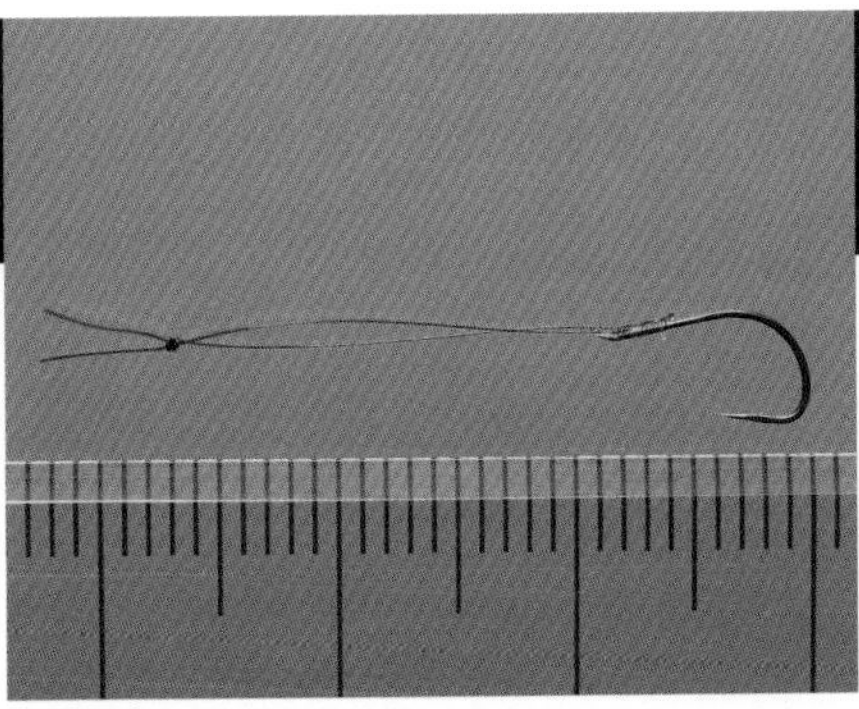

ハリはがまかつのナノヤマメ3号。ナノスムースコートで刺さりがよく半スレなので外れにくい。背バリ糸はブラックカラーでステルス効果があり野アユに警戒心を与えないサンラインのトルネード黒渓流0.5号

背バリ糸を6～7㎝にカットし、2つ折りにして全長が2・5㎝になるようナイロン根巻糸で巻いて瞬間接着剤で止める。輪の先端にツマミ糸を付ければ完成。ハナカンが90度に立つようオトリの背中のセンターに背バリを打つのが基本だが、対岸のヘチに持っていきたいときなど、センターよりも手前（釣り人側）にずらして打つ。ラインを張るとオトリは対岸へと泳いでいくので、狙いの場所に達したらラインを緩めて、その場で尾ビレを振らせる。

6人の背バリクローズアップ

その構造のわずかな違いに考え方が見える

瀬田匡志

パートタイム使用

テンションを抜いてもオトリの速度を制御

背バリを使い始めたのは竿（銀影競技スペシャルＴＹＰＥ Ｓ）との相性がよかったことと、ラインテンションを抜き気味にしてもオトリが泳ぐスピードを抑えられるため。全長3～3・5㎝にすることでオモリ使用時はオトリの頭寄りに打ち「背バリが効きにくい」ようにわざとしている。2017年のシーズン中盤くらいから背バリを試し、3度目の優勝を果たしたマスターズでは全試合で使用。縦打ちで背中のセンターより少し左右にずらして深く刺す。

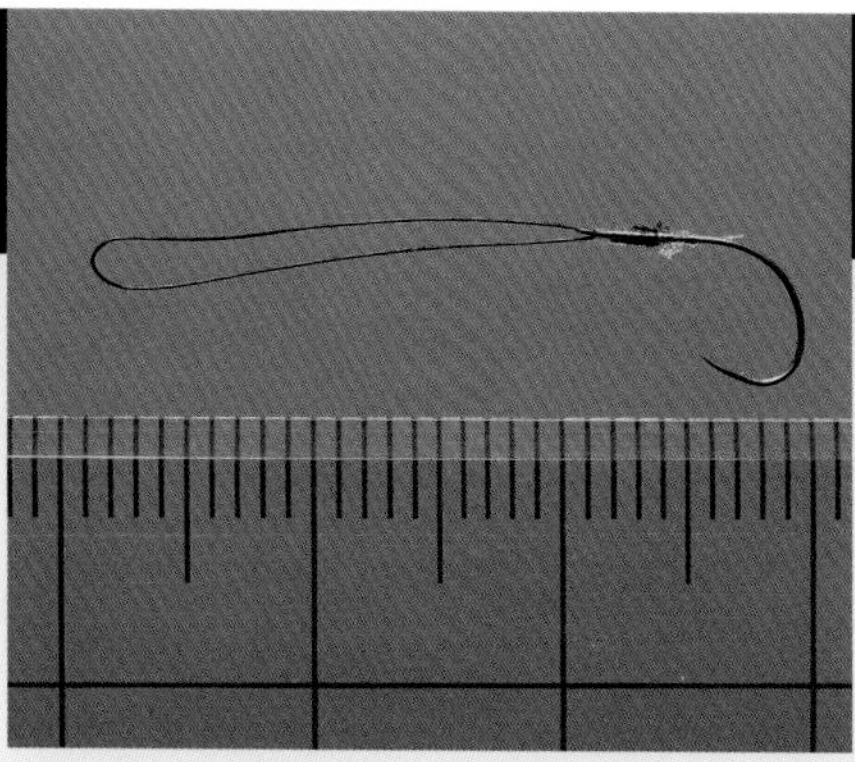

ハリは中太軸の渓流用3～4号。背バリ糸は張りのあるフロロカーボンの0.8号で、トラブルで手返しが悪くならないようにしている。

福田眞也

パートタイム使用

軽量で刺しやすいサカバリを流用

ハナカンの後ろ（サカバリ側）の中ハリスに編み付け糸を6回編み付けて端糸を出しておき、必要に応じてそこに競技皮打サカサのフック部分を掛けて使う。ナノコーティングで刺しやすく軽量なのでオトリに優しい。打つ位置はオトリのエラブタ頂点延長上の背中のセンター。ハリが小さいため背中側から刺すとすぐに外れてしまうため、頭側からえぐるようにしっかり打つ。これだと外れることはない。編み付け部分を動かしてハナカンが立つようにすればセット完了だ。

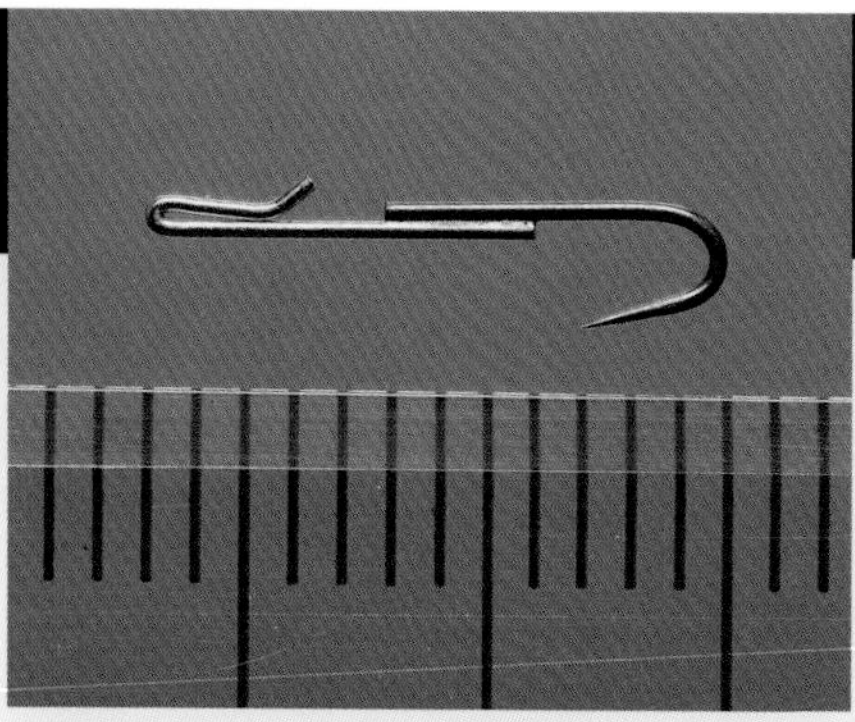

以前は自作していたが、自身が開発に携わったがまかつ・競技皮打サカサ1号（大アユ狙いでは2号）を流用。あらかじめ中ハリスにカツイチのダイニーマハナカン糸0.4号を編み付けておき必要に応じてセットする

吉田健二

フルタイム使用

安定とは真逆のルアー効果を演出

ＰＥラインで輪を作り根巻き糸で固定、シンプルにまとめている。いわゆる「ごく楽」タイプの背バリなのでハナカンのすぐ上にセットする。オトリを沈めたり安定させるために使用するのではなく、ルアー的に操作するための背バリであることが最大の特徴。そのためハナカンを立てずに完全に後方に寝かせた状態にして背バリを打つ。オトリは頭を下げた状態でヒラを打たせるため掛けバリのハリスも長め。

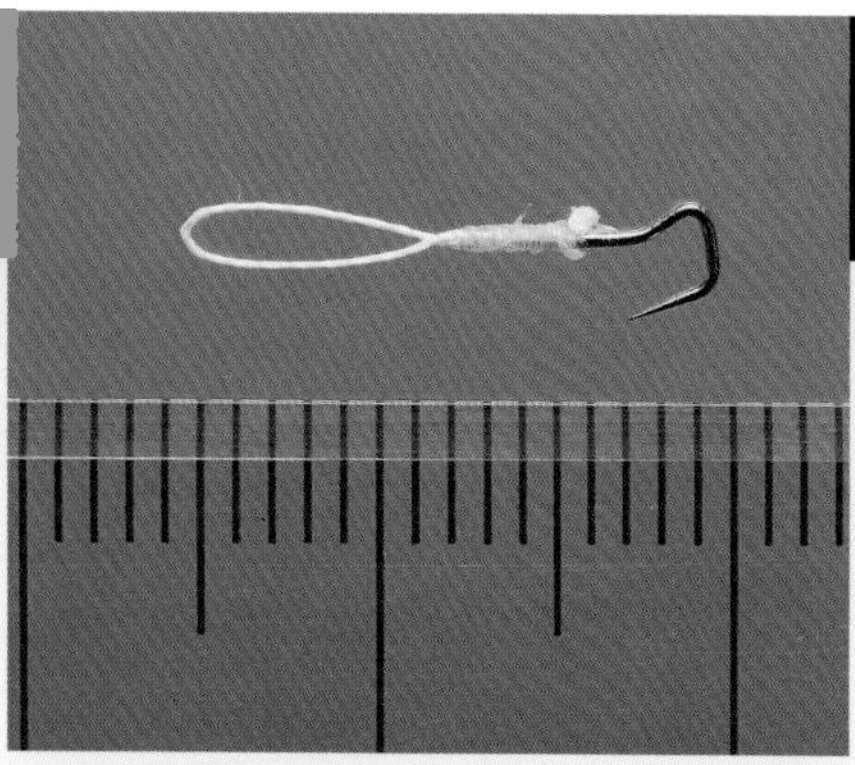

ハリは譲ってもらったものを愛用している。この形状と大きさが使いやすかったそう。ラインはPE0.6号程度。全体的にかなり小さく仕上げている

STEP 4

仕掛け作りの展開

仕掛けを自分で作ることが当たり前になってくると、
自分が使いやすいように、そして美しく洗練されたものを
次第に求めるようになってくる。
このステップは、
100%自分が満足できる仕掛けを求める人に…。

伸縮度を意識した組み合わせが感度と操作性を変える

仕掛けバランスの基本

Satoshi Ozawa

小沢 聡

仕掛けは強度だけでなく、伸縮度、水切れ、比重も考慮するとより釣りやすくなる。自分のスタイルに合ったバランスのいい仕掛けは一日中快適に釣りができて釣果を伸ばすことにもつながるのだ。仕掛けの基本的な考え方を覚えておこう。

伸縮度が大事なわけ

　対象とする野アユのサイズに合わせて切れないように太さを変えるのは当然ですが、さらに天上糸や水中糸といった仕掛けの糸に伸びのない素材を使うか、ある程度伸びるものを使うかということを考慮すると釣りやすくなります。

　釣り人は対象とする野アユのサイズや河川の水量などによって、釣りやすい竿の硬さを選択しますが、仕掛けの伸縮度を変えることでもある程度同じような効果を得られます。仕掛け全体の伸縮度は以下のことに影響します。

感度

高弾性の高価な竿より仕掛けの伸びが大きく影響

　仕掛けの伸縮度で大きく影響するのは「感度」です。

　基本的に伸びない素材の糸ほど仕掛けの感度が上がります。近年、各釣り具メーカーのアユ竿は感度を重視した設計や工夫をしていますが、釣り人が単純に感度を求めるのであれば高弾性カーボンを使用した高価な竿を買うよりも「仕掛け全体をできるだけ伸びのないものにする」ことの方がはるかに効果があります。逆にいえば、高感度な竿を使っていたとしても、仕掛け全体によく伸びる素材の糸を使った場合は感度はガタ落ちになってしまいます。

　例としては、昔、友釣りの水中糸に金属糸が出現したとき、それまで主流だったナイロンラインと比べ、伸びのまったくない金属糸の感度のよさに釣り人は驚きました。中には「感度がよすぎて逆にわけが分からん」なんて文句をいう人もいたくらいです。

　僕も若い頃、これとは逆の例を経験したことがあります。当時、普段は天上糸ナイロン0・8号に水中糸ナイロン0・2号という仕掛けを使っていましたが、ある日、天上糸をベストに入れ忘れて川に出かけてしまいました。どうしようかと考えて、予備に持っていた水中糸を繋ぎ合わせ9mの竿の長さにして、穂先からハナカンまでナイロン0・2号の通し仕掛けで釣ることにしました。

　「やれやれ、とりあえずこれで釣りがで

伸びがない仕掛けほど竿のパワーを損なわず引き抜きやすい

きる」と釣り始めたのはいいのですが、「？？？ 何も分からん…」。普段の天上糸を使用した仕掛けと比べるとまったく感度がありません。

　仕掛け全体がナイロン0・2号の仕掛けでは、伸びがありすぎて感度がガタ落ちになってしまうのです。仕掛けの伸びが感度に大きく影響することを身を持って知りました。

パワー
伸びがない仕掛けほど掛かりアユを抜きやすい

　同じ竿を使って掛かりアユの取り込みを比較した場合、伸びのない仕掛けの方がその竿の持つ本来のパワーを十分に発揮できるので、抜くときの掛かりアユの水切れがよくなります。

　その一方、仕掛けに伸びがある場合は伸びが竿のパワーを吸収してしまい、掛かりアユの水切れが悪くなり、良型のアユが掛かった場合には抜くまでに時間がかかり、少しもたついたりすることがあります。

　先の「感度」の項目で書いた「ナイロン0・2号9mの通し仕掛け事件」のときには感度がガタ落ちになっただけでなく、20㎝そこそこの中型アユでさえ抜くのに手間取ったのには参りました。そんなことから良型のアユを相手にするときは、掛かった後の取り込みのことを考えて、全体に伸びの少ない仕掛けを使用する方がスムーズな釣りができます。

対ショック性
多少の伸びが仕掛け切れや竿折れなどを防いでくれる

　ここまでは伸びない仕掛けの利点を述べてきました。では、何でもかんでも伸びない仕掛けがいいのかといえばそうではありません。仕掛けの切れにくさと竿への負担を考えると、仕掛けは多少の伸びがあった方がいいのです。仕掛けに伸びがあった方が瞬間的なショックが吸収され、糸が切れにくくなります。

　仕掛け全体のバランスも重要で、伸びない仕掛けの中に一部弱い部分があるとショックが吸収されないために、一気に負荷がかかりその部分が切れやすくなります。

　また、伸びのない仕掛けほど竿への負担は大きくなり、根掛かりで竿を強くあおったりすると竿が折れるなどのトラブルを起こしやすくなります。

オトリの動き
川底へのなじみやすさと弱りにくさは伸びが貢献

　オトリの操作感についても仕掛けの伸縮度が大きく影響します。伸びのある仕掛けは、オトリへのジワッという感覚のソフトタッチがやりやすくなります。逆に、伸びのない仕掛けはカツカツとした操作感になります。オトリの動きを考えると、仕掛けには伸びがあった方がオトリは自然に滑らかに動いてくれます。

　川底へのオトリのなじみやすさという点で見ても、仕掛けに伸びがあった方がオトリは流れになじみやすく、多少強引な竿操作をしてもオトリは弱りにくく、長時間元気に動いてくれます。

　以上のように、仕掛けの伸縮度には、伸びのないものと伸びのあるものでそれぞれの利点と欠点がありますので特徴を理解しておきましょう。

各パーツの素材とその特徴

仕掛けパーツの役割と素材による特徴を知っておきましょう。

天上糸

適度な伸びと耐久性はフロロカーボン

天上糸に使われているラインを、伸びの少ない感度のいいものから順番にあげていくと、PE、エステル、フロロカーボン、ナイロンの順になります。

PEは0・3号ほどの細い糸でも25cmクラスの野アユを対象にできるほどの強度があります。伸びがないので感度もよく、竿のパワーを最大に発揮して掛かりアユを力強く抜くことができます。

欠点は、伸びのなさが高感度を生んでいる半面、遊びがないためオトリにはきつく当たり、雑な操作をするとオトリを早く弱らせることになります。また、コシのない素材のため釣りの最中に穂先に絡みやすいことです。

エステルの利点は、扱いやすく、硬く伸びも少ないのでフロロカーボンよりも多少感度がよいことです。しかし引っ張り強度が弱いのが欠点です。

フロロカーボンは、伸び過ぎない程度の程よい伸縮度があります。扱いやすく仕掛け作りも楽で、色付きなどの種類も多くあります。耐久性があり、何度でも繰り返し使うことが可能です。

ナイロンは現在使われている天上糸の中では一番伸びがあり、オトリに優しいです。仕掛け作りが簡単で視認性のよい色付きもあります。あまり細い糸を使うと伸びが大きくなるため、感度や掛かりアユの抜けが悪くなります。吸水による強度低下があり耐久性に劣るのが欠点です。

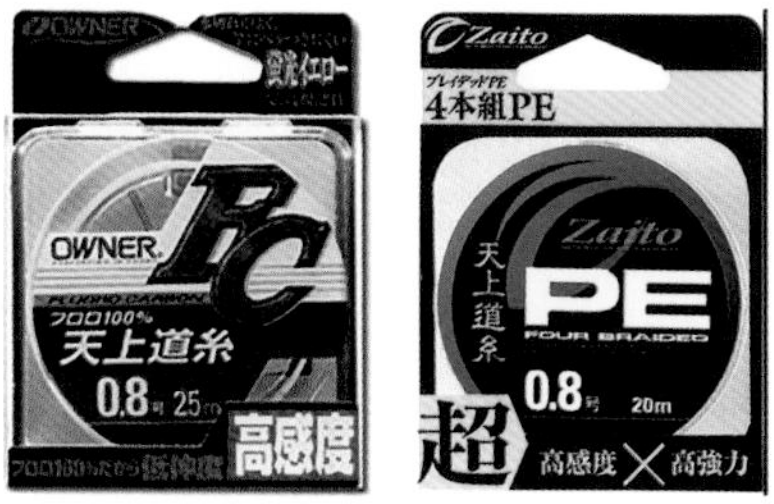

ほどよい伸縮度があり耐久性も高いフロロカーボンは天上糸として扱いやすい

伸びがなくて感度がよく強度も高いPEは大アユ狙いも安心。引き抜きもしやすい

さまざまな比重があり引き釣りから泳がせ釣りまで使える複合メタル。耐久性が高くキンクにも強いこともあり、現在の友釣りでは水中糸の主流になっている

水中糸

引き釣りから泳がせまで万能に使える複合メタル

水中糸の種類には、メタルライン、複合メタル、ハイテクライン、フロロカーボン、ナイロンがあります。

メタルラインは、強度、細さ、水切れのよさ、高感度、高比重が特徴です。これらの特徴から、良型狙いや流れの強い瀬を釣るのに適しています。

複合メタルは、強度、細さはメタルラインと同等です。感度と水切れのよさはメタルラインより多少劣りますが、耐久性は抜群です。瀬の引き釣りから竿を立てて水中糸にかかる水圧を利用してオトリを泳がせる釣りにも対応できる万能的な使い方ができます。

キンクなどのトラブルも起こしにくいため扱いにそれほど神経を使う必要がないので誰にでも使いやすい糸といえます。

ハイテクラインは、伸びがなく感度が抜群です。比重が小さい（軽い）ため、泳がせタイプの釣りに向いています。引っ張り強度も非常に強いため細糸で良型アユを泳がせ釣りで狙うのに適した糸だと思います。欠点は、石ずれに弱いことです。そのため、大石で浮き石がゴロゴロあるような川よりも底石が均一でフラットな川での使用が向いています。

ナイロンやフロロカーボンは、仕掛け作りが楽で誰にでも扱いやすい糸です。伸びがあるためオトリに優しく、オバセが効くためオトリがよく泳ぐのでオトリ操作が楽です。欠点は、メタルラインや複合メタルと比べると引っ張り強度が劣り無理ができません。水切れ抵抗が大きいので水量のある川ではオトリの沈みが悪くなります。

中ハリス
強くて持ちがいいフロロ
メリット大きいワンピース

フロロカーボンやナイロンが使われていますが、強度や耐久性を考えるとフロロの方が優れています。これまでは、水中系にメタルラインや複合メタルを使った場合には中ハリスと水中糸の間に下ツケ糸ありましたが、近年、下ツケ糸をなくし、中ハリスを直接水中糸に接続する仕掛けが注目されています。この中ハリスを直結する仕掛けを「ワンピースハナカン仕掛け」といいます。

これまでは、中型クラスの野アユを対象とした場合、下ツケ糸0・3号25㎝＋中ハリス0・8号20㎝程度が標準でした。直結式のワンピースハナカン仕掛けはフロロカーボン0・5〜0・6号、全長36〜37㎝程度と中ハリスを少し細く、長めにするのが特徴です。

ハナカンは中ハリスに編み付け、移動式にします。利点はハナカン周りの糸切れなどのトラブルが激減することです。あまり太すぎたり長すぎるとオトリの沈みや感度が悪くなりますが、中型アユでこのくらいの太さと長さを標準にしてもらえば釣果に影響するようなデメリットはなく、メリットの方がはるかに大きいと思います。

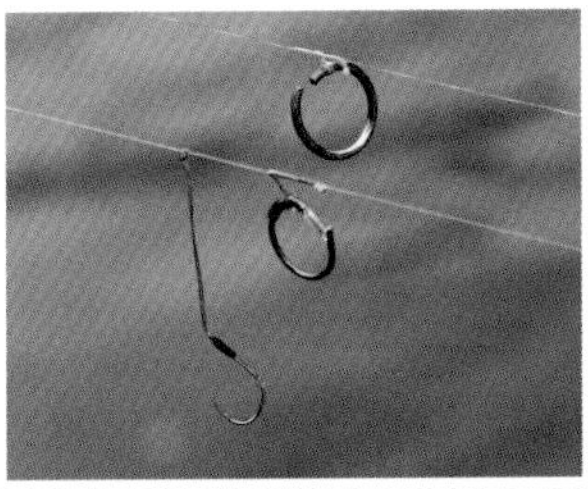
ワンタッチハナカンを選ぶときは形状に注意。なるべく丸いものがいい

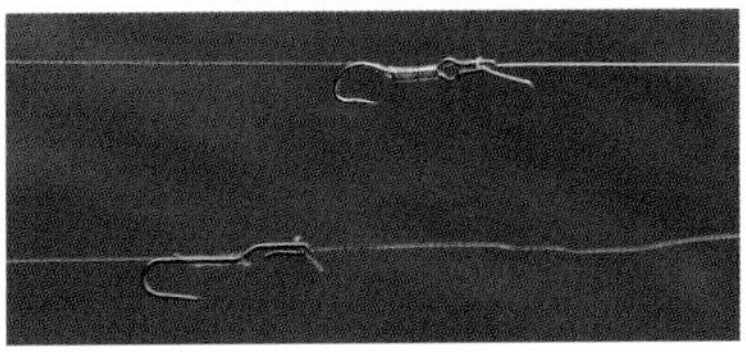
サカバリのサイズ選びはあまりシビアでなくていい。刺しやすい範囲で小さめを

ハナカン
20㎝前後が対象なら6号
ワンタッチなら形に注意

20㎝前後の中型の野アユを対象にした

4本イカリとハリスの組み合わせ
強くてトラブルがないフロロがおすすめ ハリ6.5号で1号、7〜8号なら1.2号

4本イカリの場合、ハリスは強度とある程度張りのあるものがいいです。細く軟らかいほど野アユへの絡みがいいという人もいますが、イカリの場合はそれほど違いを感じません。ハリスの素材はナイロンかフロロの選択になると思いますが、同じ号数であればフロロの方が断然強くトラブルが少ないのでフロロをおすすめします。イカリのサイズとのバランスもそれほど神経質になる必要はありません。目安として6.5号以下の4本イカリでフロロ1.0号。7〜8号程度の4本イカリでフロロ1.2号。それ以上は野アユのサイズに合わせて切れない太さを選択すれば十分です。

市販のイカリはハリ号数に合わせてバランスのいいハリスがセットされている

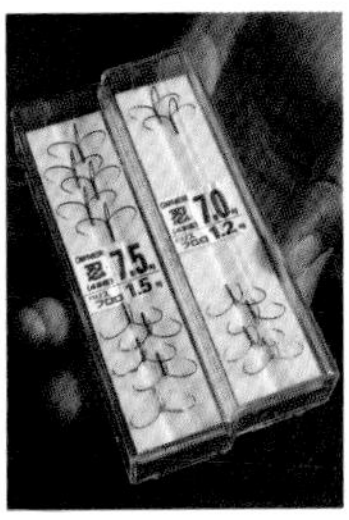

場合、6・0号程度の大きさが標準と考えてください。

ワンタッチハナカンを使う方が多いと思いますが気をつけてほしいのは、なるべく丸い形状のハナカンを選ぶことです。形状が悪いハナカンは、オトリを引いたときにオトリのバランスが崩れスムーズに動いてくれません。特に瀬で糸を張った釣りをするときには影響が出やすいので注意してください。

サカバリ
細かく変える必要なし 使いやすい形状を選ぶ

サカバリに関しては、対象の野アユのサイズに合わせて細かく号数を変える必要はありません。野アユが15～22㎝くらいまでは1号、それ以上のサイズを対象にする場合でも2～3号程度を使用します。

メガネタイプとフックタイプがありますが、特に大きすぎるものでなければ自分の使いやすい形状のもので問題ありません。

天上糸と水中糸の組み合わせ

上記の特徴をふまえて、いろいろな場面での天上糸と水中糸の理想の組み合わせの例をあげてみましょう。

小中河川での泳がせ釣り
（天上糸）エステル、フロロ
（水中糸4m前後）ナイロン、フロロ、ハイテクライン

水中糸には比重の小さい（軽い）ものを選ぶとオトリはよく泳いでくれます。ナイロンやフロロの0・2号以下の細いものを使うときは、糸切れを防ぐ意味合いで天上糸は伸びのあるものを選ぶようにします。

水量のある河川での引き釣り
（天上糸）PE、エステル、フロロ
（水中糸5～6m）メタルライン、複合メタル

全体に伸びの少ない仕掛けが釣りやすくなります。オモリなども使いやすいでしょう。水中糸は強度と沈みのよさを重視して選択します。竿をしっかり寝かせられるように長めに取るようにします。

初期や小型のアユを対象とするとき
（天上糸）ナイロン、フロロ
（水中糸4m前後）ナイロン、フロロ、複合メタル

伸びのある仕掛けが繊細でソフトな操作がしやすくなります。オトリにも優しいので弱りにくく、ナチュラルな動きをします。

良型アユを対象とするとき
（天上糸）PE、フロロ

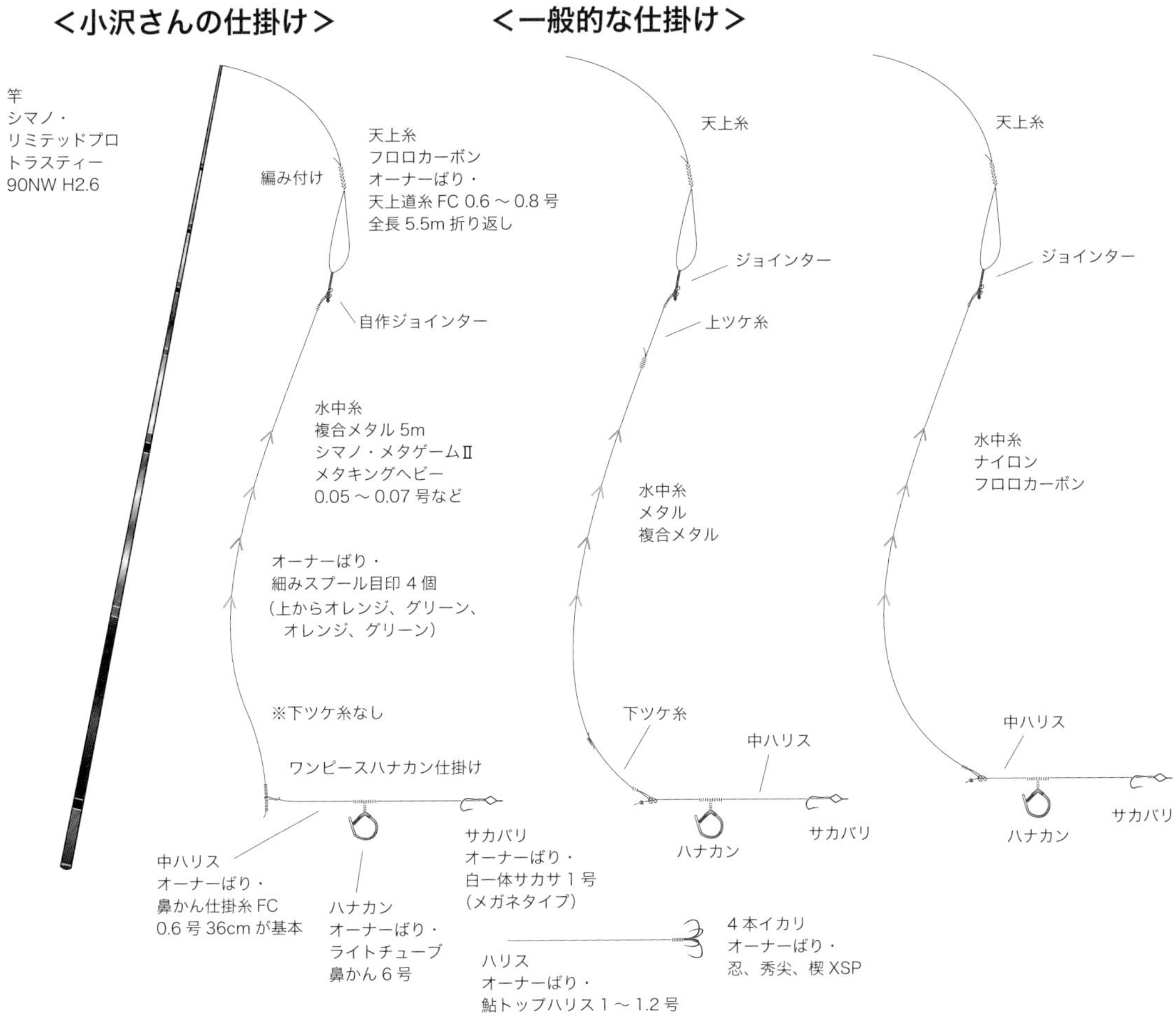

アユのサイズと仕掛けの組み合わせ

アユのサイズ	天上糸	水中糸	ワンピース中ハリス	イカリバリ
初期、小型（15〜18cm）	フロロ0.4〜0.5号 ナイロン、エステル0.6号	フロロ、ナイロン0.15〜0.175号 メタル、複合メタル、ハイテク0.03〜0.04号	フロロ0.3〜0.4号 34〜35cm	6〜6.5号
中期（18〜22cm前後）	PE0.3号 エステル、フロロ0.6〜0.8号	フロロ、ナイロン0.2〜0.25号 メタル、複合メタル、ハイテク0.05号	フロロ0.5〜0.6号 36〜37cm	6.5〜7.5号
良型（23〜25cm）	PE0.3〜0.4号 エステル、フロロ0.8〜1.0号	フロロ、ナイロン0.3〜0.5号 メタル、複合メタル、ハイテク0.07〜0.1号	フロロ0.8号 38〜40cm	7.5〜8.5号

（水中糸5m前後）メタルライン、複合メタル、ハイテクライン

しっかりした操作感と取り込みを考えると伸びの少ない仕掛けが適しています。強度を重視したラインを中心に選択します。場合によっては水中糸にフロロやナイロンの太い号数の組み合わせもいいでしょう。

小沢流組み合わせ

ちなみに僕の組み合わせはワンパターンです。

（天上糸）フロロ

（水中糸5m前後）複合メタル

瀬の引き釣りをメインにしています。水中糸は引き釣りも泳がせ釣りもしやすい複合メタルです。伸びがないので天上糸は適度に伸びるフロロを使用して多少のクッションを作り、オトリへの負担を軽減するようにしています。野アユのサイズに合わせて水中糸の号数を変えるだけでなく、天上糸の号数を初期はフロロの0・4〜0・5号。盛期は0・6〜0・8号にします。

同じフロロでも細い号数の方が伸びてクッション性が上がるので、野アユのサイズに合わせるとオトリの操作がしやすくなります。

仕掛けをもっと使いやすく美しくする工夫❶

天上糸のブラッシュアップ

先にご紹介した天上糸でも釣りをするには十分だが、こだわる人は細かい部分にまで徹底的にこだわる。素材や商品以外で自分で工夫できる部分は3つ。

ひとつは穂先との接続。基本的には投げ縄結びだが、編み付けを利用してより使いやすく確実に止めるバージョンを採用している人が少なくない。編み付けに目印を使えば視認性もアップするので、取り付ける際に楽になる。

次が折り返しに入れる接続具。市販品を使わずにフロロカーボンやPEのラインで自作している人も、また少なくないのだ。

これは天上糸と水中糸の間に重さのあるものを入れると、そこが屈折してしまうことや感度の問題、万が一の破損などトラブル防止の意味がある。

最後は天上糸の構造そのものを変えること。通常は天上糸の下側に折り返し部分を持って来るのだが、この部分さえも気になるという意見がある。そこで折り返し部分を上下逆さまにして穂先側に配置する。

こうしておけば天上糸と水中糸の境界で重さの変化が大きくなることはない。ただし、手尻の調整をする場合は竿を置いて穂先近くまで移動しておこなう必要がある。

天上糸の工夫3つ

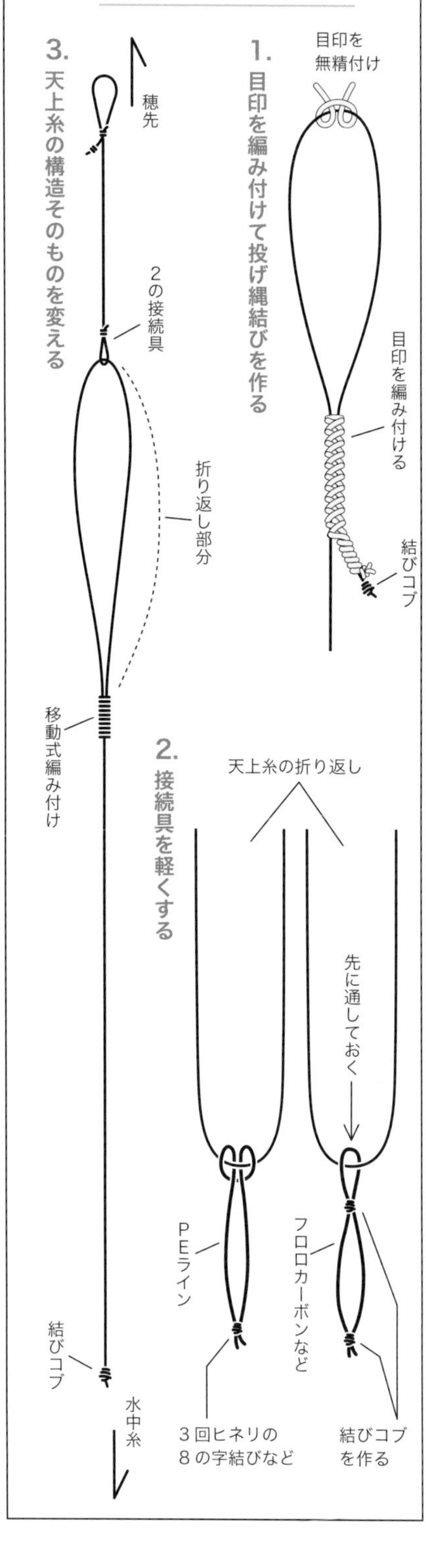

目印を編み付けて作る投げ縄結び

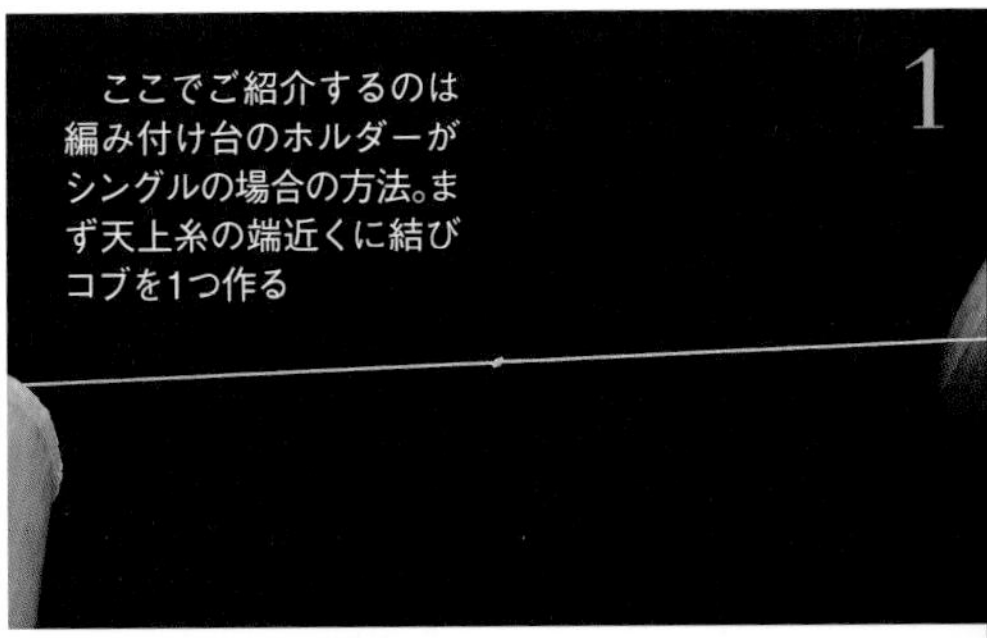
1 ここでご紹介するのは編み付け台のホルダーがシングルの場合の方法。まず天上糸の端近くに結びコブを1つ作る

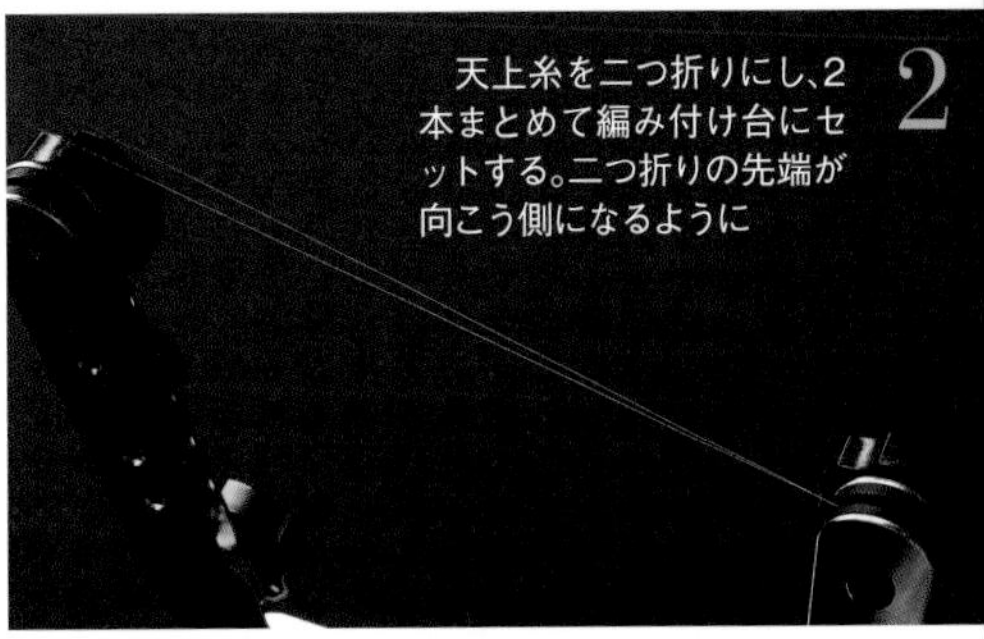
2 天上糸を二つ折りにし、2本まとめて編み付け台にセットする。二つ折りの先端が向こう側になるように

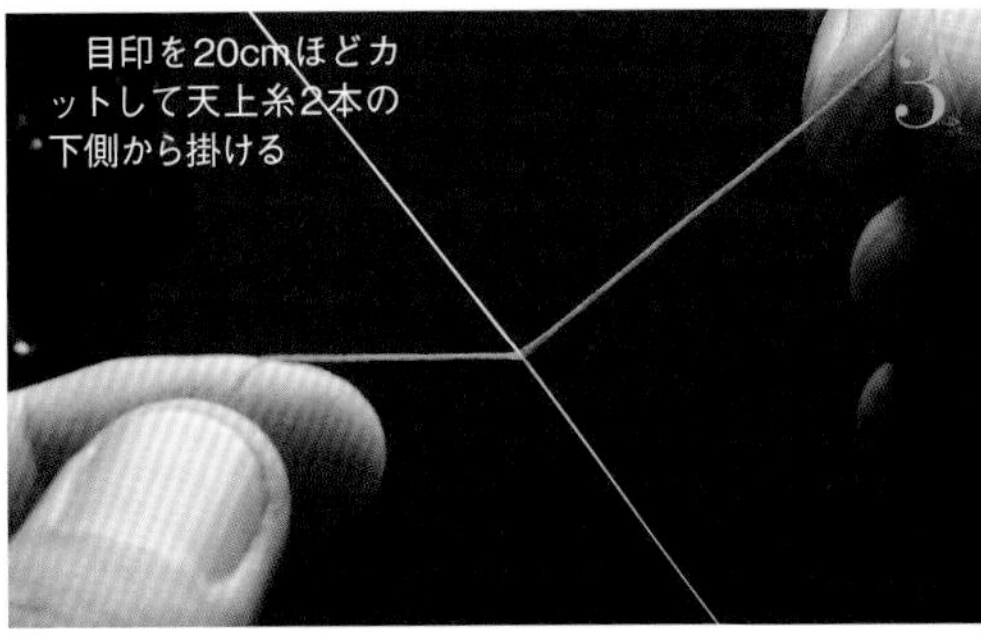
3 目印を20cmほどカットして天上糸2本の下側から掛ける

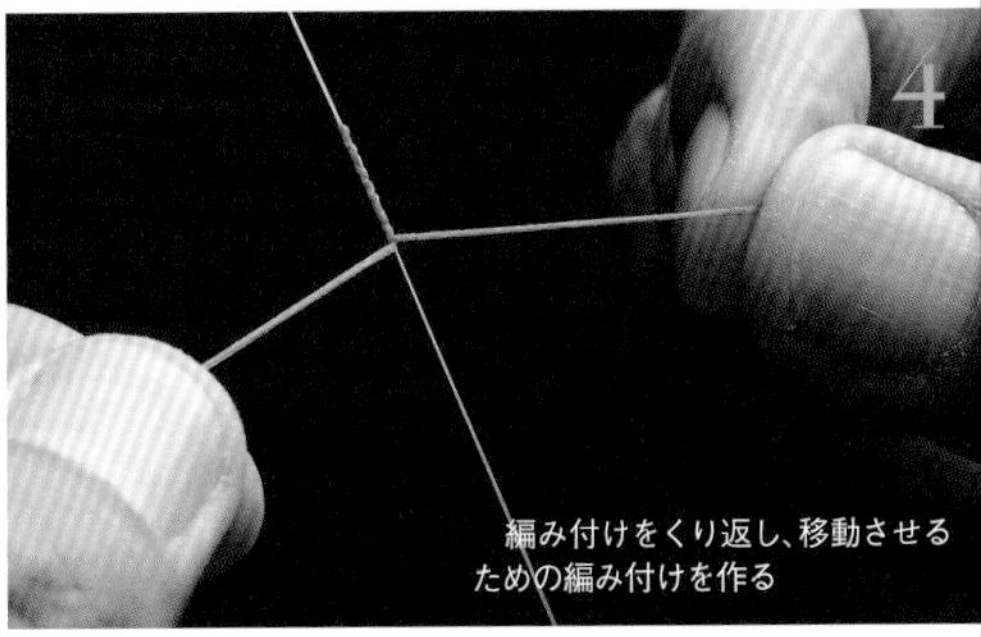
4 編み付けをくり返し、移動させるための編み付けを作る

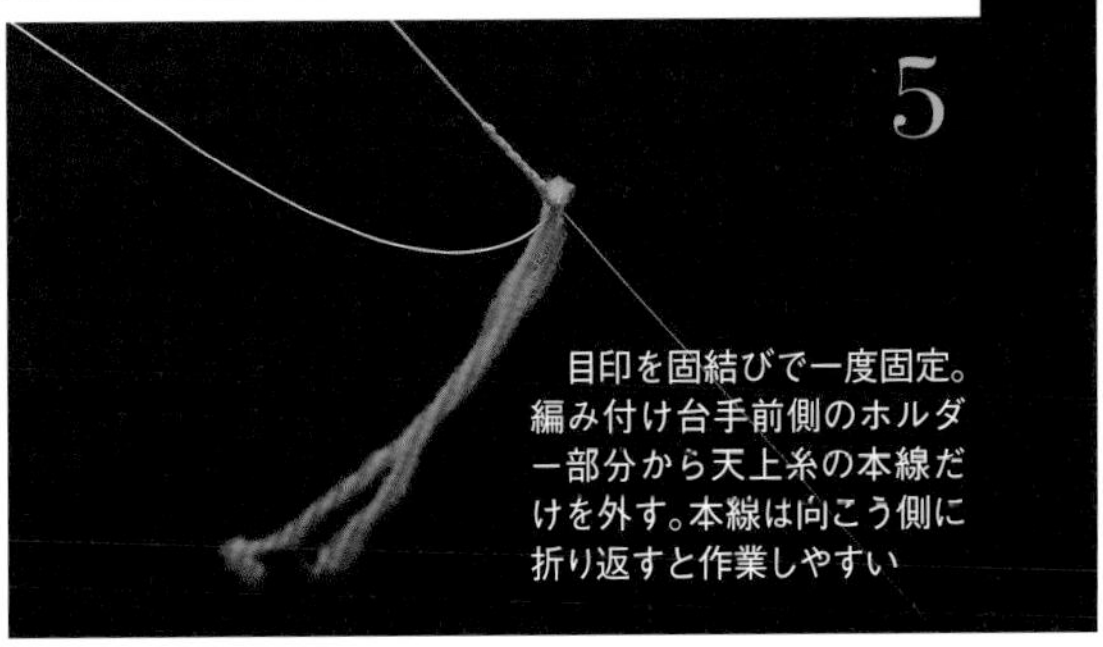
5 目印を固結びで一度固定。編み付け台手前側のホルダー部分から天上糸の本線だけを外す。本線は向こう側に折り返すと作業しやすい

6 端糸側に目印で1cmほど編み付けて固結びで固定、余りをカットする。これが投げ縄結びのつまみになる

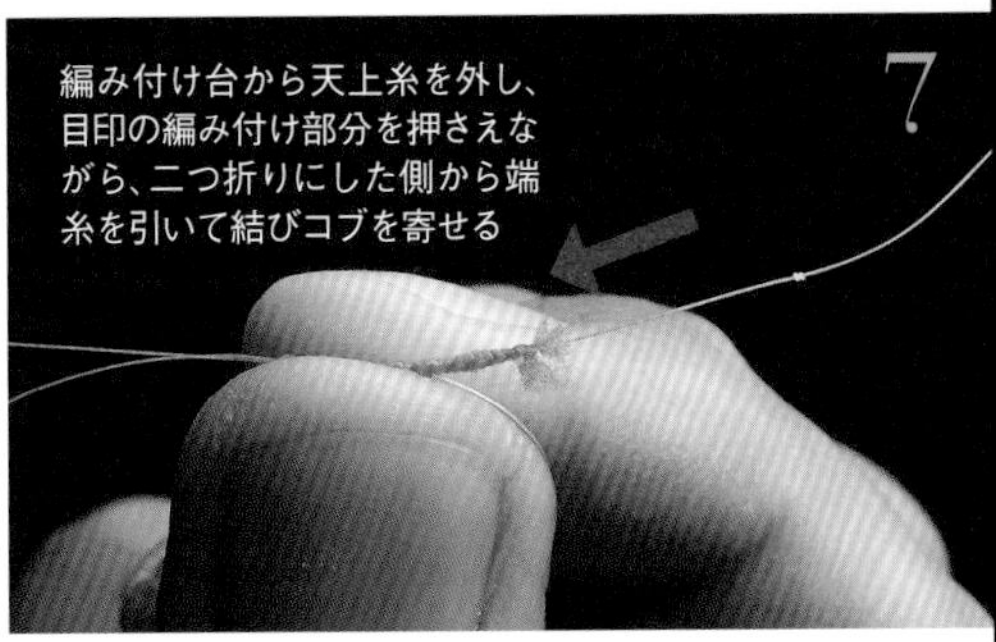
7 編み付け台から天上糸を外し、目印の編み付け部分を押さえながら、二つ折りにした側から端糸を引いて結びコブを寄せる

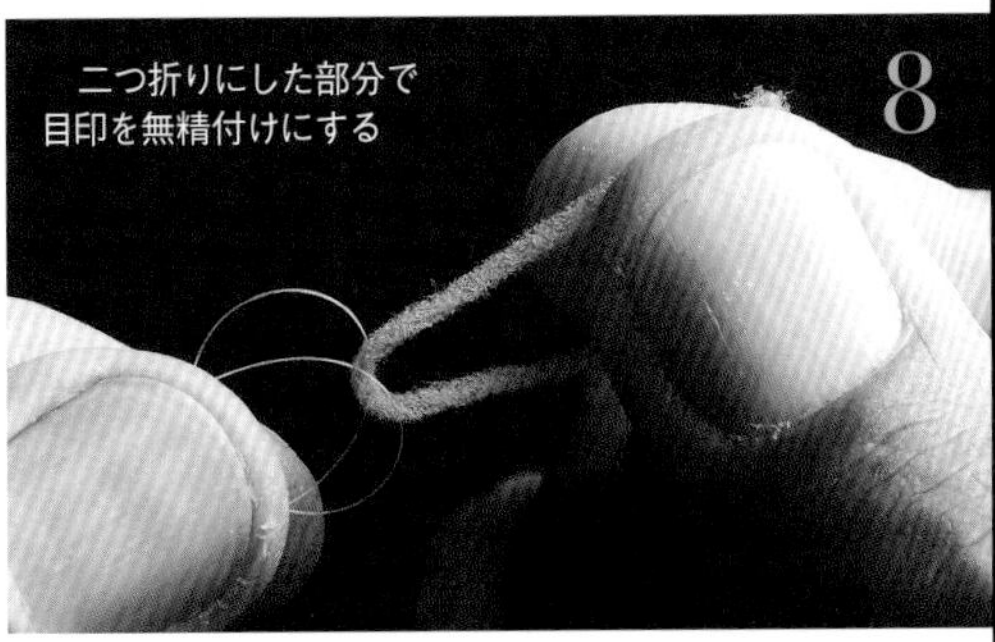
8 二つ折りにした部分で目印を無精付けにする

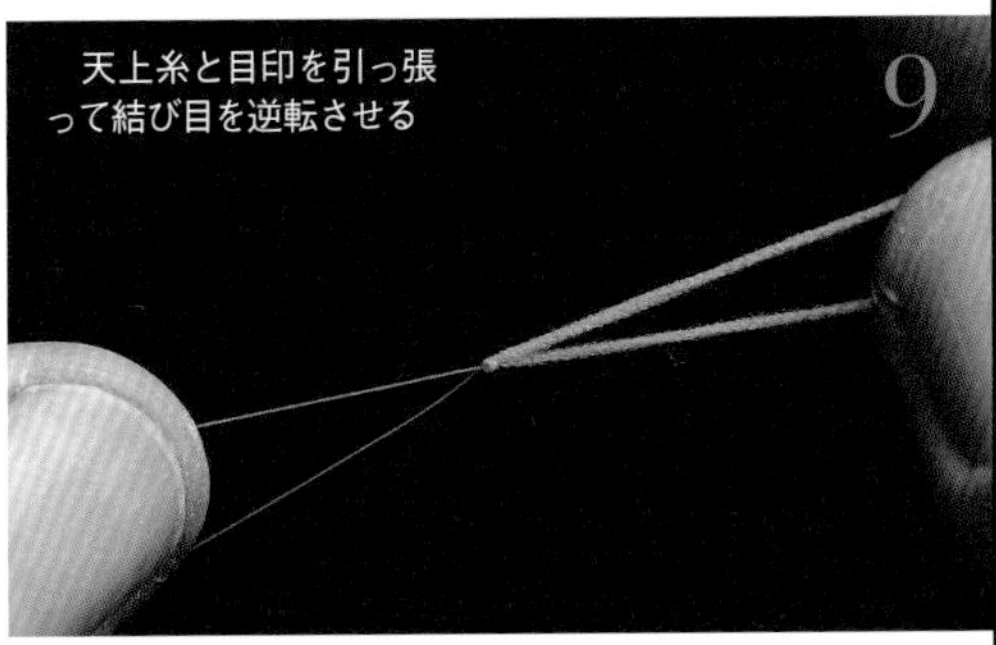
9 天上糸と目印を引っ張って結び目を逆転させる

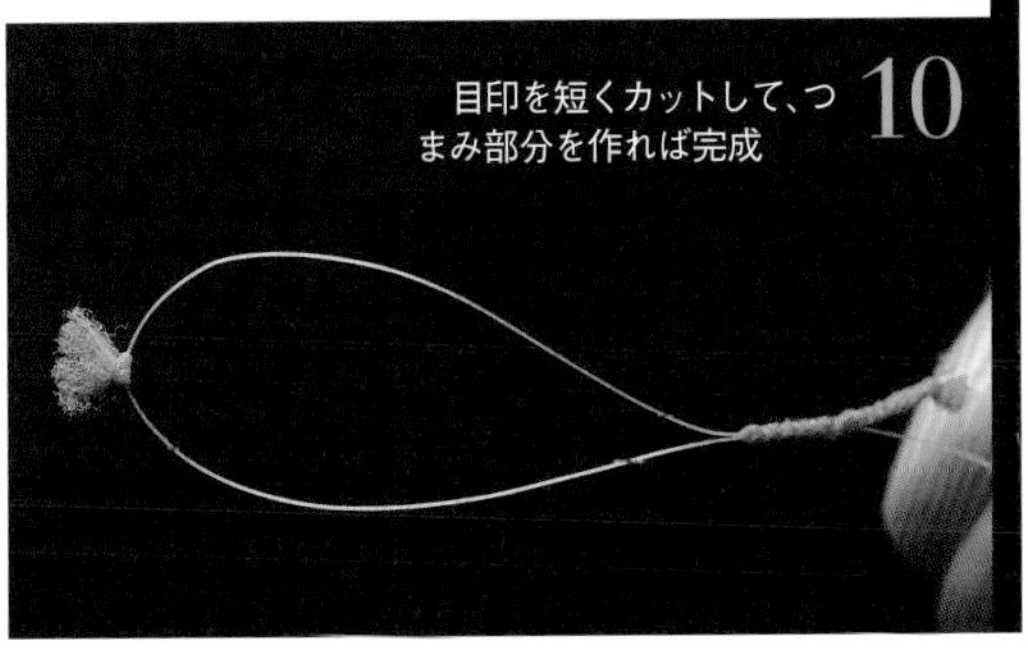
10 目印を短くカットして、つまみ部分を作れば完成

仕掛けをもっと使いやすく美しくする工夫❷

水中糸のブラッシュアップ

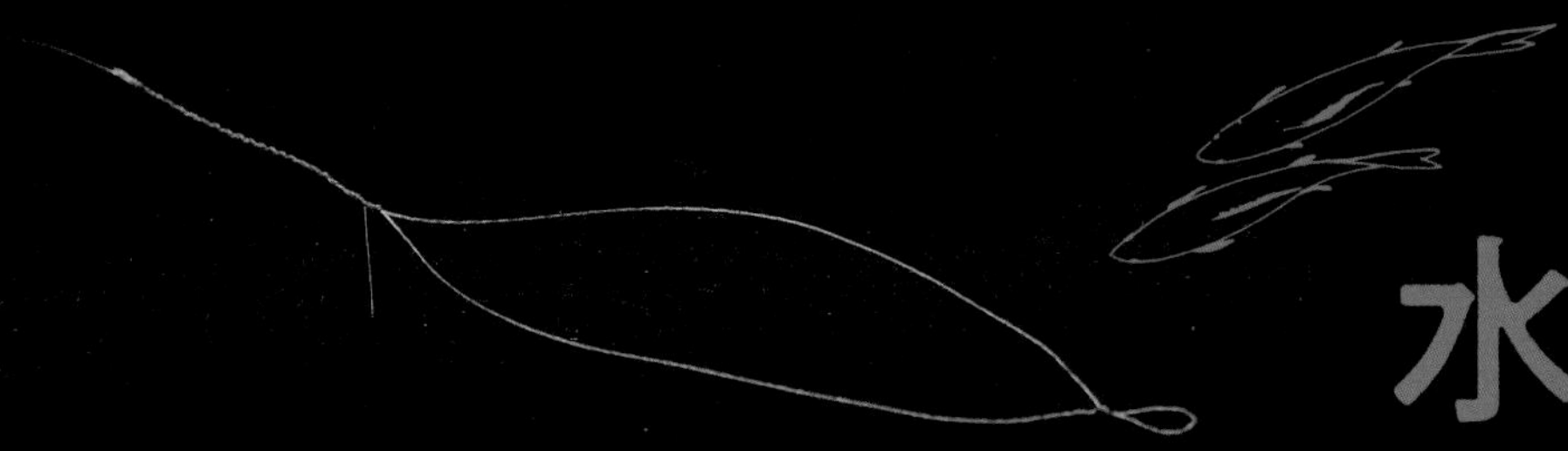

上ツケ糸をなくして接続用のチチワを作るケースが最近増えてきた。金属糸の登場で複雑化した仕掛けだが、必要ない部分は徐々に削ぎ落とされている

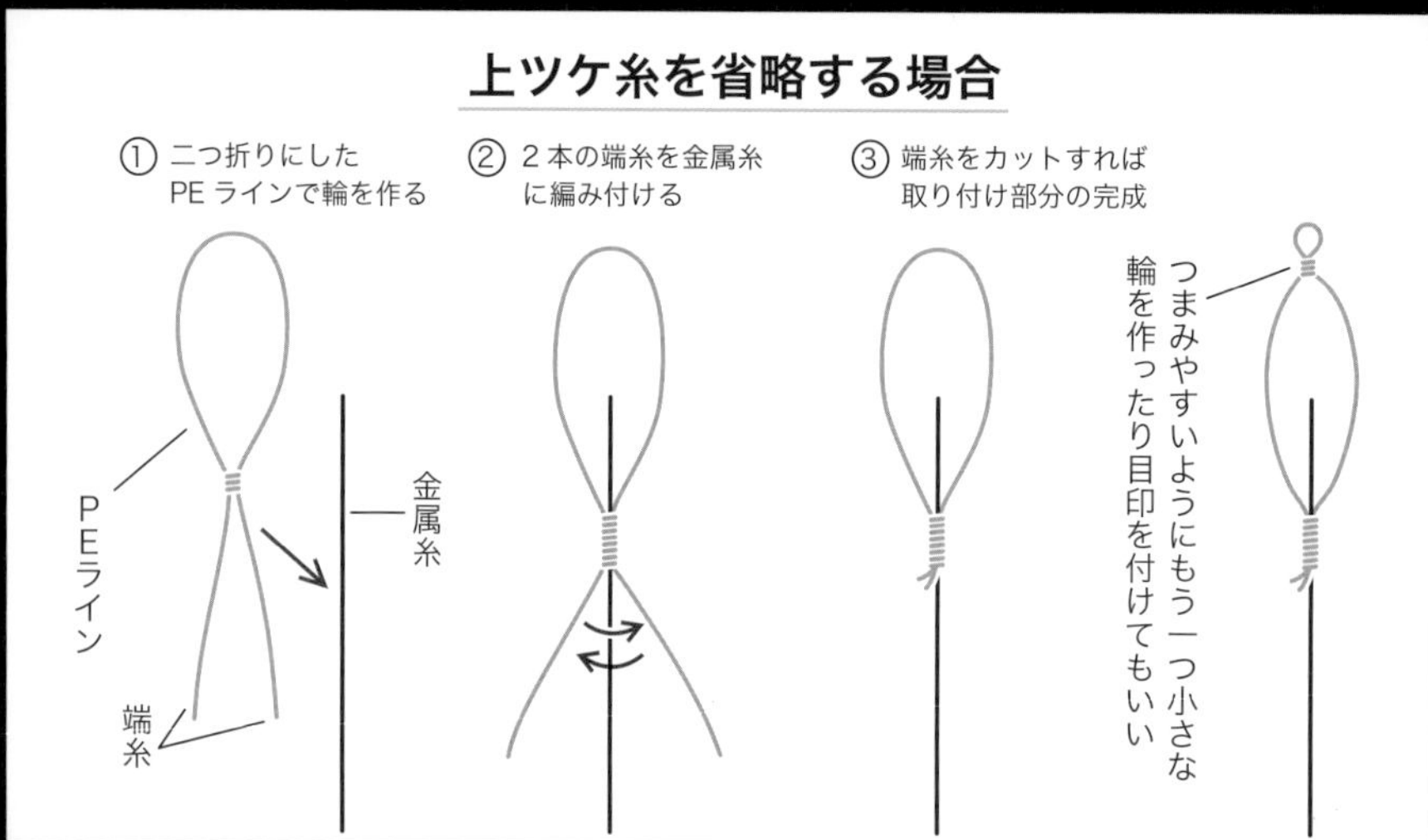

上ツケ糸を省略する場合
① 二つ折りにしたPEラインで輪を作る
② 2本の端糸を金属糸に編み付ける
③ 端糸をカットすれば取り付け部分の完成
PEライン
端糸
金属糸
つまみやすいようにもう一つ小さな輪を作ったり目印を付けてもいい

もうこれ以上、工夫の凝らしようがなさそうな水中糸だが、それでもこだわる部分は残されている。

ナイロンやフロロカーボンの場合は極細を使うときなどに編み付けでツケ糸を付けるくらいしかできないが、金属糸の場合はいろいろとある。

まずは上ツケ糸だ。ここを水中糸の一部と考えるなら長くすることもありだろうが、逆に省いて問題なしという考え方もできる。その場合は金属糸にPEラインを編み付けてチチワを作り、それを天上糸の接続部に結ぶ。このようなパターンが最近増えてきた。

下ツケ糸は金属糸に直接編み付けるのではなく、何かを編み付けて結びコブを作り交換可能にしている名手が多い。編み付け糸はPE素材の専用品ほか、ナイロンやフロロカーボンラインの0・3号あたり、あるいは使い古した複合メタルを再利用するなどがある。

【編み付けでコブを作る】
編み付けの最後で結びコブを作るパターン。ツケ糸は編み付け部分に結ばれ、結びコブがストッパーになる

【編み付けでコブを作る(PEライン)】
滑りやすいPE素材の編み付け糸などを使用する場合、商品の特性にもよるが編み付けの回数を増やすのが安全

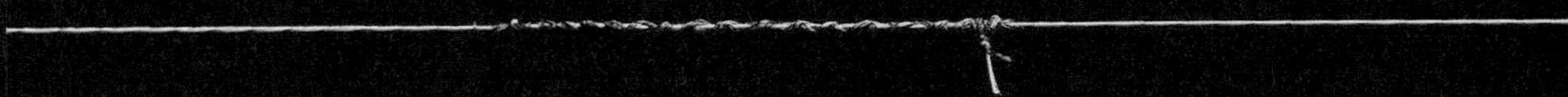

【編み付けでコブを作る(複合メタル)】
使い古しの複合メタルを編み付け糸に使うパターン。水中糸も複合メタルなら表面の凹凸で滑ることがない

以前は移動式天上糸の編み付けのように、枝分かれしたヒゲを出しておくパターンもよく見られたが、スマートさに欠けるのか、あるいは抵抗が大きくなるためか、採用する人が減っているように思われる。

編み付けの結びコブに下ツケ糸を接続するにはチチワを利用するのが一般的だが、ただ無精付けにするだけではなくトックリ結びを加えるか、左図のようにひと手間をかけると安心だろう。

また、下ツケ糸を省いてハナカン周りの中ハリスを直結するならば、投げ縄結びを利用するのも便利だ。

チチワの丈夫な付け方

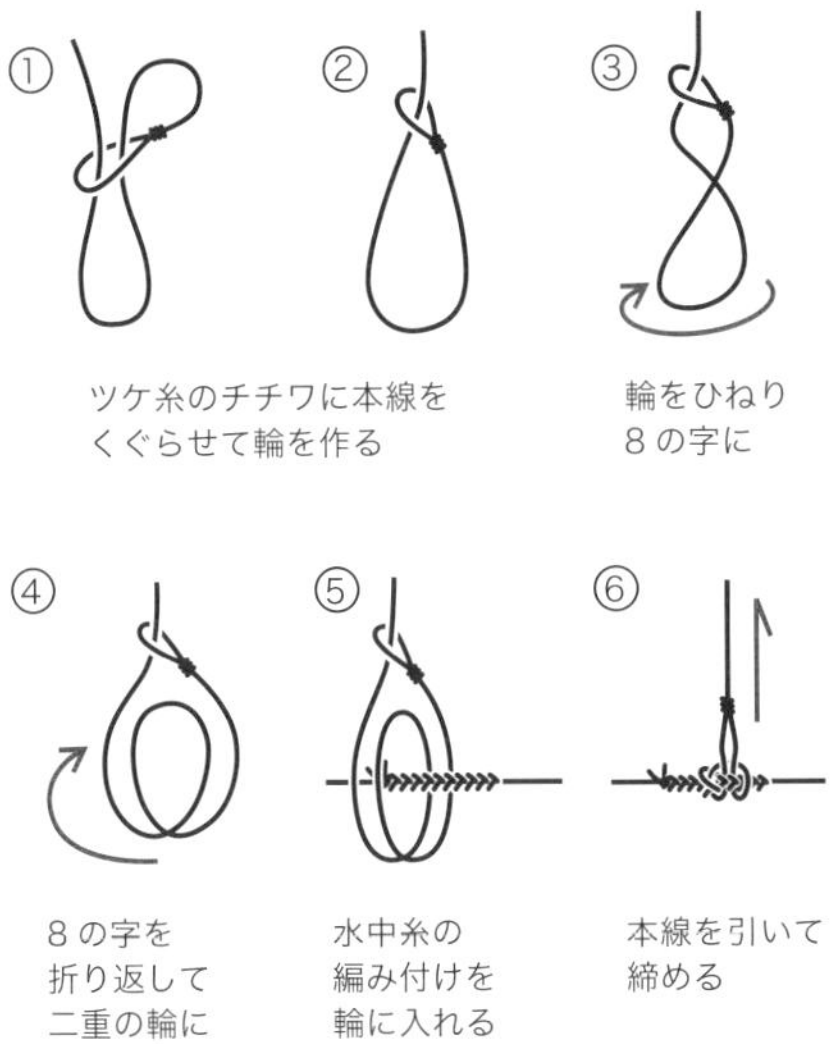

①
②
ツケ糸のチチワに本線をくぐらせて輪を作る
③
輪をひねり8の字に
④
8の字を折り返して二重の輪に
⑤
水中糸の編み付けを輪に入れる
⑥
本線を引いて締める

2つの編み付けとムダのない瞬間接着剤の使い方

編み付けには、ここまでご紹介してきた、本線の上下でクロスさせる〝丸編み（両編み）〟と、本線の横でクロスさせる〝平編み（片編み）〟がある。

同じ編み付け回数の比較だと、丸編みはきれいに仕上がるが力加減にややコツが必要で、ツケ糸など屈曲の激しい部分だと緩むこともある。平編みは保持力は弱いが、使用中に緩むことは丸編みより少ない特徴があるので、おぼえておいて損はないだろう。

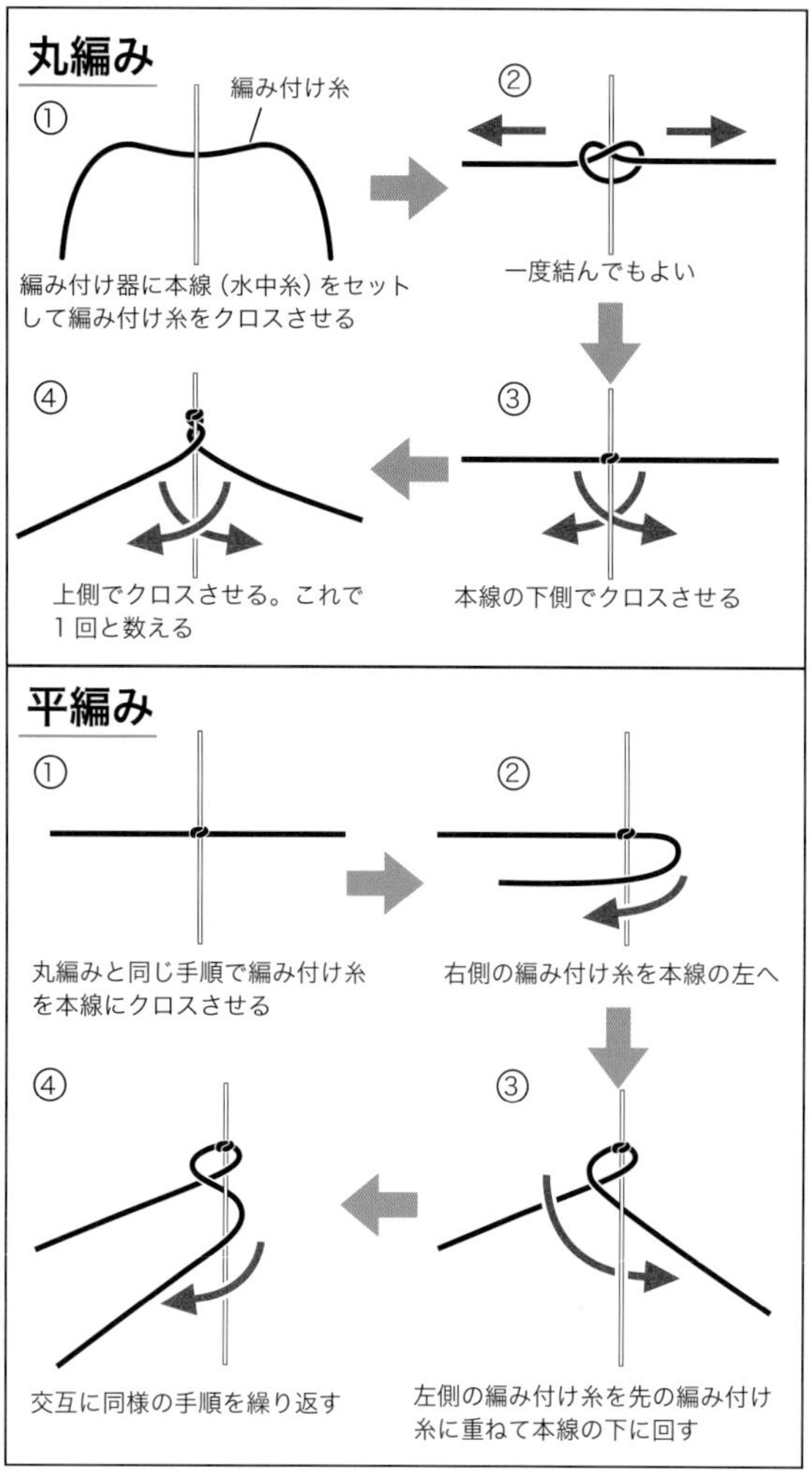

丸編み
①
編み付け糸
編み付け器に本線（水中糸）をセットして編み付け糸をクロスさせる
②
一度結んでもよい
③
本線の下側でクロスさせる
④
上側でクロスさせる。これで1回と数える
平編み
①
丸編みと同じ手順で編み付け糸を本線にクロスさせる
②
右側の編み付け糸を本線の左へ
③
左側の編み付け糸を先の編み付け糸に重ねて本線の下に回す
④
交互に同様の手順を繰り返す

空気に触れさせない

仕掛け作りに不可欠な瞬間接着剤は、翌シーズンには固まって最後まで使い切れないことも多い。鳥取の名手、瀬田匡志さんはこれを防ぐため、使い終えた容器先端をライターで焼いて溶かし、固めることで防いでいる。

溶かしたら容器のキャップの底などで一度先端を成型、指でつまんで穴をふさぎ、もう一度キャップで先端を平らにすれば未開封の状態と同じにできる。次に使用するときは針で穴を開けるが、最後の一滴まで使えるのだそうだ。

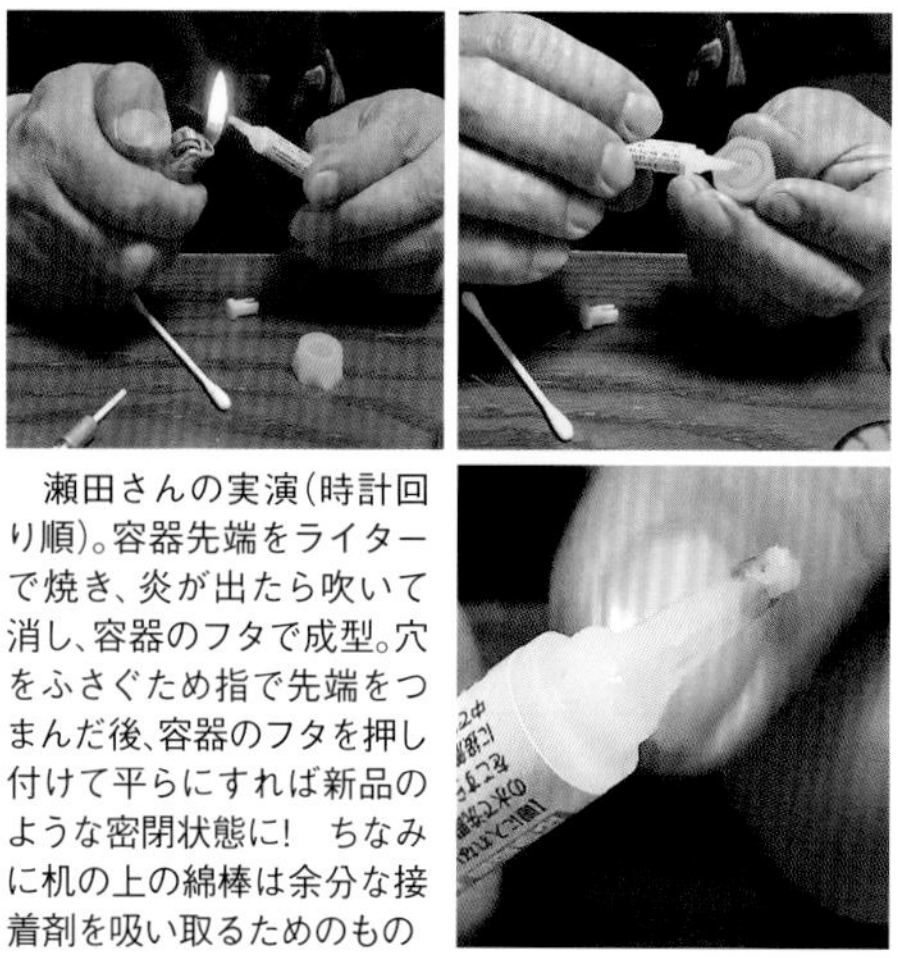

瀬田さんの実演（時計回り順）。容器先端をライターで焼き、炎が出たら吹いて消し、容器のフタで成型。穴をふさぐため指で先端をつまんだ後、容器のフタを押し付けて平らにすれば新品のような密閉状態に！　ちなみに机の上の綿棒は余分な接着剤を吸い取るためのもの

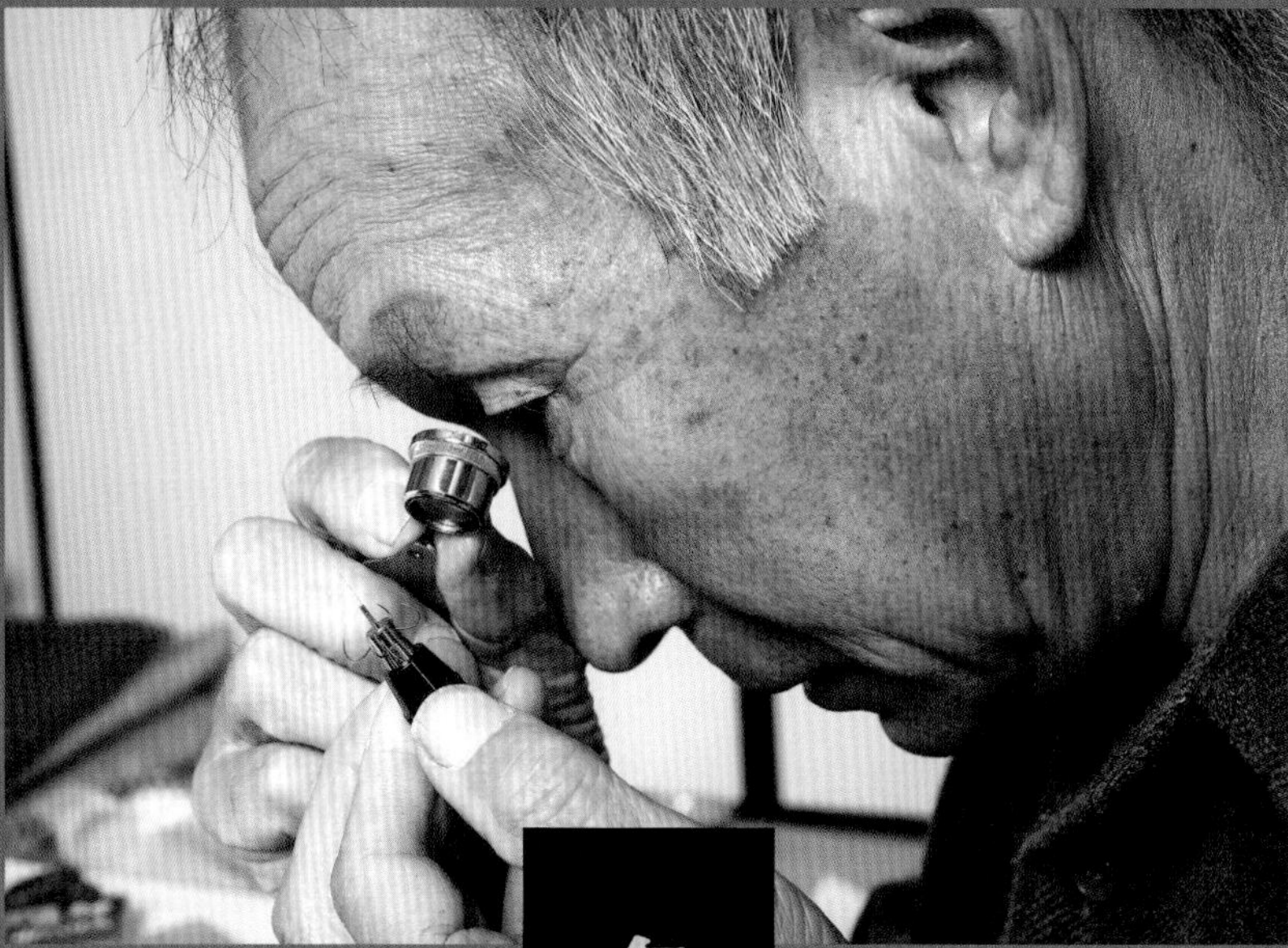

STEP 5 名手の仕掛けに学ぶ

数多くのアユを掛けることで
たどり着いた名手の仕掛けは、
その構成からパーツに至るまですべてに理由がある。
誰もが使いやすいとは限らないが、
一部分でも真似をしてみれば
学ぶことはたくさんある。

メタルラインの引き釣り仕掛けが簡単にできる!!

村田満の入れ掛かり仕掛け自作講座

メタルラインを使った仕掛けは編み付けが多く、作るのが難しい。しかし、電車結びを効果的に使った村田流なら簡単！ 仕掛け作りに悩む友釣り師は必見だ。

村田さんの仕掛け（アユ20cm級に対応）

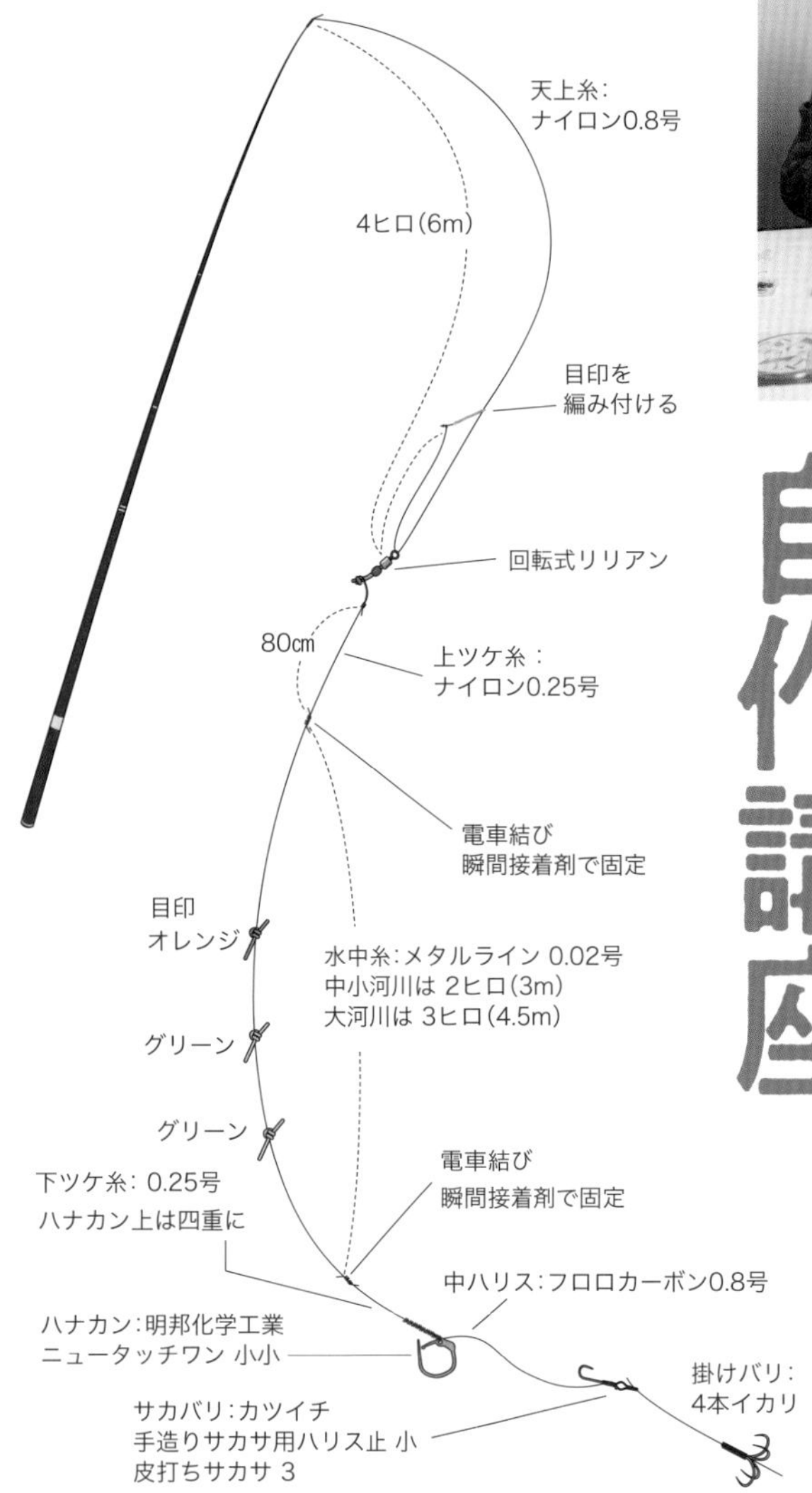

電車結びと瞬間接着剤で編み付け不要

メタルライン0・02号の仕掛けを使って全国の川を引き釣りで攻めまくる村田満さん。年間100日近い釣行を続ける体力も超人的だが、その釣行回数を支える仕掛けを手作りしているという点も驚かされる。

複雑さと繊細さでは、あらゆる釣りの頂点といえるかもしれないメタルラインの仕掛け。釣行日数が多く消耗も激しい村田さんは、簡単に作れるようにアレンジしている。

その象徴的なメソッドが、水中糸とツケ糸を電車結びで接続し瞬間接着剤をしみ込ませて固定するもの。やっかいな編み付けの手間が省けて簡単確実に作れる。

このほか、小さな穴が開いたハナカンを使い、ハナカン固定式ながら中ハリスが交換できる独特のハナカン周りもある。

闘将、村田満さんの仕掛け作りを参考にして次の釣行に挑んでみよう。

1 天上糸

天上糸を接続することで、穂先絡みが減り、木の枝に仕掛けを絡ませても無理が効いて外れやすくなる。高価な金属糸の使用量も節約できる。村田さんは、竿先から0.8号の天上糸を折り返しを含めて4ヒロ(6m)取る。先の方に目印を編み込んで長さ調整可能だ。普段は目印を編み付けるときに、天上糸がピンと張れる編み付け台を使うが、あえてこれを使わない方法を紹介していただいた。

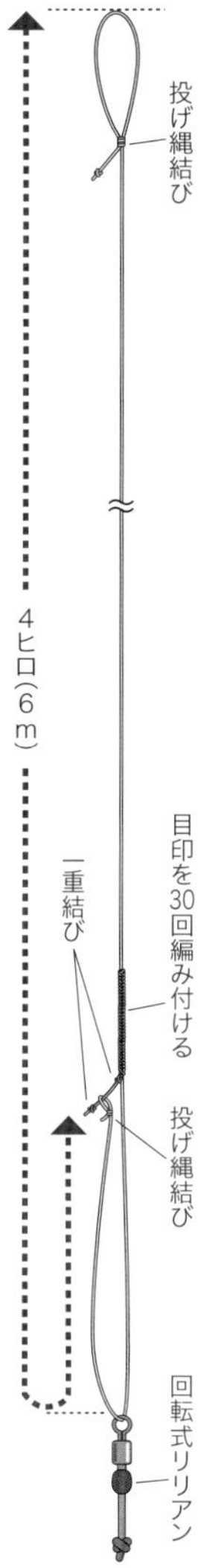

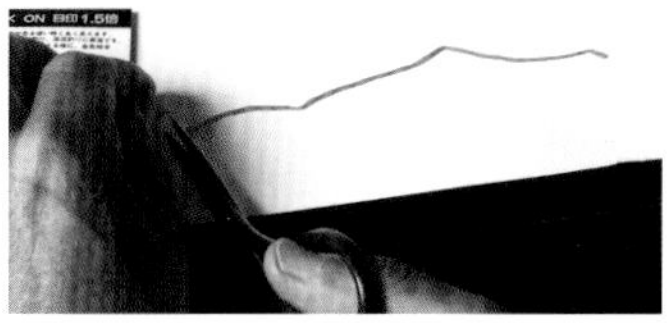

移動式の天上糸を作るために、目印を15cmぐらいにカットする

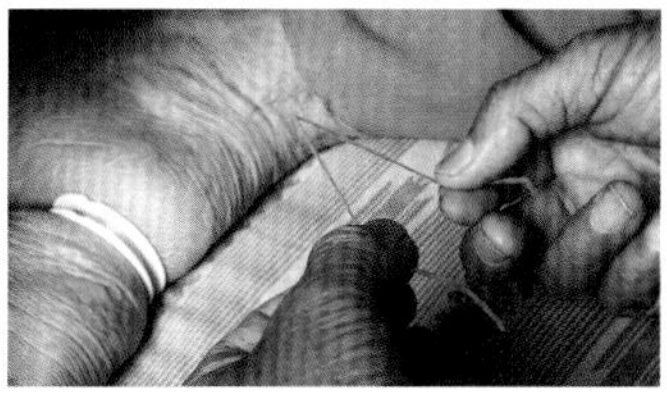

天上糸のスプールをかかとで押さえ、天上糸の端を噛んでピンと張るようにする。そして切った目印を編み付けていく

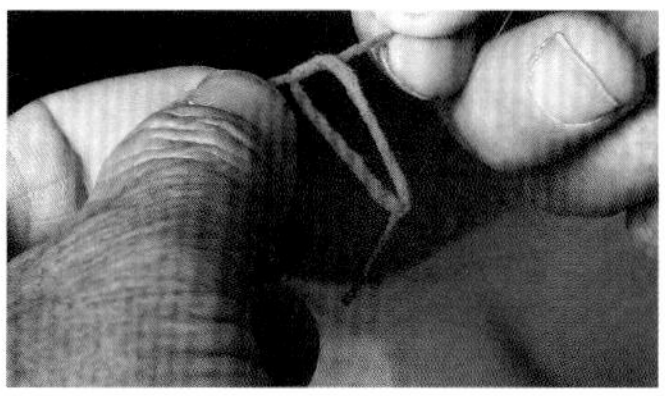

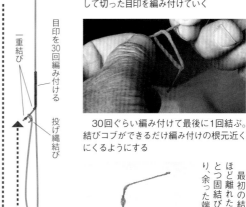

30回ぐらい編み付けて最後に1回結ぶ。結びコブができるだけ編み付けの根元近くにくるようにする

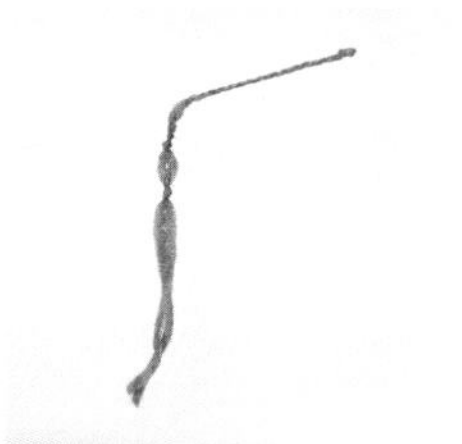

最初の結びコブから1cmほど離れたところに、もうひとつ固結びで結びコブを作り、余った端糸を切る

天上糸に回転式リリアンを通してから、目印の2つの結びコブの間に天上糸の端糸を投げ縄結びで結ぶ。完成したらリリアン側からスプールに巻いておく

2 下ツケ糸

ハナカンは明邦化学工業のニュータッチワンを使用。このハナカンはプラスチックでできたツケ糸の接続部分に小さな穴が開いており「ツケ糸を結ぶだけでしっかりと固定できるから瞬間接着剤が不要」と村田さん。一般的なワンタッチハナカンには、このような穴がなく、結んだあと瞬間接着剤で固定する必要がある。もっとも痛みやすいところだけに、ツケ糸を四重にして強度を上げている。

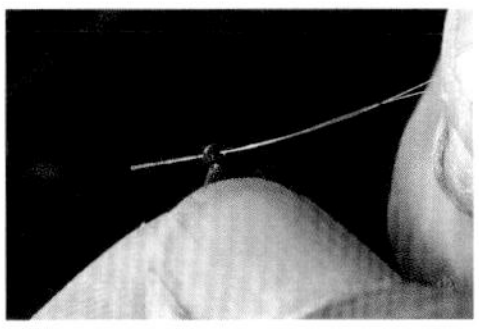

ツケ糸0.25号の先端を15cmほど二つ折りにしてねじり、ハナカンの穴に差し込む

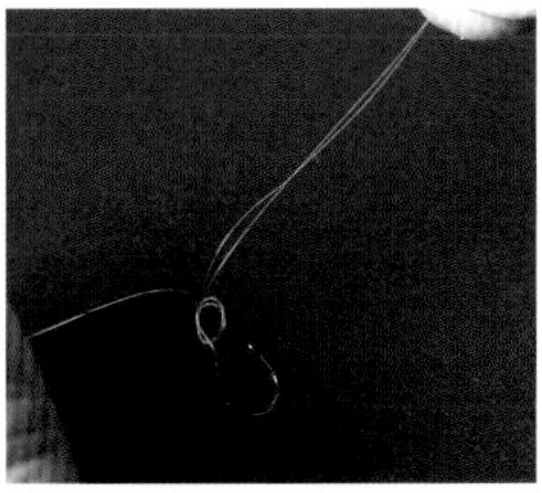

折り目から8cmほどのところで固結びをして、ツケ糸を二方向に割りながら結び目がハナカンに近いところで締まるようにする

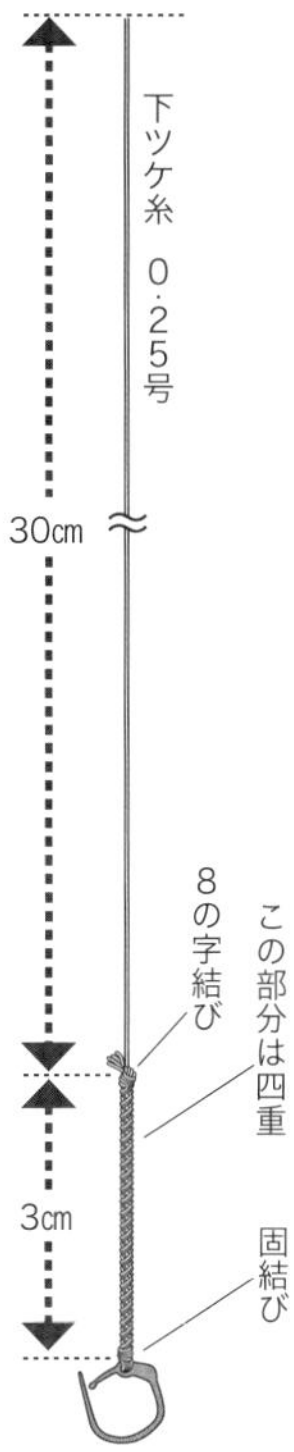

ヨリの作り方

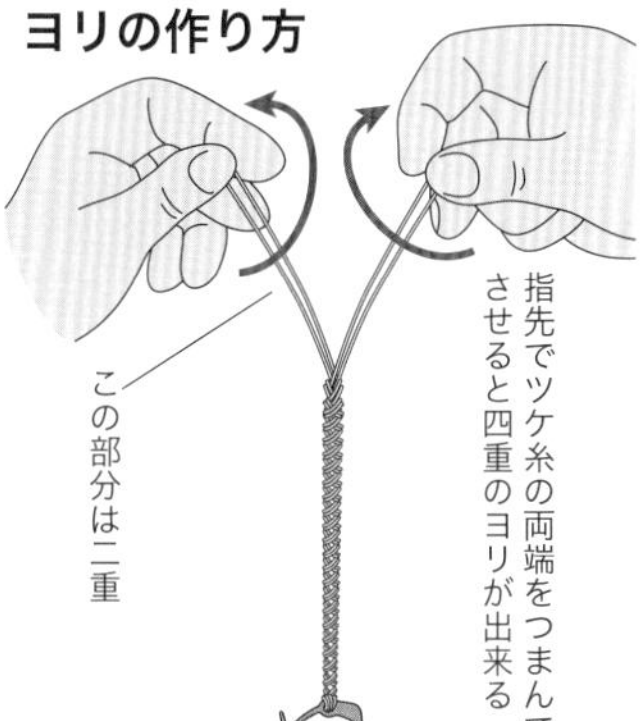

この部分は二重
指先でツケ糸の両端をつまんで回転させると四重のヨリが出来る

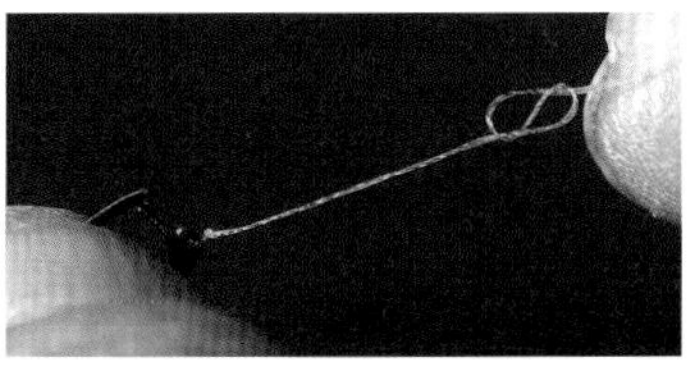

二重のツケ糸をねじって四重にし、ハナカンから3cmほどのところで8の字結びをする

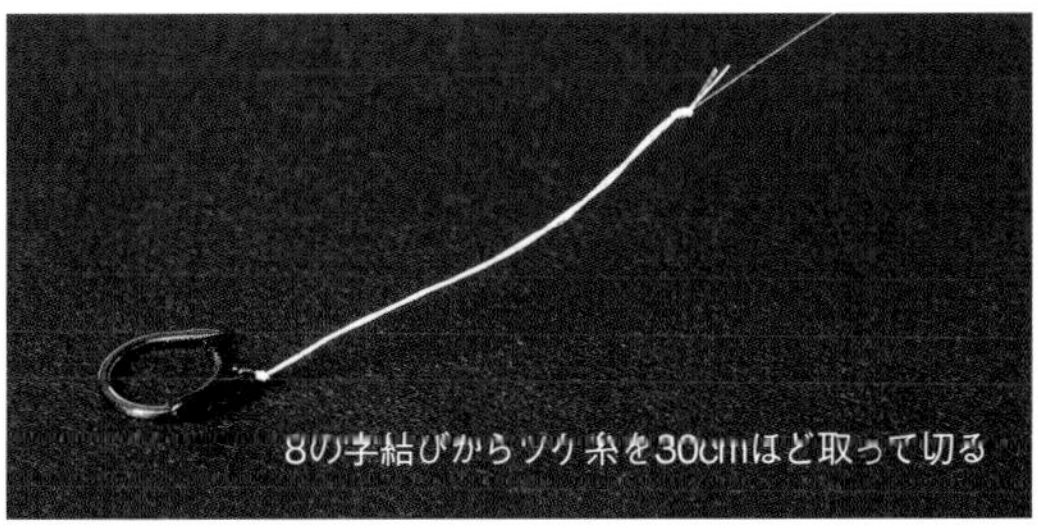

8の字結びからツケ糸を30cmほど取って切る

3 水中糸と下ツケ糸の接続

村田さんの仕掛け作りを象徴するのが、電車結びと瞬間接着剤を使ったメタルラインとツケ糸の接続。編み付けで接続するのが定番だが、村田さんは「電車結びで十分。100尾釣っても大丈夫」と胸を張る。結節部分は傷みやすいため、結び目から水中糸側10cmに瞬間接着剤をしみ込ませて強度アップ。ツケ糸は15cmと短くする。ツケ糸が短いと感度がよくオトリが潜る。

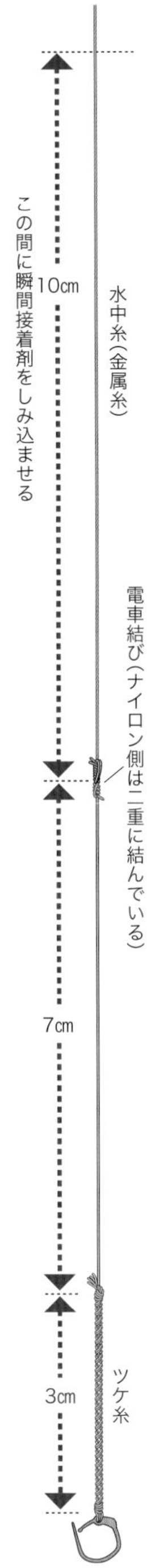

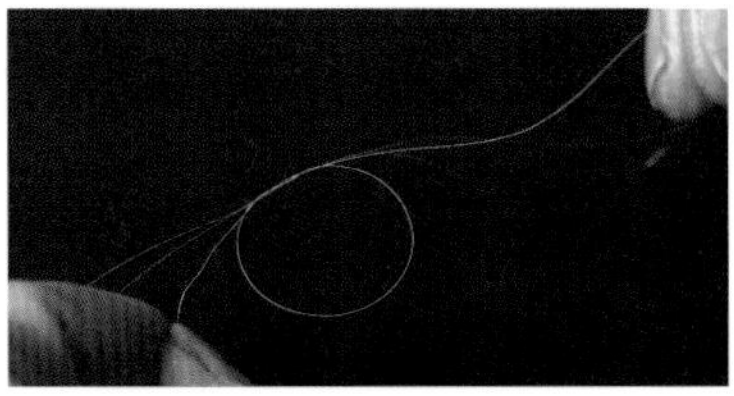

ツケ糸の端を15cmほど二つ折りにする。反対側から水中糸を重ね合わせ、ツケ糸を3回、金属糸を2回くぐらせて電車結びをする（結び方は次ページ下を参照）

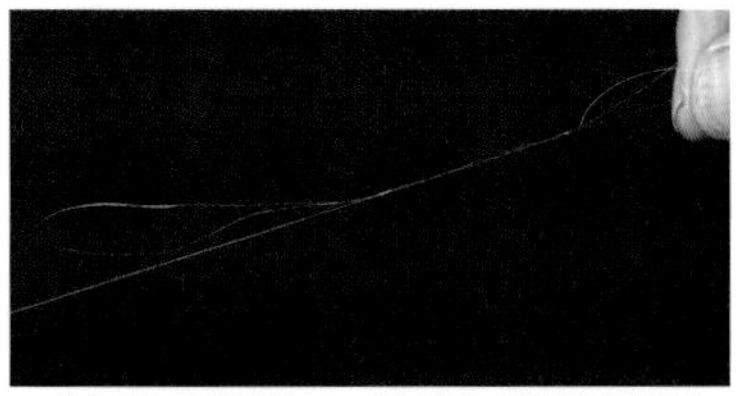

それぞれの結びにツバを付けて軽く締め込み、その後、両サイドを引っ張って2つの結びコブが当たって完全に締まるようにする

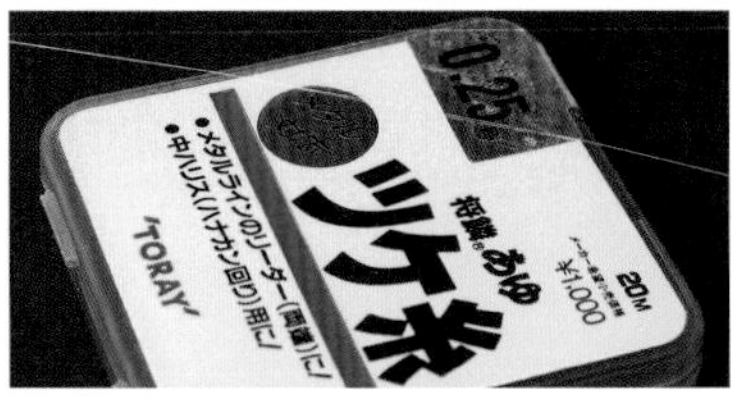

余分な端糸を切ったあと、プラスチックケースの上に瞬間接着剤を1滴垂らし、糸をこの上に乗せて結び目を引っ張りながらしみ込ませる

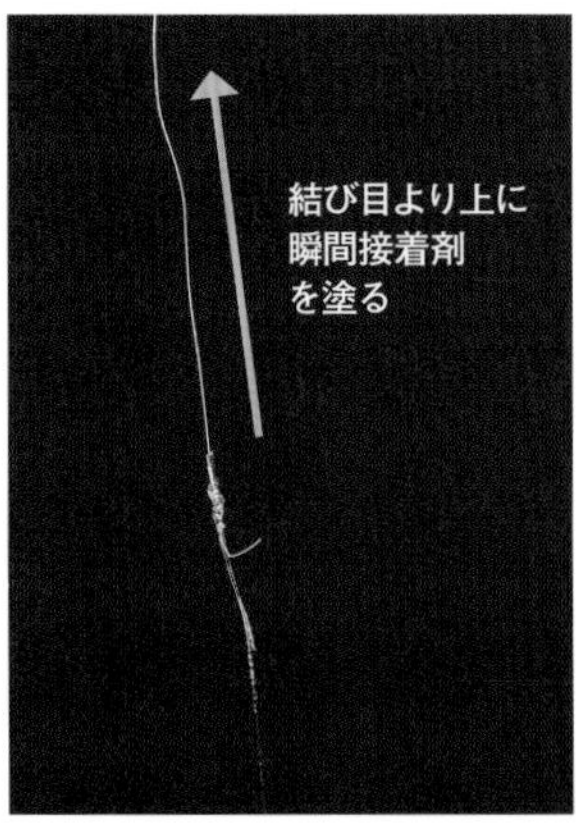

瞬間接着剤をしみ込ませるのは、電車結びの結節部分から上、メタルラインの10㎝以内。引っ張ったまま乾くまで10～20秒待つ

4 上ツケ糸

水中糸の長さは、中小河川用は2ヒロ（3m）、大河川用は3ヒロ（4.5m）。仕掛けが絡まないように仕掛け巻きに巻き取りながら作業し、最後に電車結びと瞬間接着剤で水中糸の上側にツケ糸を付ける。これで天上糸のリリアンと接続可能に。

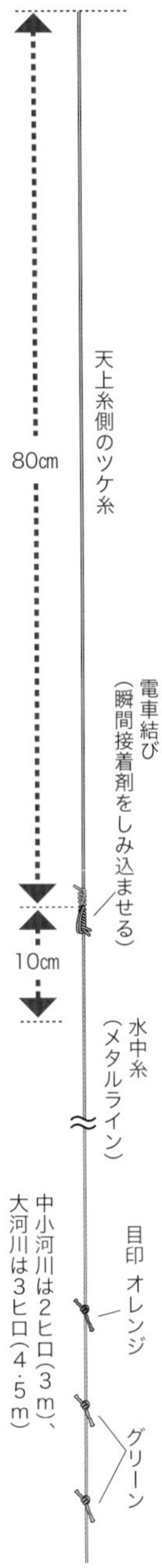

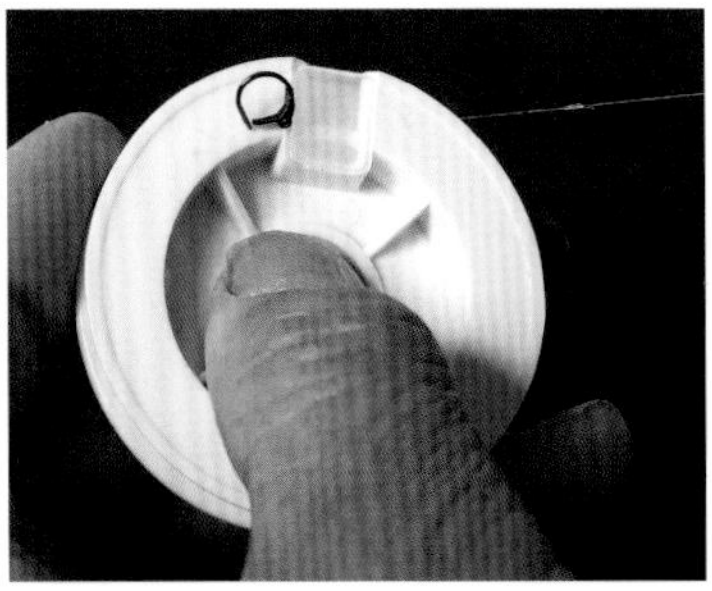

先ほど作った下ツケ糸＋水中糸をハナカンから仕掛け巻きに巻いていき、水中糸先端に電車結びと瞬間接着剤で上ツケ糸80cmを接続

5 目印

水中糸に目印を3つ結んでおく。上からオレンジ、グリーン、グリーンの順。下をオレンジにすると雑魚が飛びついてやっかい。目印は上を短く、下を長くカットするとズレにくい。

目印は1回結ぶだけでよい。上からオレンジ、グリーン、グリーンの3カ所に軽く結ぶ

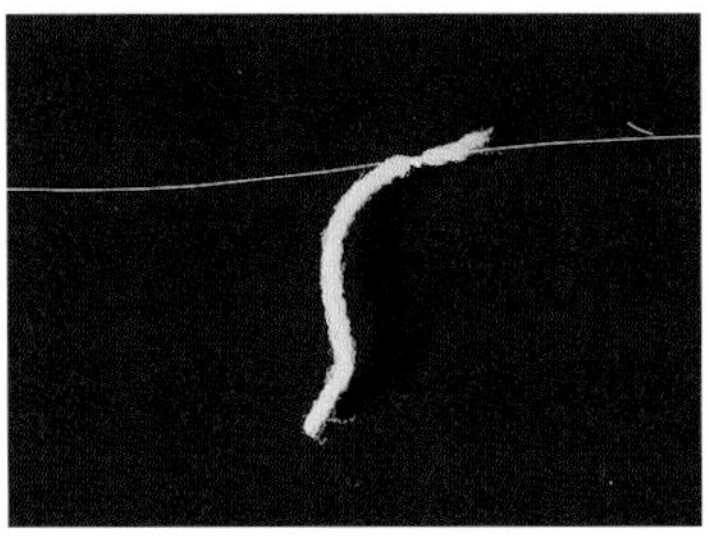

カットするときは上側を5mm、下側は長くするとズレにくい

6 天上糸と上ツケ糸の接続

これまでの工程で天上糸のスプールと水中糸（メタルラインにツケ糸を取り付けたもの）のスプールができた。これらは釣り場で接続する。水中糸の上ツケ糸に3回ヒネリの8の字結びでチチワを作り、回転式リリアンに無精付けでセットする。

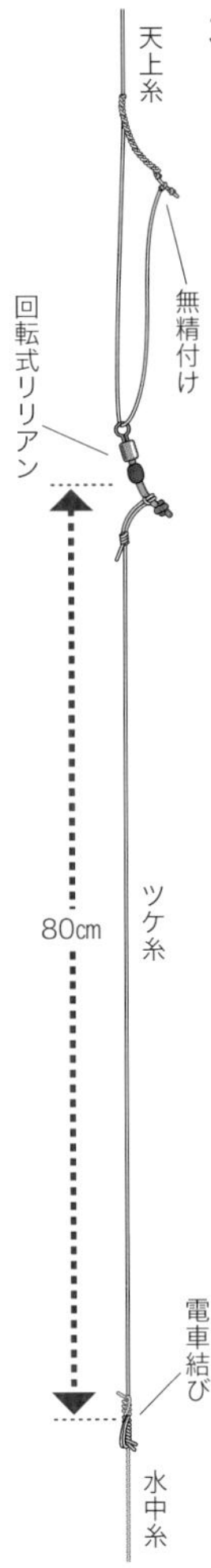

3回ヒネリの8の字結びと無精付け

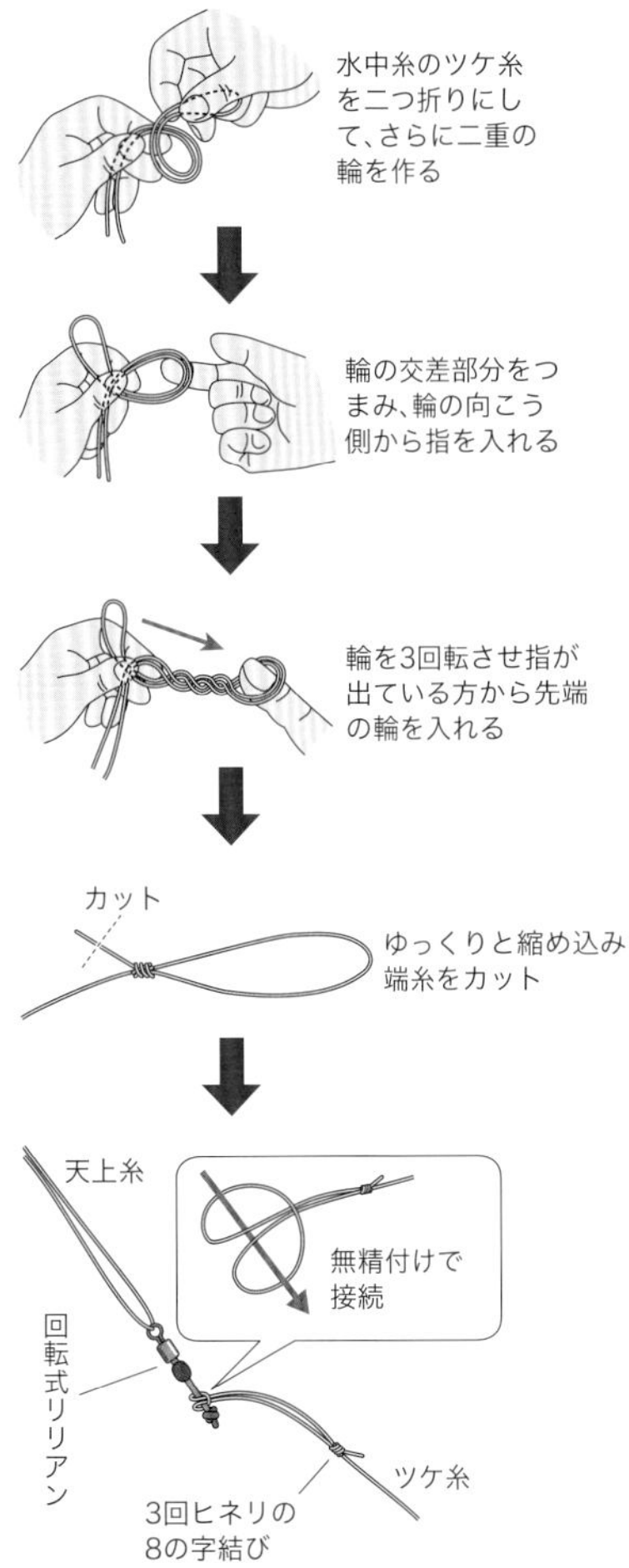

水中糸のツケ糸を二つ折りにして、さらに二重の輪を作る
輪の交差部分をつまみ、輪の向こう側から指を入れる
輪を3回転させ指が出ている方から先端の輪を入れる
カット
ゆっくりと縮め込み端糸をカット
天上糸
無精付けで接続
回転式リリアン
ツケ糸
3回ヒネリの8の字結び

7 ハナカン下

村田さんのハナカン周りは、ハナカンとその下の部分が分かれているが、下の部分を1回の釣行で5本ぐらい使う。作り方は中ハリスの端にサカバリとハリス止めを重ねて根巻き糸で巻いて固定し、もう一方の端をハナカンの穴に通して結び付ける。中ハリスが傷めば、ハナカンの結び目で切って新しいものを結べばよい。ハナカンとサカバリとの距離は15、16cmが基本。オトリの大きさに合わせて長さを調整できる。

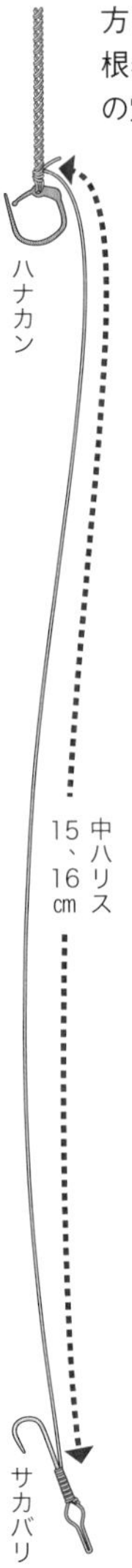

イカリストッカーの箱に中ハリスを5回巻き付け、片側をハサミで切る

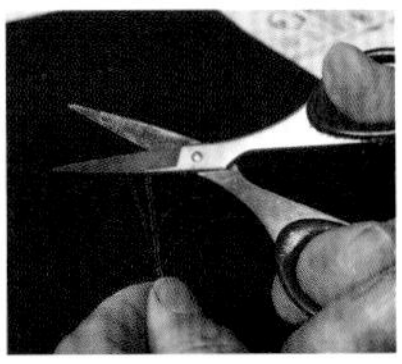

切った部分をそろえたまま反対側も切る。これで22、23cmの中ハリスが10本取れる

一方の端をたばねてライターであぶって溶かし、小さな玉を作る

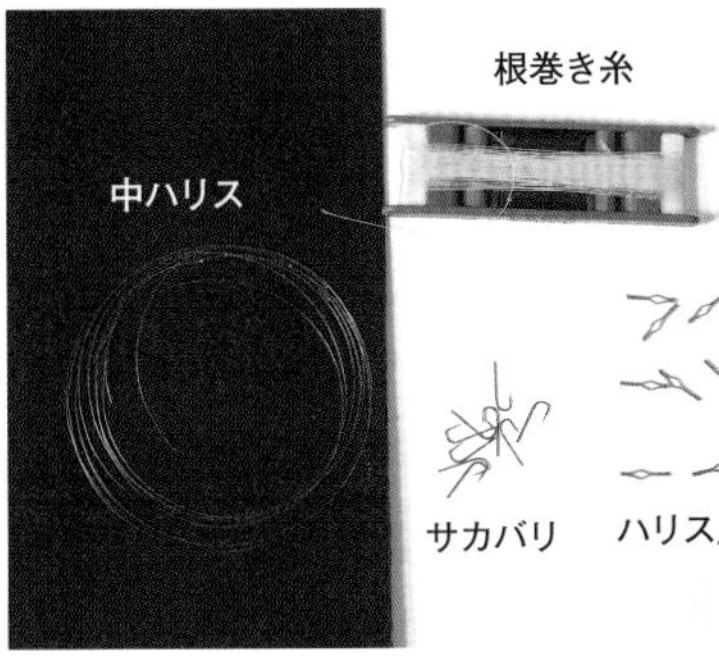

中ハリス、根巻き糸、サカバリ、ハリス止め。これらの部品を組み合わせてハナカン周りを作る

村田流仕掛け作りのキモは電車結びにあり

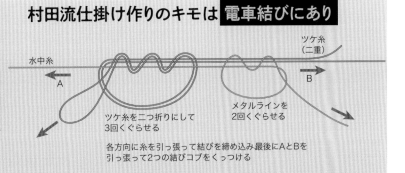

編み付けは手間がかかるため、さまざまな結びを試して村田さんが出した結論が水中糸とツケ糸を電車結びで接続して瞬間接着剤で補強するもの。金属糸は2回、ツケ糸は二つ折りにして3回くぐらせて結び、さらに結び目と金属糸側10cmの範囲に瞬間接着剤をしみ込ませ、コスレに対して摩耗しにくくしている。十分な強度が得られることは、村田さんが実証済みだ。

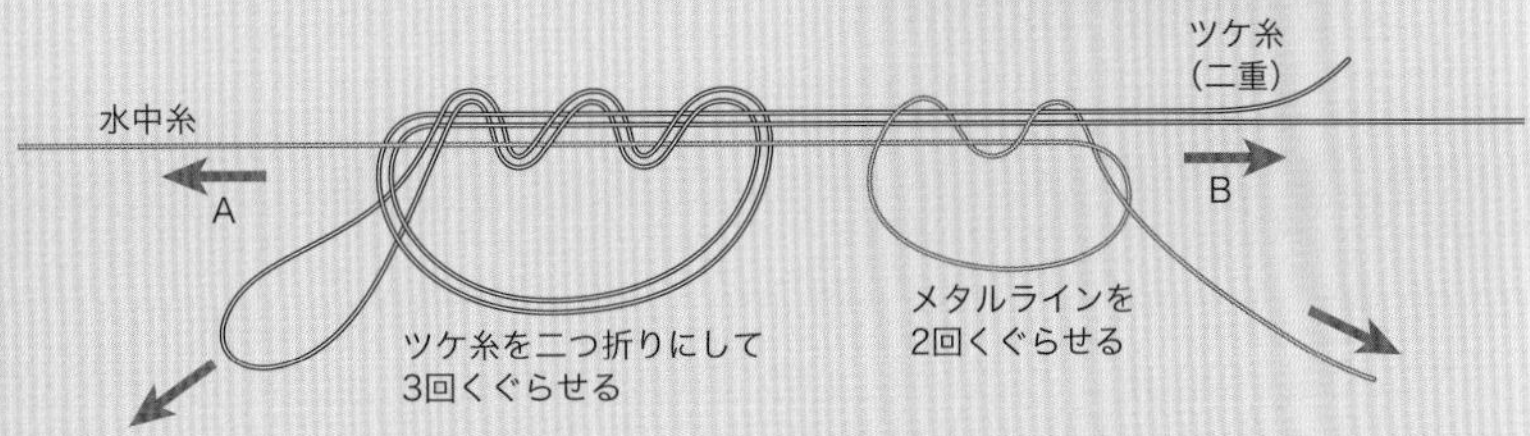

各方向に糸を引っ張って結びを締め込み最後にAとBを引っ張って2つの結びコブをくっつける

8

掛けバリ

村田さんが使う掛けバリは4本イカリ。チャック式のハリ結び器を使うのだが、「何回やってもセンターにきませんねん。センターにこなんだら方向によって掛かり方が変わりますやろ。だから絶対にセンターに入れたいんですが、難しいんですわ」。イカリは3時間で30本作るのが目標という。

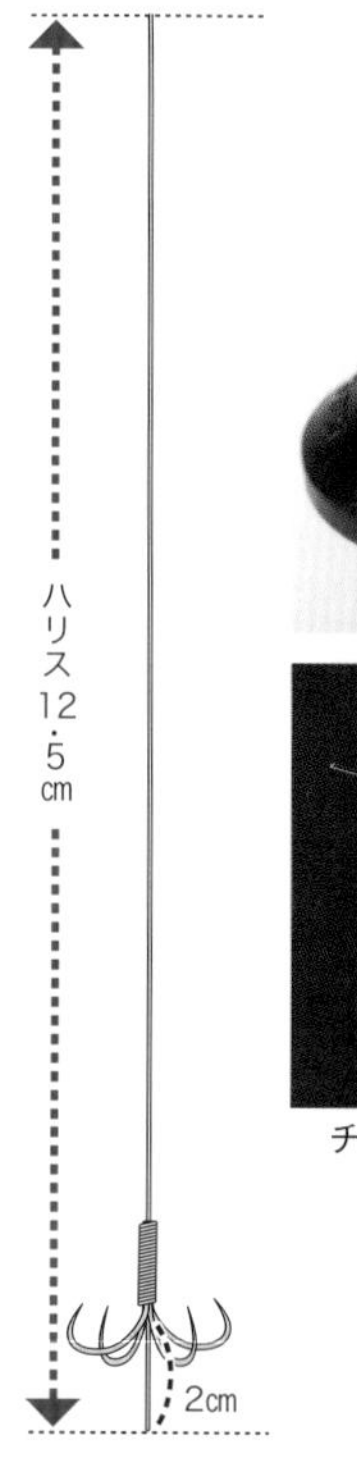
ハリス12.5cm
2cm

真上から見たところ

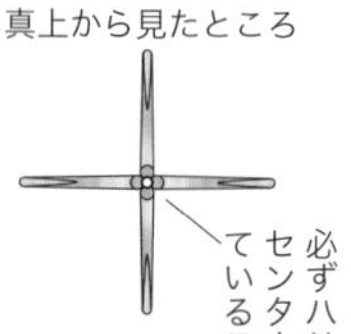
必ずハリスがセンターにきていること

ハリ結び器の4本イカリ用スリットにハリを入れる

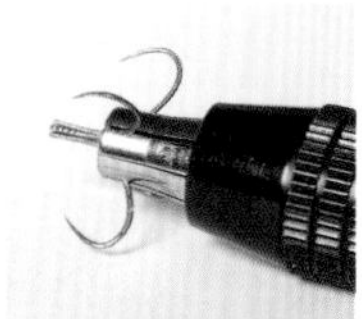

付属のチャックで挟んでしっかり固定する

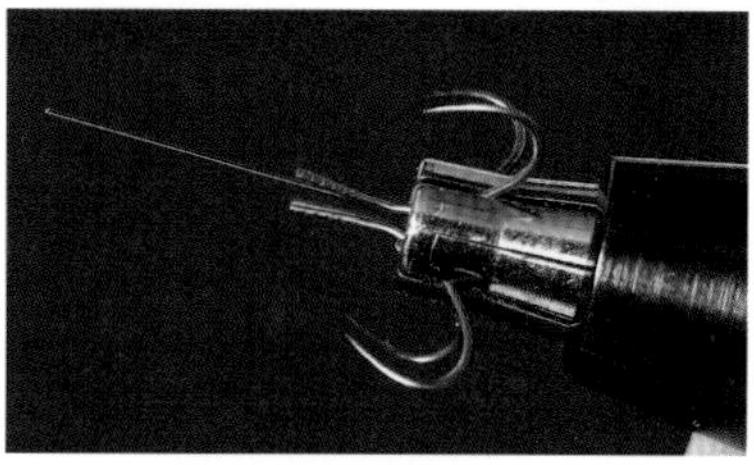

チャック側からハリスを通す

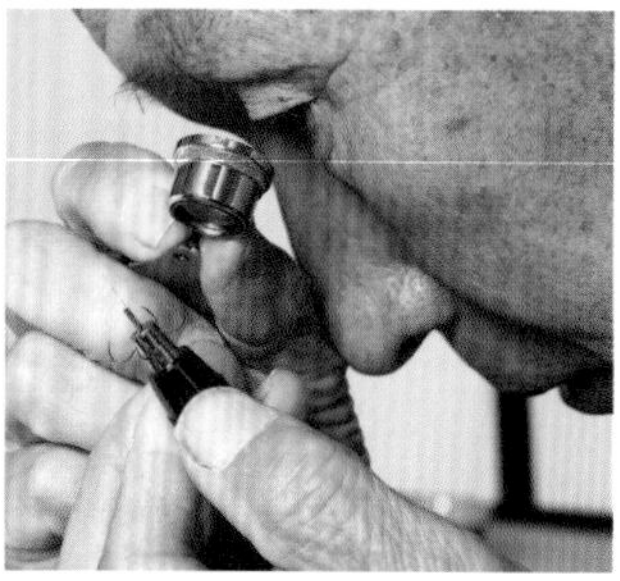

ルーペで4本のハリの真ん中にハリスがきているかチェックする。真ん中にきていなければ入れ直して修正する

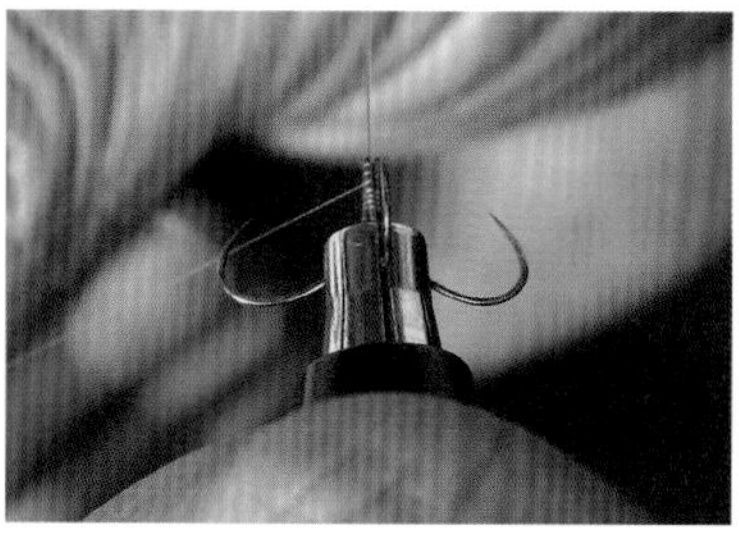

ハリのフトコロ側からナイロン0.1号を50回ぐらい巻き付ける。5、6回巻いてみてハリスがセンターからズレていれば最初からやり直す

ハナカン下

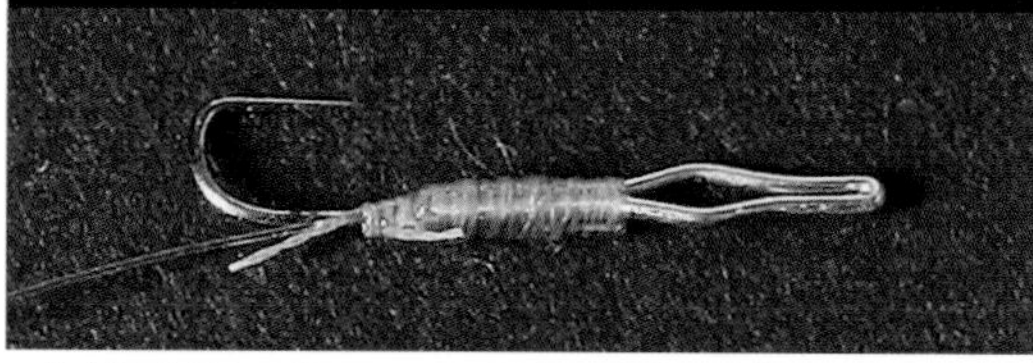

各部品を重ねて指でしっかり固定し、根巻き糸(ナイロン0.1号)でハリス止め側から40〜50回巻く。最後に瞬間接着剤をしみ込ませて固定する

ハナカン下

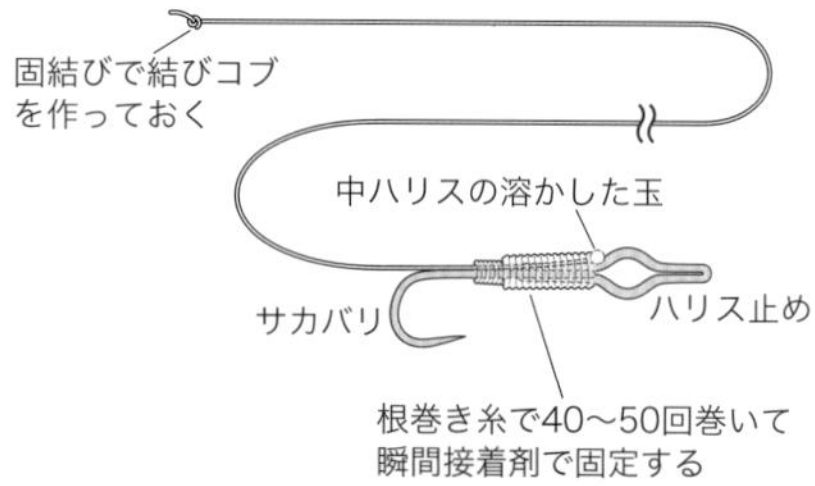
固結びで結びコブを作っておく
中ハリスの溶かした玉
サカバリ
ハリス止め
根巻き糸で40〜50回巻いて瞬間接着剤で固定する

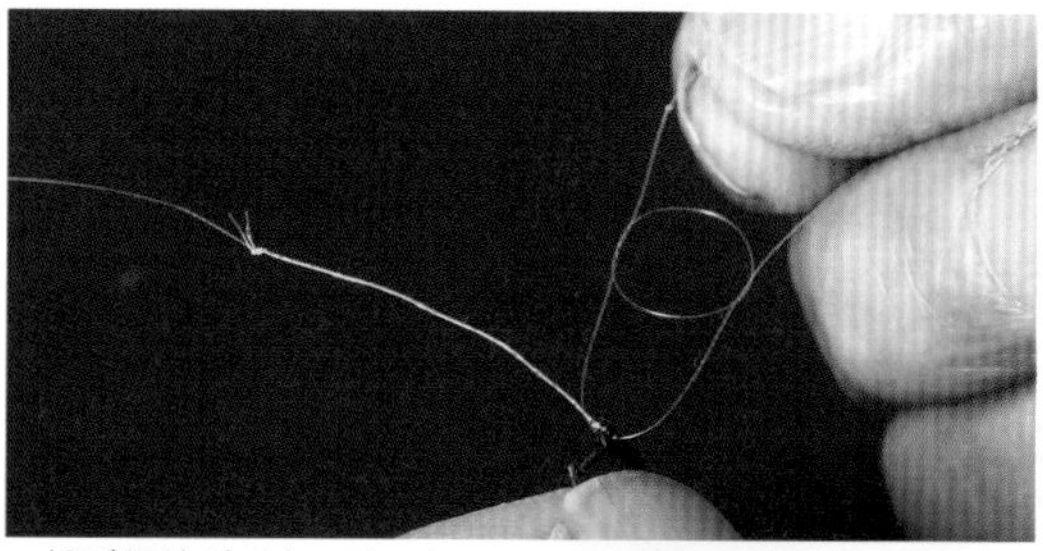

投げ縄結びで中ハリスをハナカンに固定する

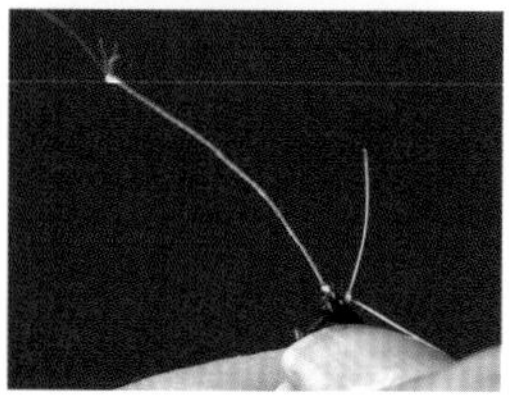

しめ込んでから、下のイラストのようにハナカンの根元に中ハリスをくぐらせて結び目を1カ所にまとめる。これを2回する

ハナカンの結び目をまとめる

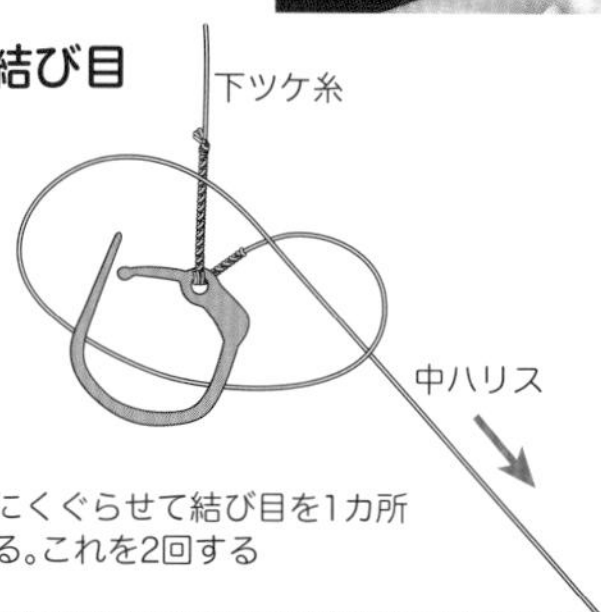
下ツケ糸
中ハリス

ハナカンにくぐらせて結び目を1カ所にまとめる。これを2回する

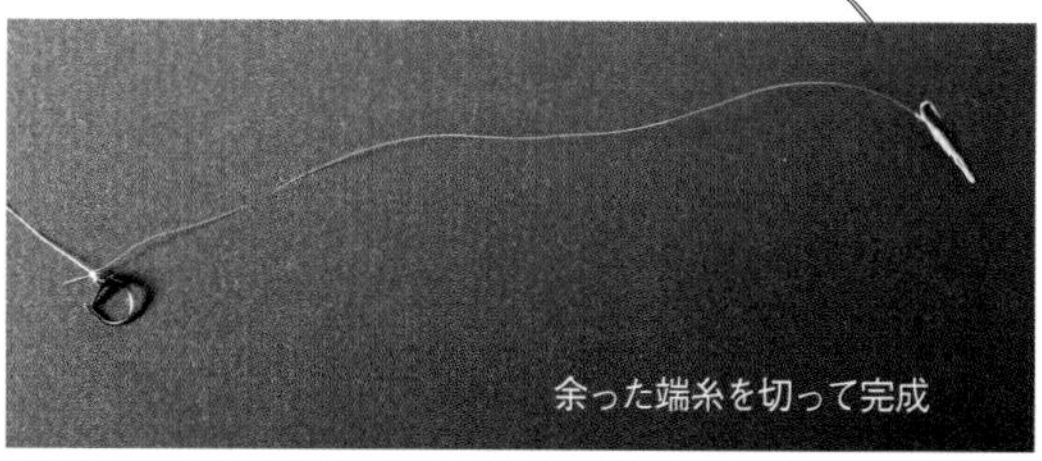

余った端糸を切って完成

仕掛け作りは
難しいこと
おまへん!

9 ハリスのセット

ハリスはハリス止めに2回通し、後に入れた方をマクラにするとハリスの負担が分散されて切れにくくなる。ハリスの長さは指2本半から3本半だ。

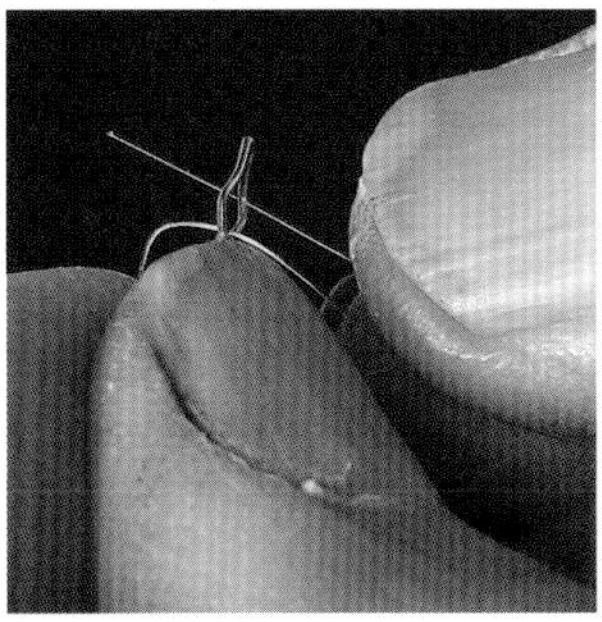

ハリス止めにハリスを2回入れる。後に入れた方をハリス止めの根元に入れる

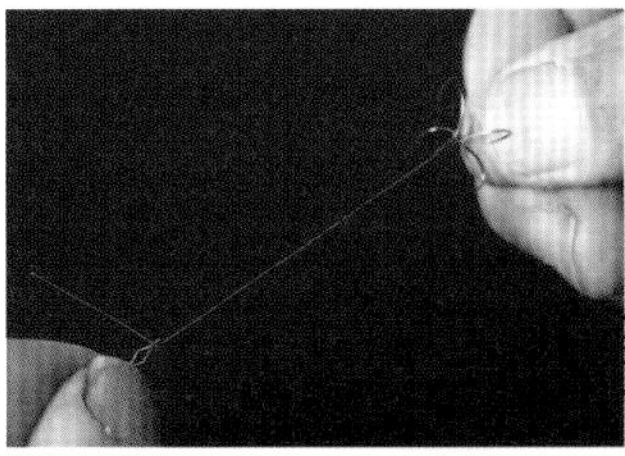

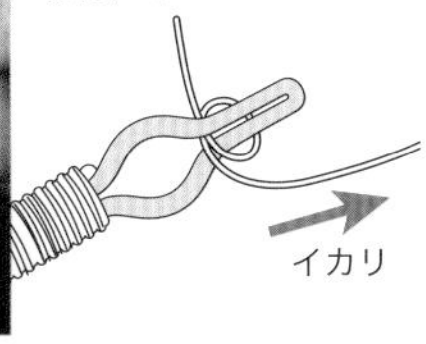

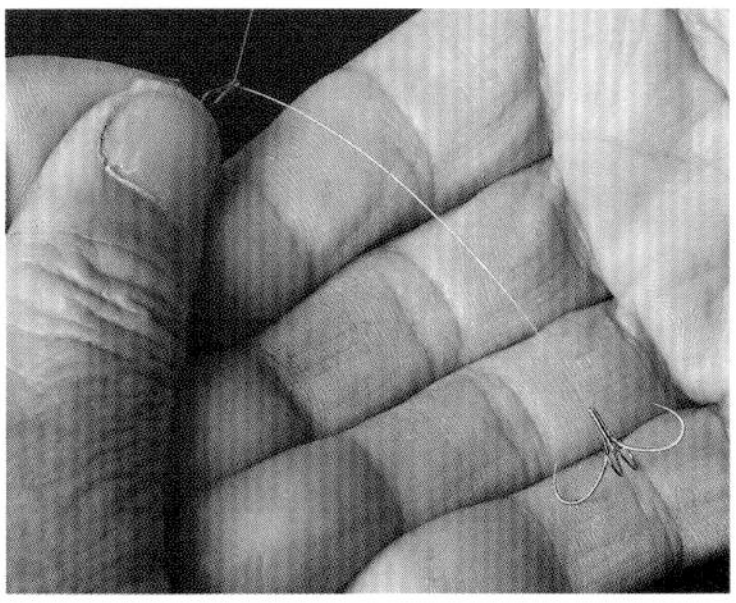

ハリスの長さは指2本半から3本半が基本

トックリ結び

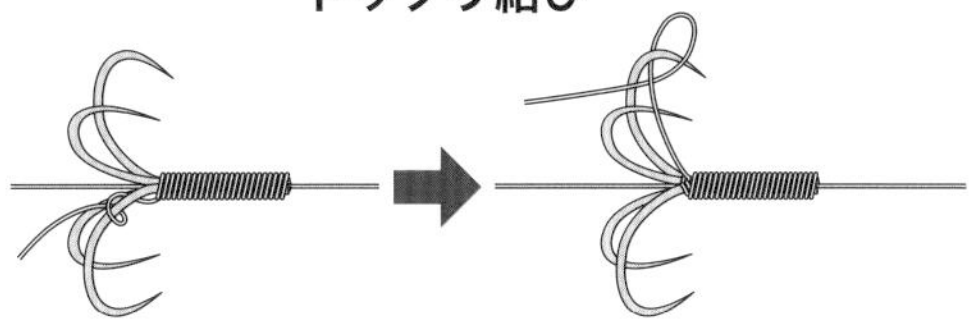

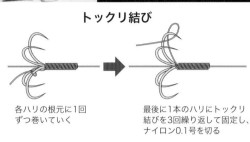

各ハリの根元に1回ずつ巻いていく

最後に1本のハリにトックリ結びを3回繰り返して固定し、ナイロン0.1号を切る

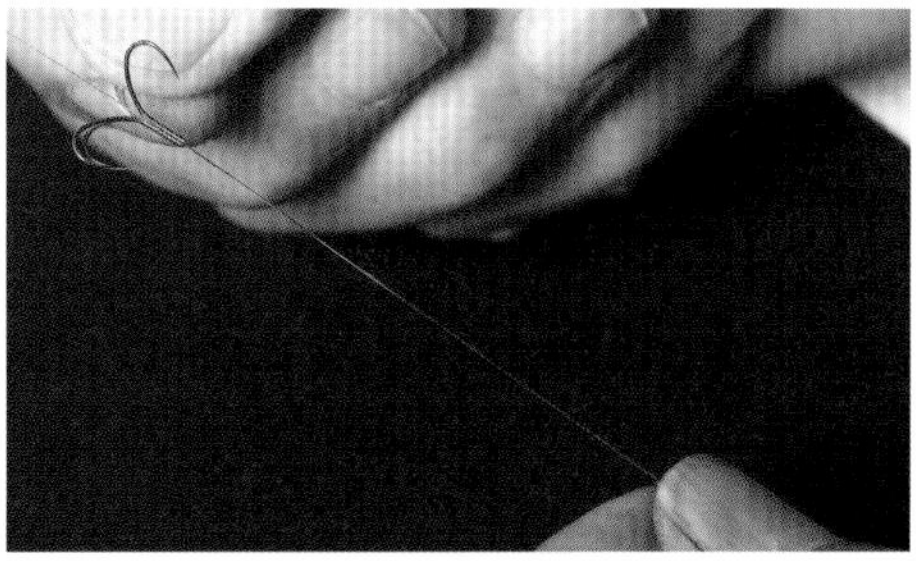

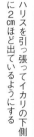

ハリスを引っ張ってイカリの下側に2cmほど出ているようにする

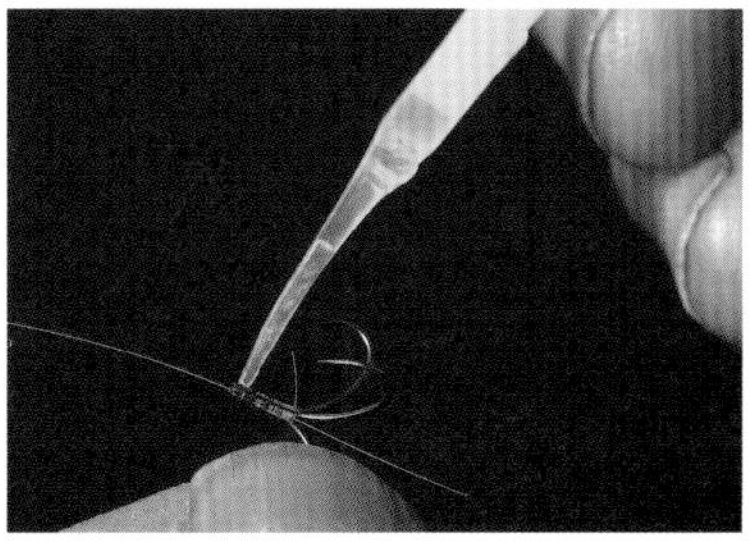

瞬間接着剤を十分しみ込ませて完全に固定する

10 トップとの接続

投げ縄結びで竿のトップに接続する。DAIWAの穂先は3回ヒネリの8の字結びでチチワを作っておけば、トップのフックに引っ掛けるだけでOK

〈回転式トップの場合〉

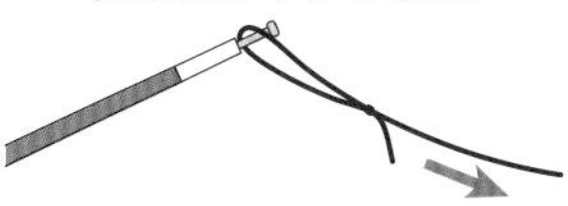

トップの細い部分に投げ縄結びの輪をかけて引く

〈DAIWAのトップの場合〉

❶ 3回8の字結びでチチワを作り、フックに掛けて本線を引く

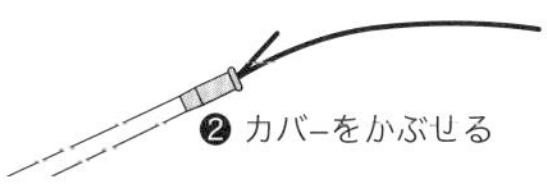

❷ カバーをかぶせる

村田さんは仕掛けの構造に凝ることはない。昔ながらの部分も多いが、現場での補修が利くことなど、実戦的な面を重視しているのだろう

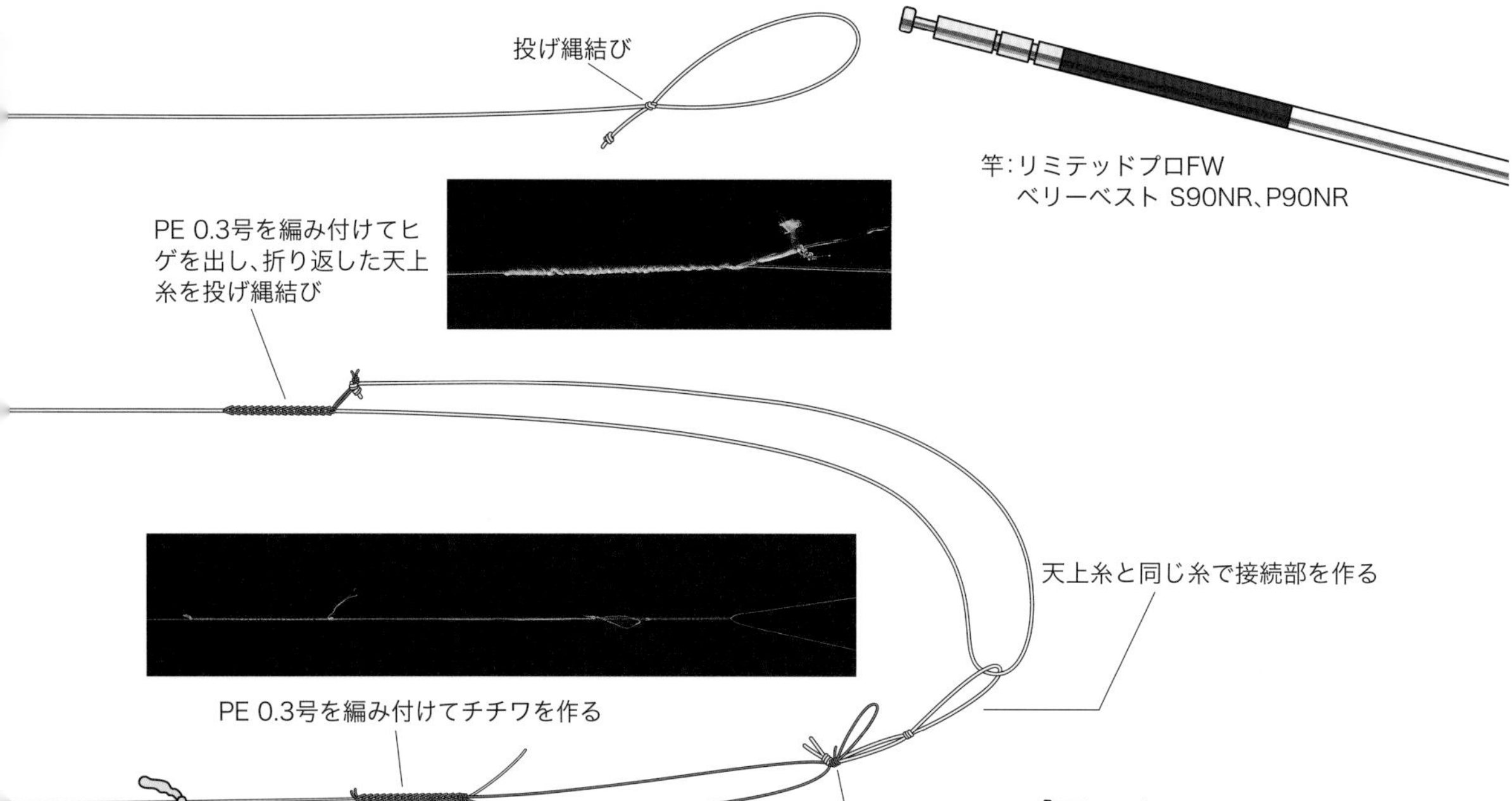
投げ縄結び
竿:リミテッドプロFW
ベリーベスト S90NR、P90NR
PE 0.3号を編み付けてヒゲを出し、折り返した天上糸を投げ縄結び
天上糸と同じ糸で接続部を作る
PE 0.3号を編み付けてチチワを作る
無精付け

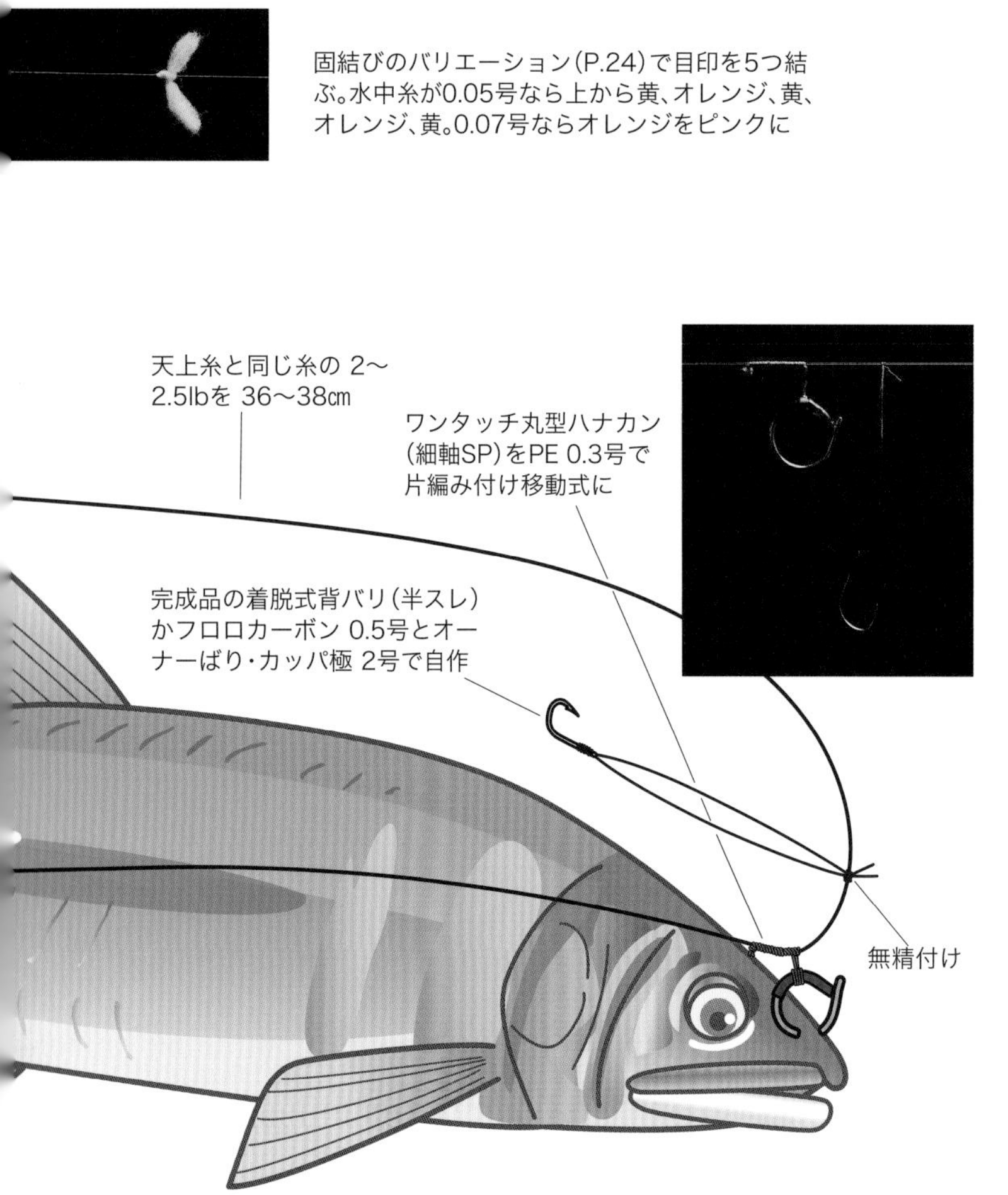
固結びのバリエーション(P.24)で目印を5つ結ぶ。水中糸が0.05号なら上から黄、オレンジ、黄、オレンジ、黄。0.07号ならオレンジをピンクに
天上糸と同じ糸の 2〜2.5lbを 36〜38㎝
ワンタッチ丸型ハナカン(細軸SP)をPE 0.3号で片編み付け移動式に
完成品の着脱式背バリ(半スレ)かフロロカーボン 0.5号とオーナーばり・カッパ極 2号で自作
無精付け

小澤 剛

Tsuyoshi Ozawa

最前線を走るトーナメンターの仕掛けを解剖する❶

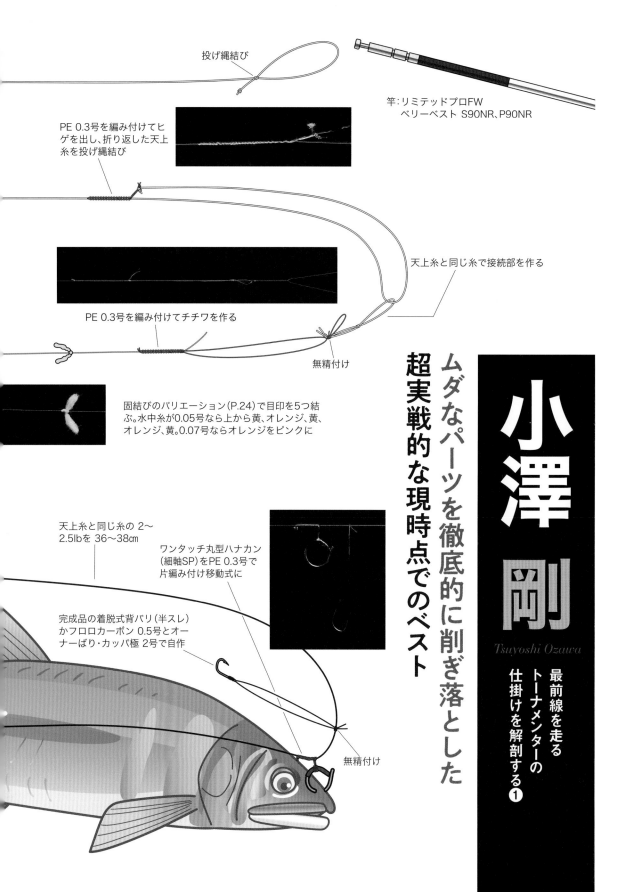

ムダなパーツを徹底的に削ぎ落とした超実戦的な現時点でのベスト

実際に使ってみて弱い部分やムダを省き、5年ほど前に現在の形になったという小澤さんの仕掛けは、金属糸を使ったものとしては限界までシンプルな構成だ。

最大のポイントは中ハリス直結のハナカン周り。長くしすぎると抵抗が大きいので厳密にバランスが決められている。多用するのは2・5lb（0・6号）だが、チチワの先端からサカバリのフトコロまで38cmを基本にしている。もっとも細い2lb（0・5号）は36cm、太くする場合はワンランク上げるごとに2cmずつ伸ばす。

ただし、これはあくまでも基本。アタリが強い場合は太くする一方で長さを詰めて抵抗とのバランスを図ったり、魚のサイズが大きい場合はエビなどによるトラブルを防ぐため、長く、細くすることなどもある。

トレードマークの背バリについては2タイプを使用。背バリ糸がケプラーでできた市販品と、フロロカーボンでできた自作のもの。どちらも大差はないが、市販品の方が中ハリスが傷付きにくいという。

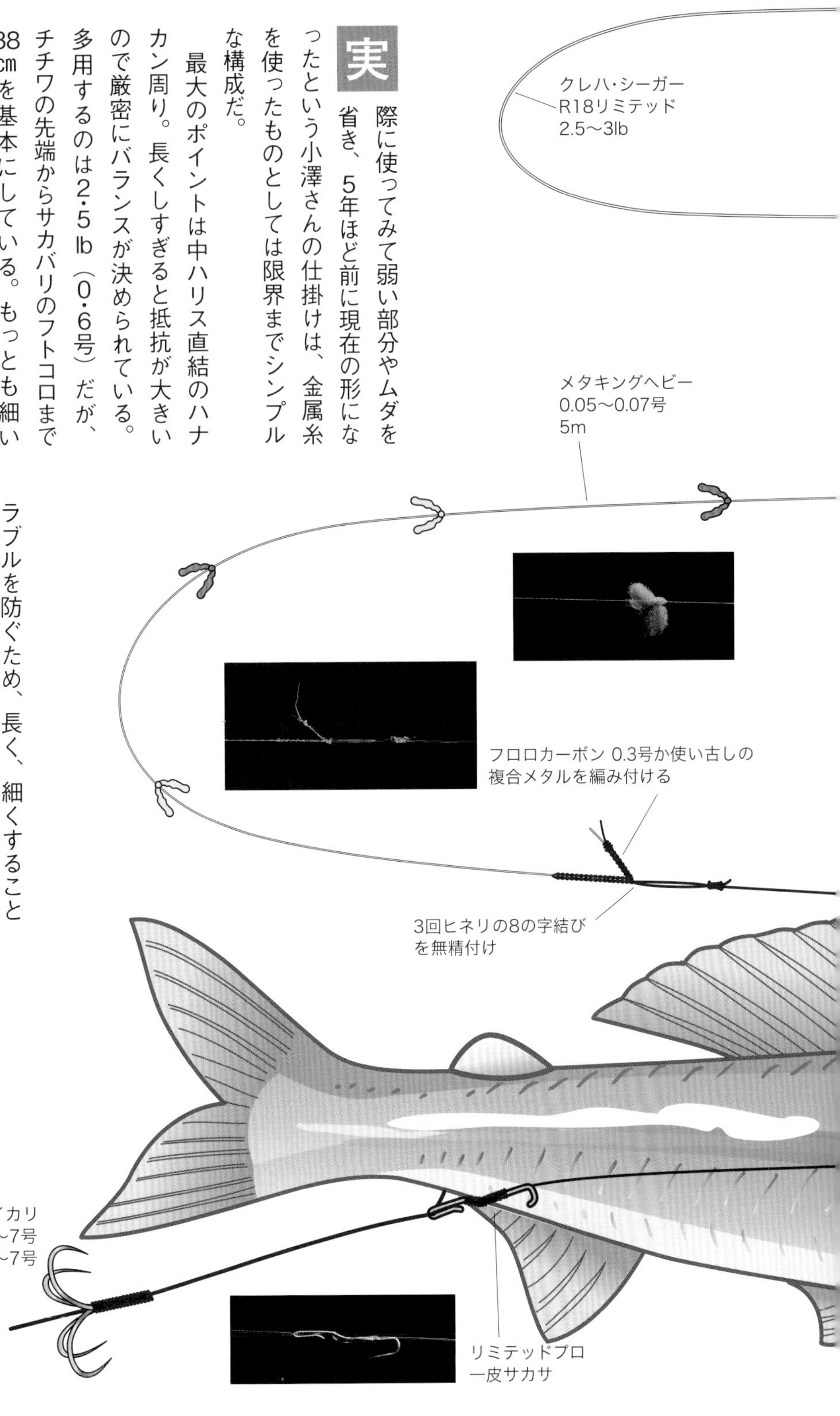

※手尻は10cm

最前線を走るトーナメンターの仕掛けを解剖する❷

高橋祐次

Yuji Takahasji

すぐに修理ができる単純な構造と結び 違いが分かる人の接続具とハナカン

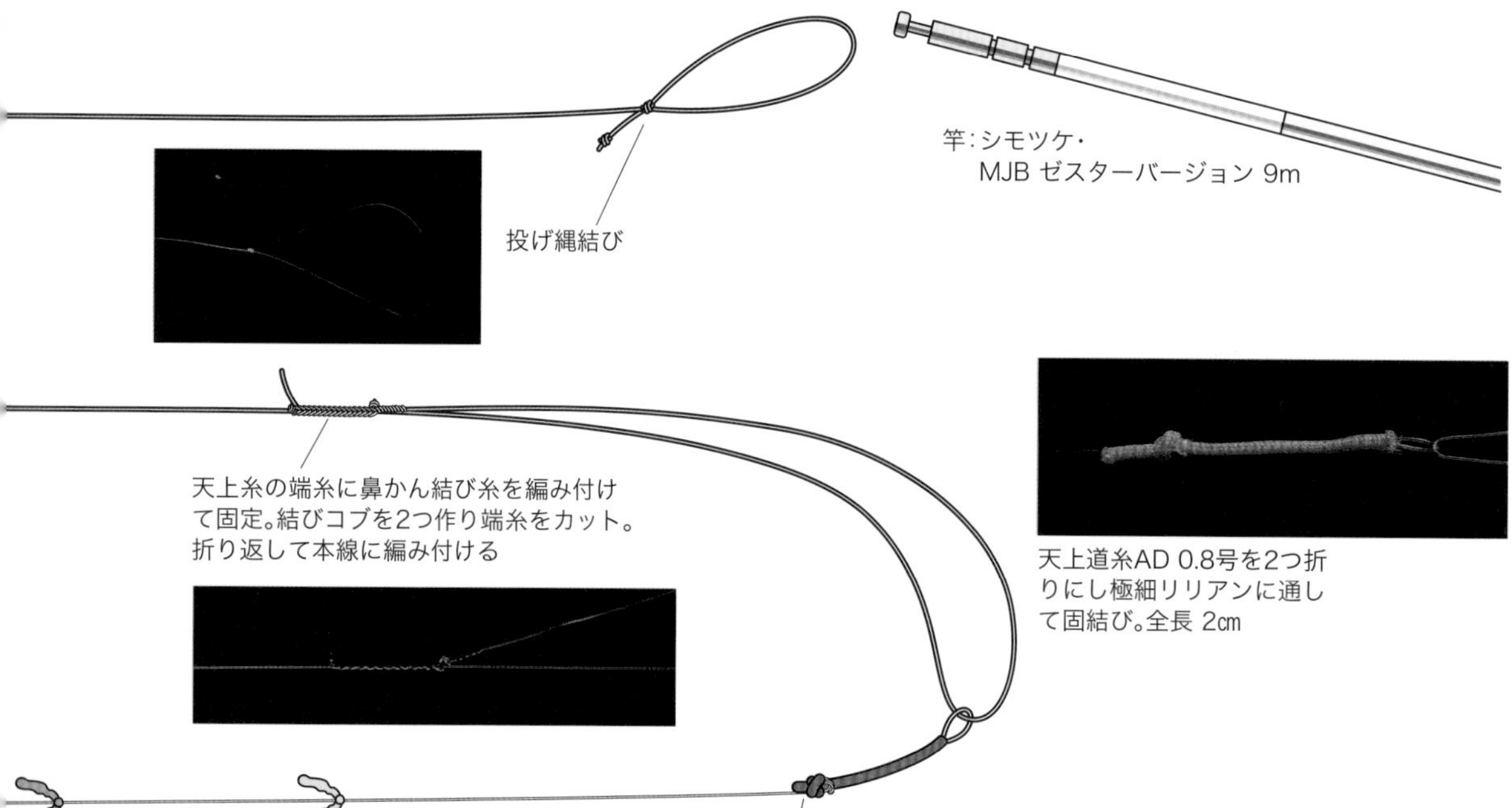

竿：シモツケ・
MJB ゼスターバージョン 9m
投げ縄結び
天上糸の端糸に鼻かん結び糸を編み付けて固定。結びコブを2つ作り端糸をカット。折り返して本線に編み付ける
天上道糸AD 0.8号を2つ折りにし極細リリアンに通して固結び。全長 2㎝
ピンク
グリーン
水中糸の端を折り返して無精付けのちトックリ結び2回

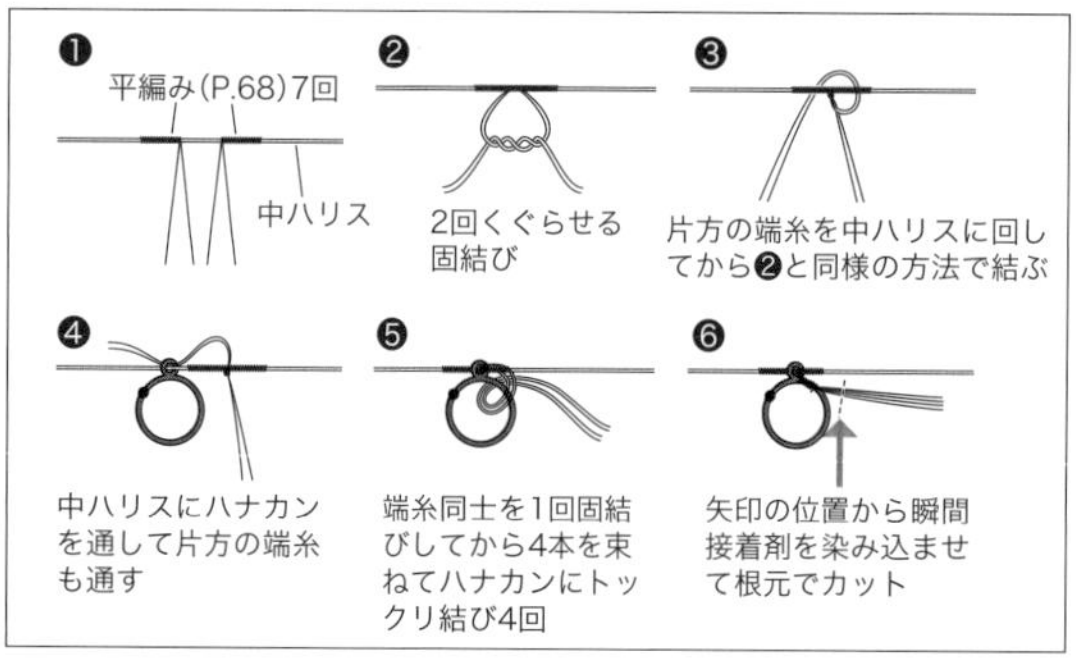

❶
平編み(P.68)7回
中ハリス
❷
2回くぐらせる固結び
❸
片方の端糸を中ハリスに回してから❷と同様の方法で結ぶ
❹
中ハリスにハナカンを通して片方の端糸も通す
❺
端糸同士を1回固結びしてから4本を束ねてハナカンにトックリ結び4回
❻
矢印の位置から瞬間接着剤を染み込ませて根元でカット

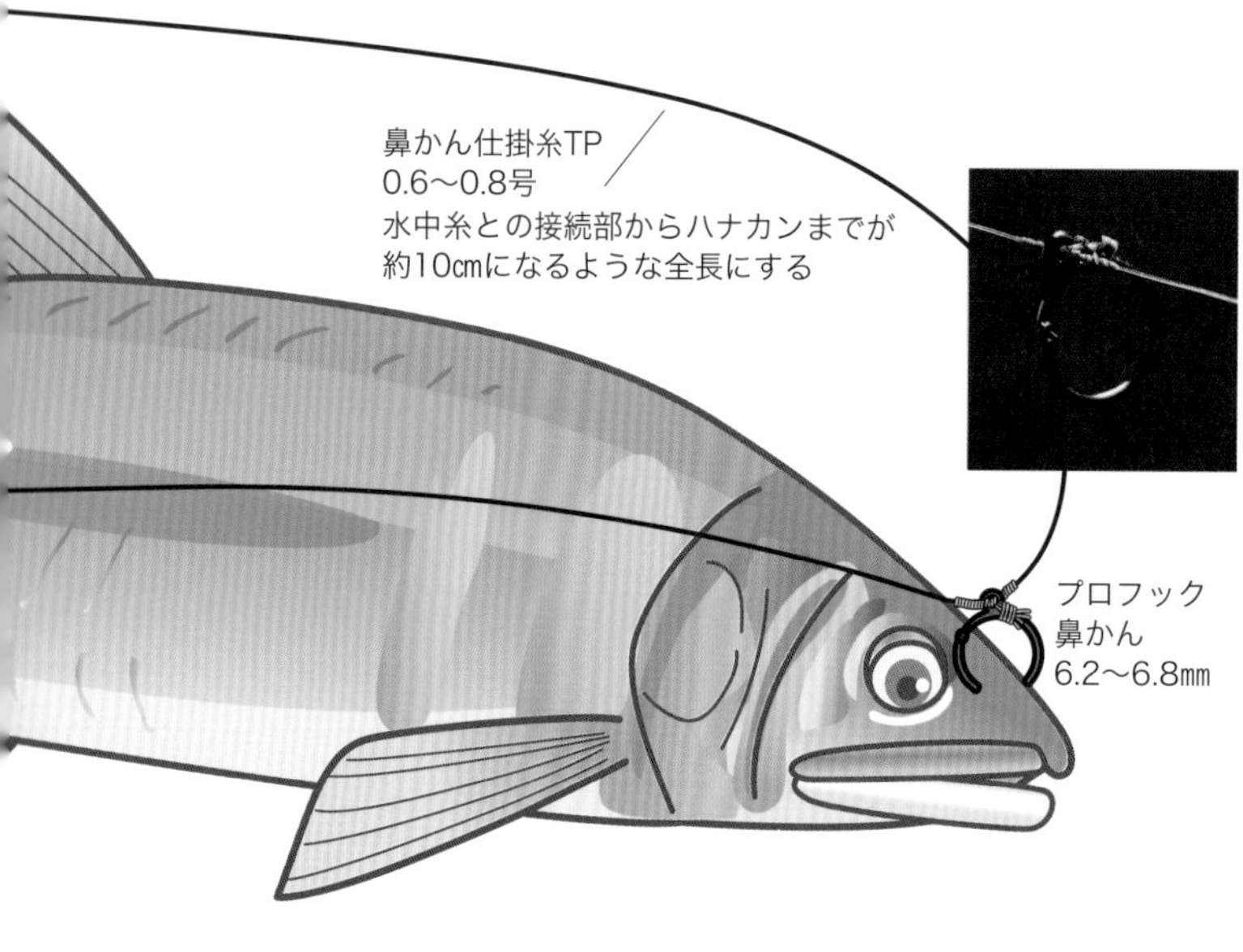

鼻かん仕掛糸TP
0.6～0.8号
水中糸との接続部からハナカンまでが約10㎝になるような全長にする
プロフック
鼻かん
6.2～6.8㎜

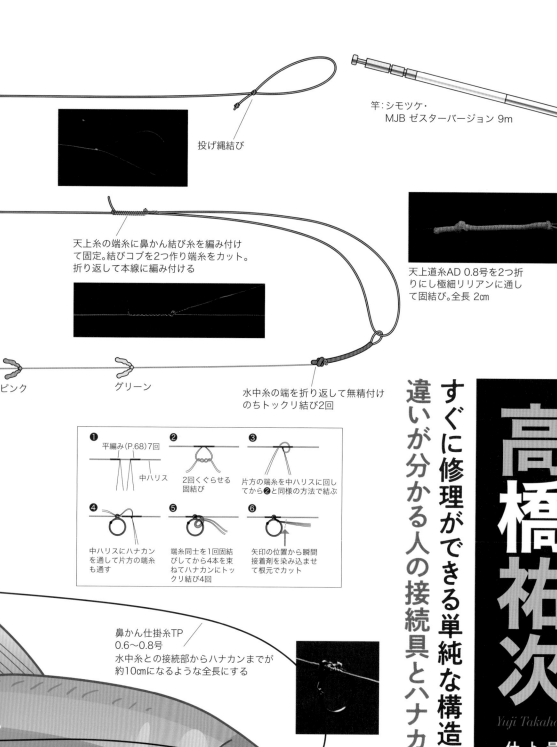

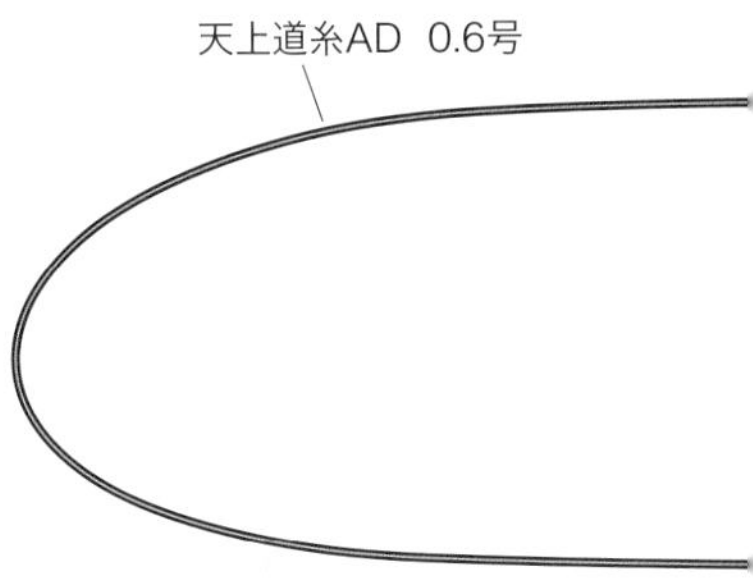

ユージさんが泳がせ仕掛けで一番気を付けているのが、構造も結びも難しくしないこと。それはトラブルが発生した際にすぐに修理ができるためで、1分1秒をムダにできない試合を勝ち抜くためにたどり着いた答えだ。そんな仕掛けの中で絶対に譲れないこだわりが2点ある。

ひとつは金属製ではなく自作の軽量接続具を使うこと。釣り人の前からカミにオトリ上らせた瞬間、オトリには水中糸の重みに、天上糸の重みが加わるのだが、そのとき接続具が重いとスムーズに天上糸へと移行せずワンテンポ遅れてしまう。

ウーリーを使えばほぼノンストレスで移行するのだが、軟らかすぎて試合中に水中糸を張り替えるのに手間取るため、ナイロン糸を通した極細リリアンに落ち着いた。

もうひとつのこだわりが、中ハリスに対して丸ハナカンが垂直になる編み付け。オトリの自然な姿勢と泳ぎを追求したこれは、中ハリスに対して編み付け糸を上下からそれぞれ編み付け、ハナカンの環の中に中ハリスを通してから結ぶことで実現する。どちらのこだわりも、泳がせ釣りを徹底的に追求し続けてきたからこそ分かる違いなのだ。

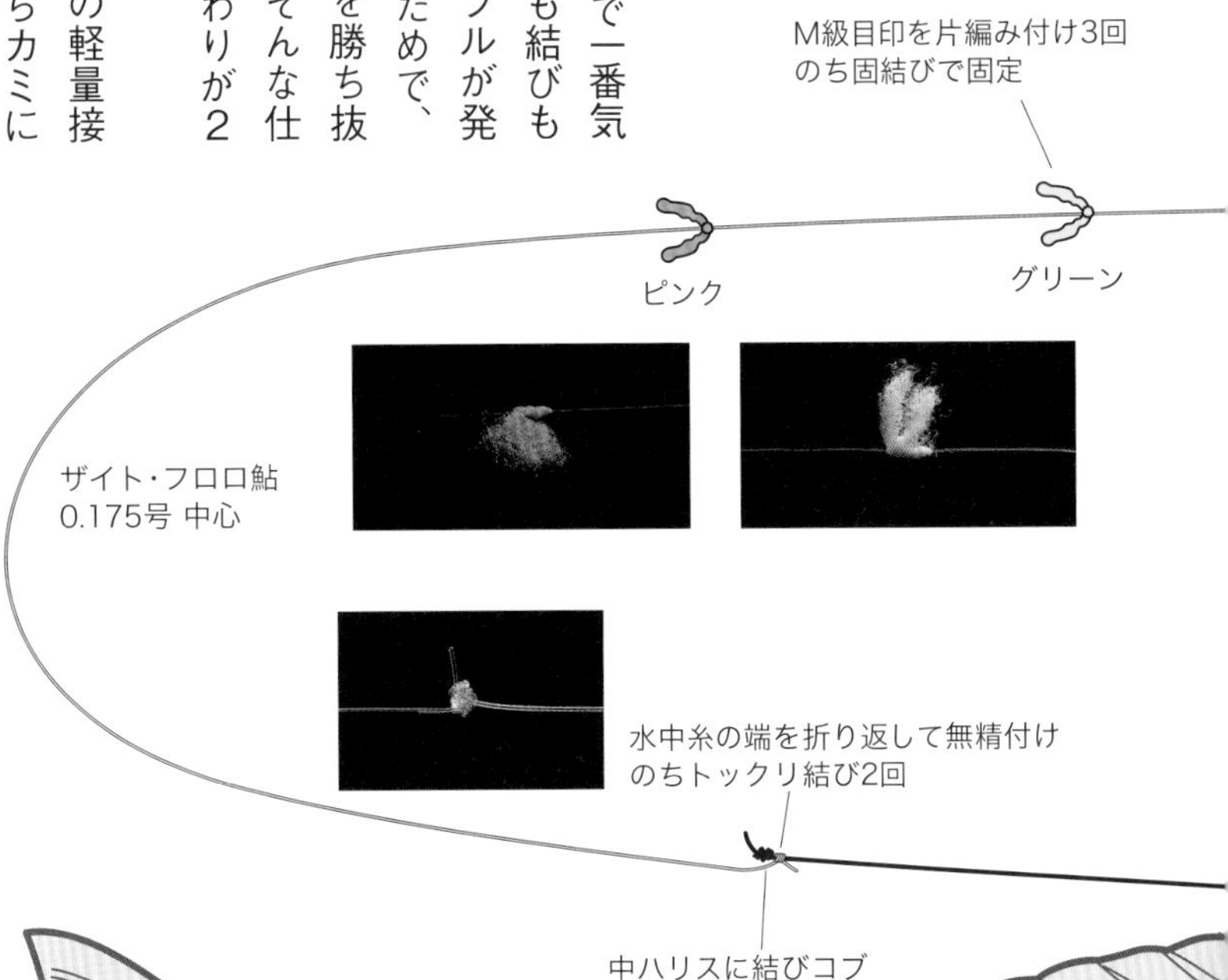

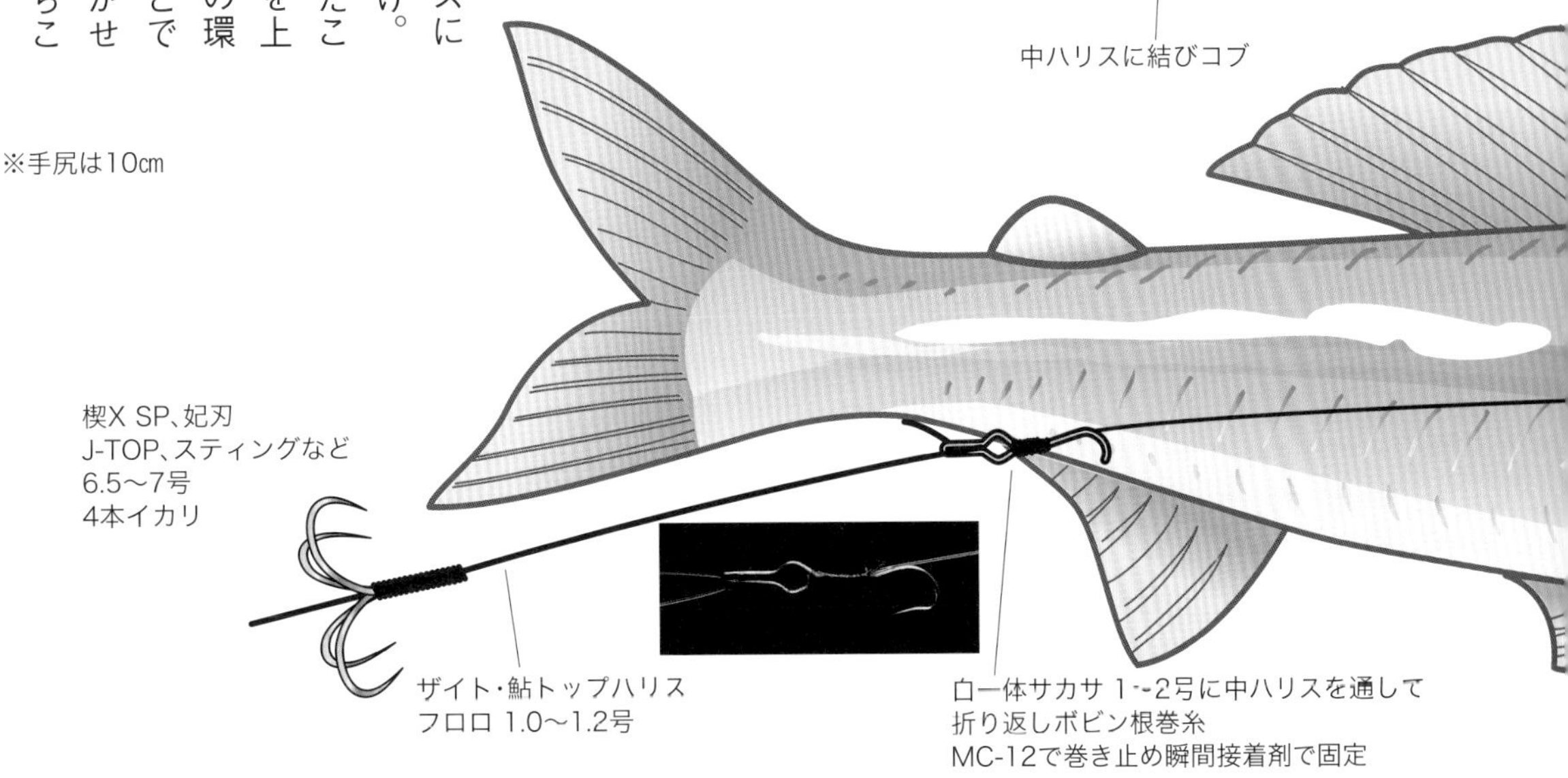

廣岡昭典

Akinori Hirooka

最前線を走るトーナメンターの仕掛けを解剖する❸

操作性抜群の水中糸6m&中ハリス直結 目印は2回巻きでズレを防止

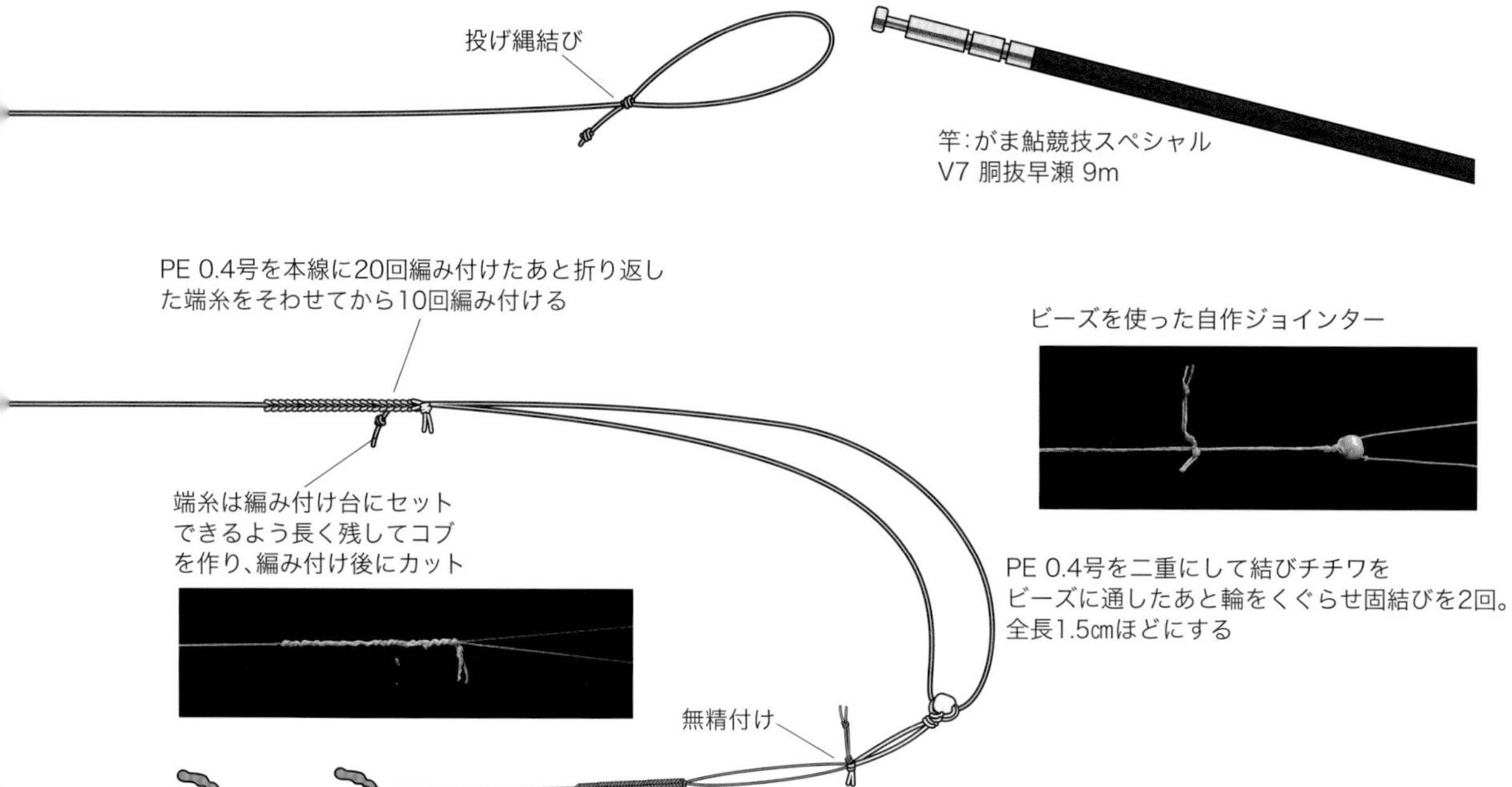

投げ縄結び
竿:がま鮎競技スペシャル V7 胴抜早瀬 9m
PE 0.4号を本線に20回編み付けたあと折り返した端糸をそわせてから10回編み付ける
ビーズを使った自作ジョインター
端糸は編み付け台にセットできるよう長く残してコブを作り、編み付け後にカット
PE 0.4号を二重にして結びチチワをビーズに通したあと輪をくぐらせ固結びを2回。全長1.5㎝ほどにする
無精付け

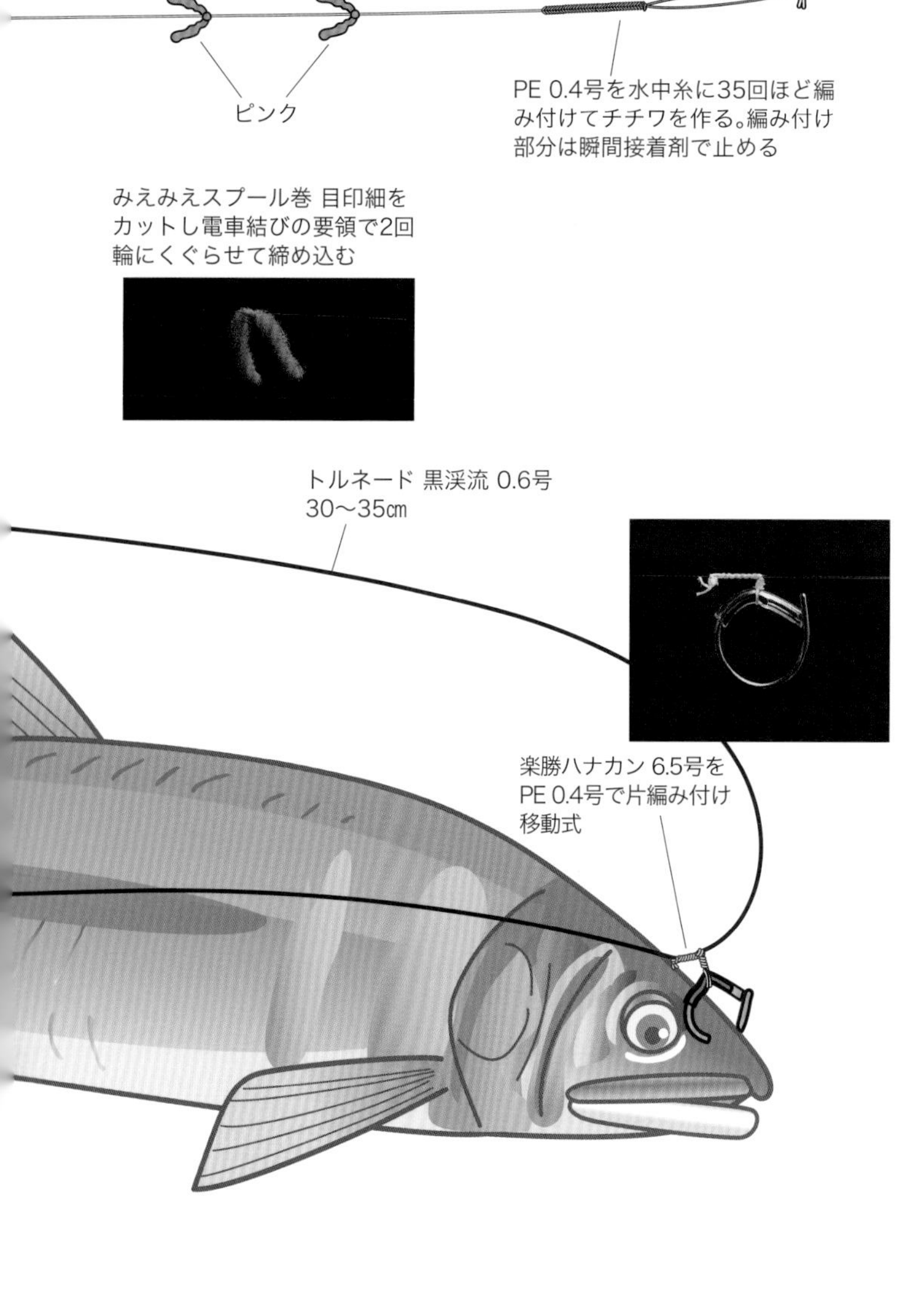

ピンク
PE 0.4号を水中糸に35回ほど編み付けてチチワを作る。編み付け部分は瞬間接着剤で止める
みえみえスプール巻 目印細をカットし電車結びの要領で2回輪にくぐらせて締め込む
トルネード 黒渓流 0.6号 30～35㎝
楽勝ハナカン 6.5号をPE 0.4号で片編み付け移動式

単に引き上げるだけでなく浮かせてスライドさせたり、落とし込んだり、竿を使って瀬の中でオトリを積極的に操作する廣岡さんの仕掛けは、メタルの水中糸を6mと長く取り、上下にツケ糸を使わないシンプル仕様。

天上糸との接続には軽量のビーズにPEを使った自作の接続具で、仕掛けが途中で屈折しないようにしている。

水中糸に直結の中ハリスは、ハナカンから水中糸との接続部が12～13㎝になるように、釣れる野アユのサイズに合わせて全長を決める。水中糸との接続は結び目が小さく仕上がる投げ縄結びだ。

目印を下に4個、離して上に2個付けて、下の目印を水没させることが多いため、水流でズレない付け方を実践。目印糸をカットし水中糸にそわせたら折り返して輪を作り、その中に端糸を2回くぐらせて端糸をカット。釣り場でも締め具合を調整できるので、複合メタルに比べて滑りやすいメタルラインでもノンストレスで釣りができるのだ。

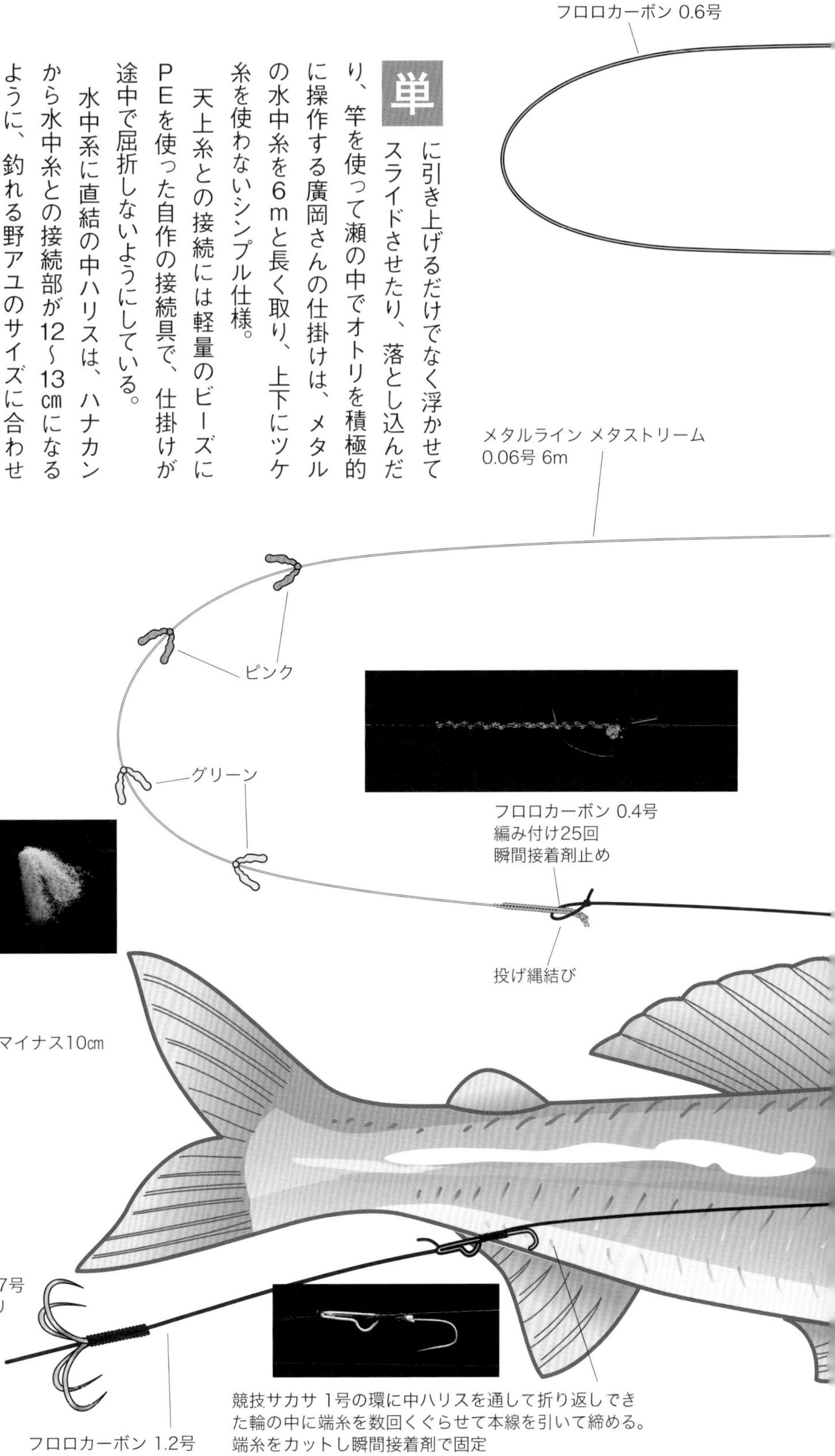

最前線を走るトーナメンターの仕掛けを解剖する❹

上田弘幸

Hiroyuki Ueda

伸びを抑えた仕掛けをフォローする ツケ糸の接続部とハナカンの編み付け

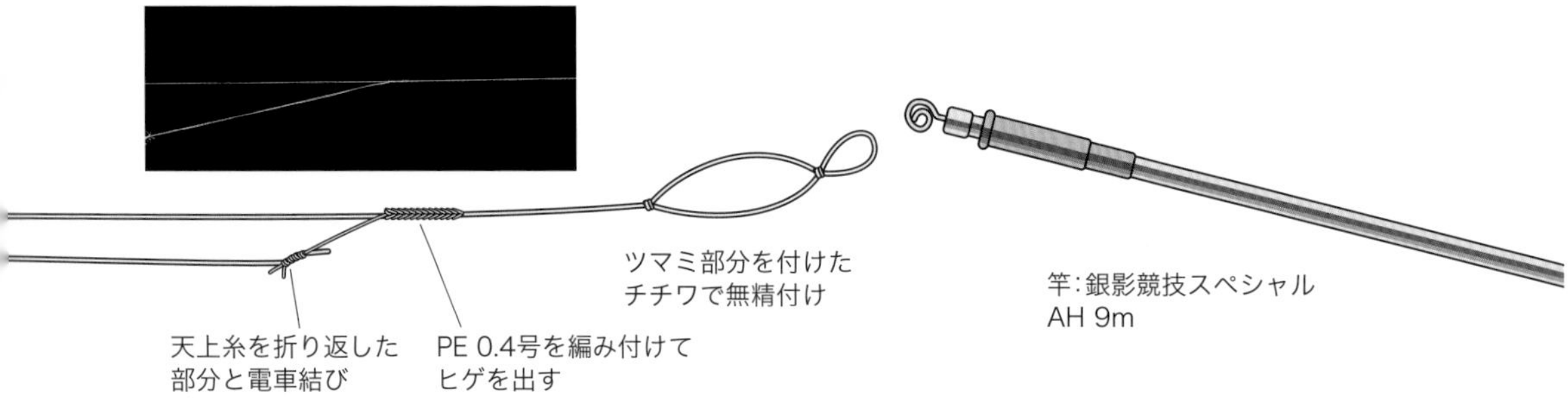

ツマミ部分を付けたチチワで無精付け
竿：銀影競技スペシャル AH 9m
天上糸を折り返した部分と電車結び
PE 0.4号を編み付けてヒゲを出す

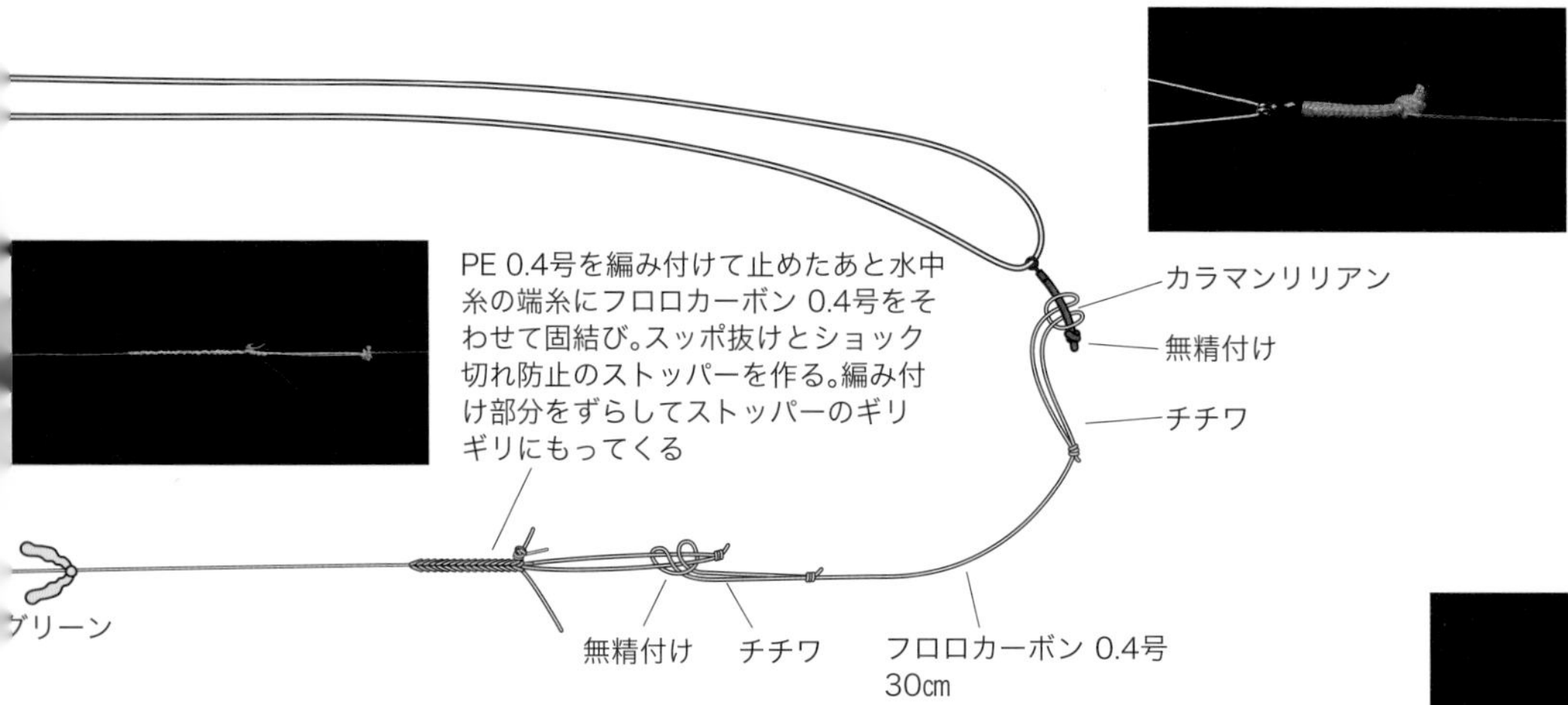

PE 0.4号を編み付けて止めたあと水中糸の端糸にフロロカーボン 0.4号をそわせて固結び。スッポ抜けとショック切れ防止のストッパーを作る。編み付け部分をずらしてストッパーのギリギリにもってくる
カラマンリリアン
無精付け
チチワ
リリーン
無精付け
チチワ
フロロカーボン 0.4号 30㎝

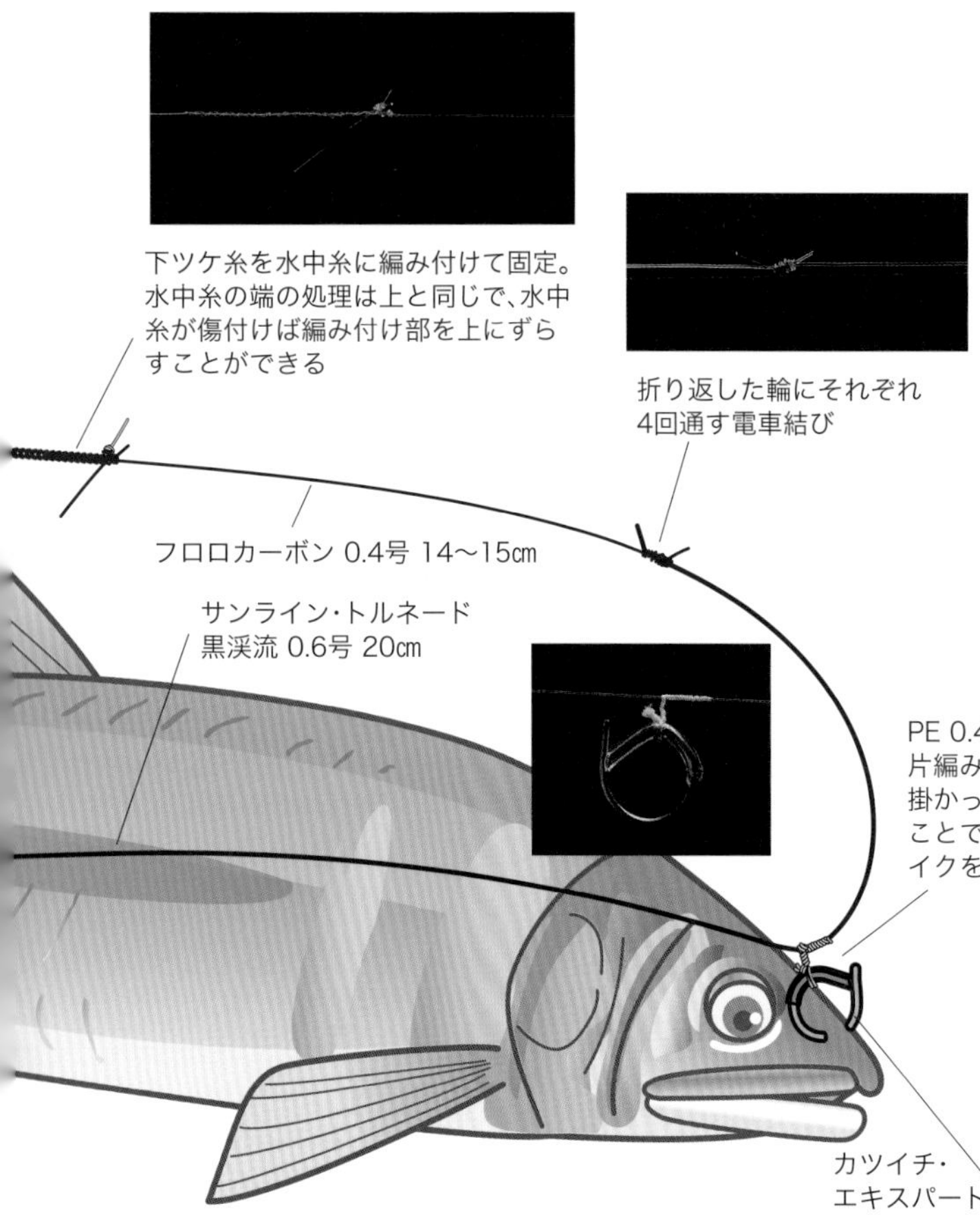

下ツケ糸を水中糸に編み付けて固定。水中糸の端の処理は上と同じで、水中糸が傷付けば編み付け部を上にずらすことができる
折り返した輪にそれぞれ4回通す電車結び
フロロカーボン 0.4号 14～15㎝
サンライン・トルネード 黒渓流 0.6号 20㎝
PE 0.4号で水中糸側に片編み付け。野アユが掛かった衝撃でずれることで中ハリスのブレイクを防ぐ
カツイチ・エキスパートハナカン 6.0

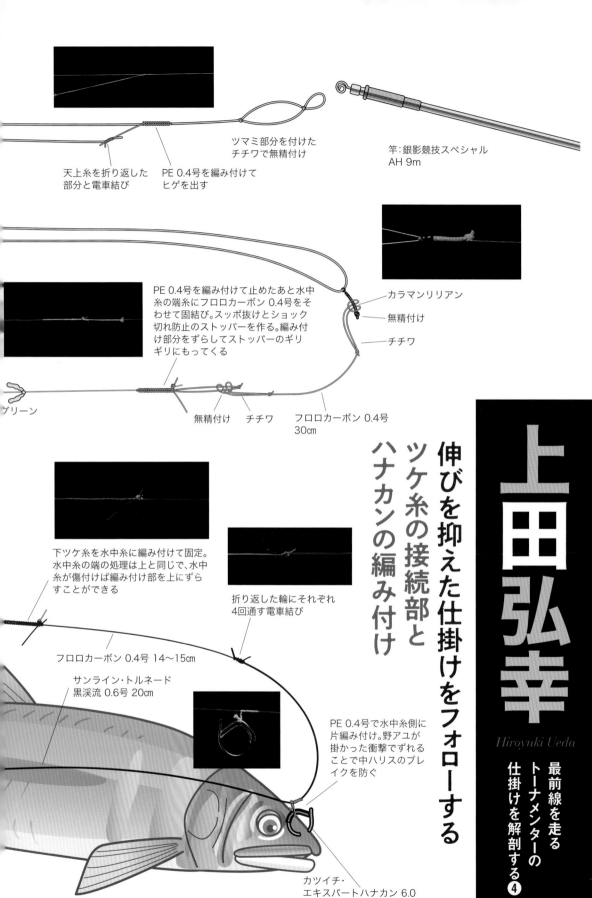

オ トリの入れやすさと引きやすさ、そして感度を上げるためにメタルの水中糸とPEの天上糸を使う上田さん。伸びを抑えた仕掛けのデメリットである耐衝撃性の低さを補うための工夫にぬかりはない。

クッションとして欠かせない上下のツケ糸だが、水中糸との接続部分に細工がある。上部は水中糸にPEを編み付けて止めたあと、水中糸の端糸にフロロ0・4号を添えて固結びする。こうすることでスッポ抜けを防止するとともに、一瞬の衝撃による結び目のブレイクを防いでいるのだ。

編み付け部分に瞬間接着剤を使う必要がないため、下ツケ糸を編み付けた下部は、水中糸が傷付いた際に、結びコブをつまんで編み付け部分を上にずらし、そこで水中糸にフロロをそえて固結びすればすぐに修理が完了する。

そしてハナカンの編み付け方向も大事な項目。水中糸側に片編み付けすることで、野アユが掛かった瞬間の衝撃で水中糸側に編み付け部分が動き中ハリスが切れるのを防いでいる。

こうした仕掛けの小さな工夫が〝高速引き〟を支えている。

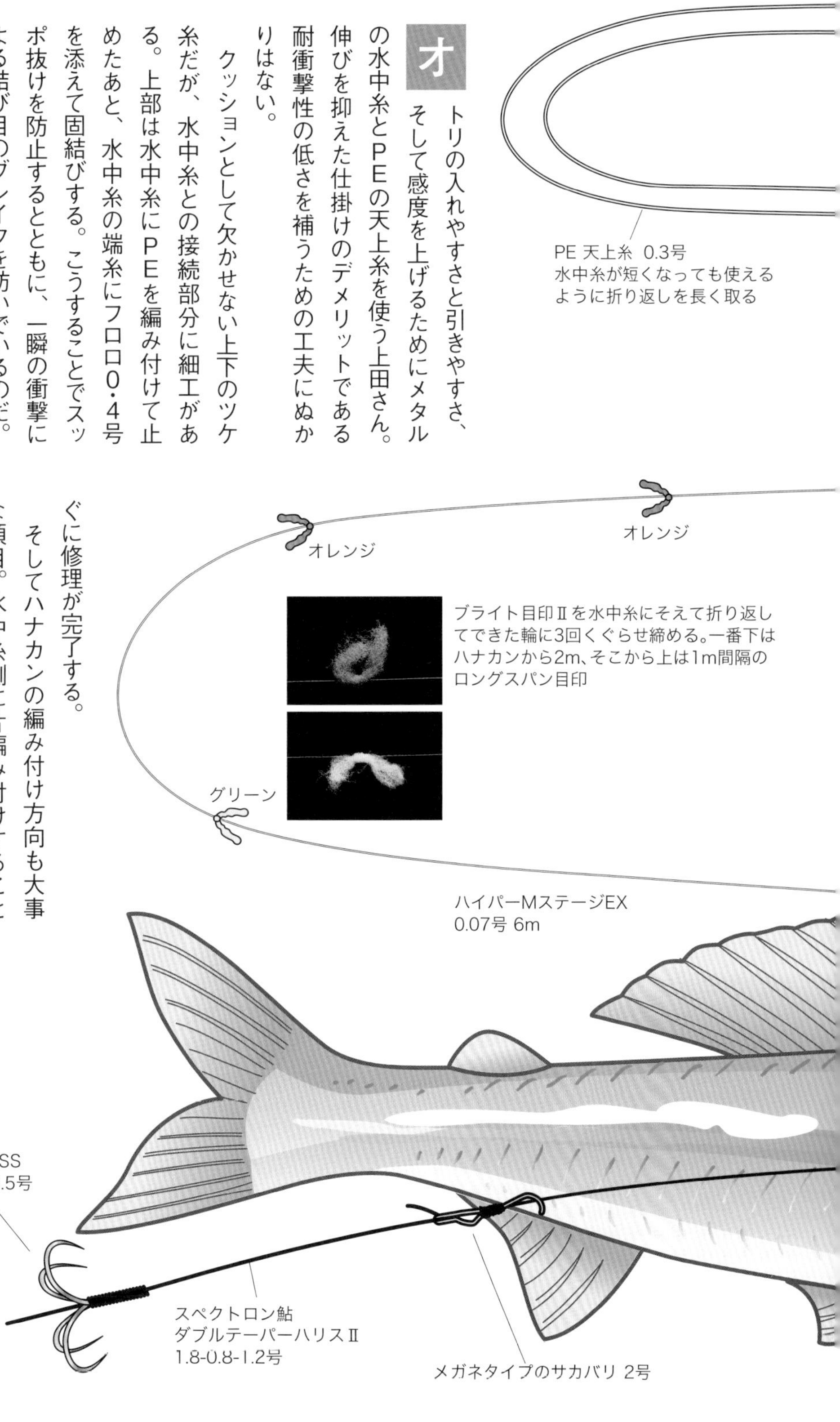

島 啓悟

Keigo Shima

最前線を走るトーナメンターの仕掛けを解剖する⑤

ハナカン周りは2カ所で移動が可能 チチワは1回ヒネリの8の字結びでOK

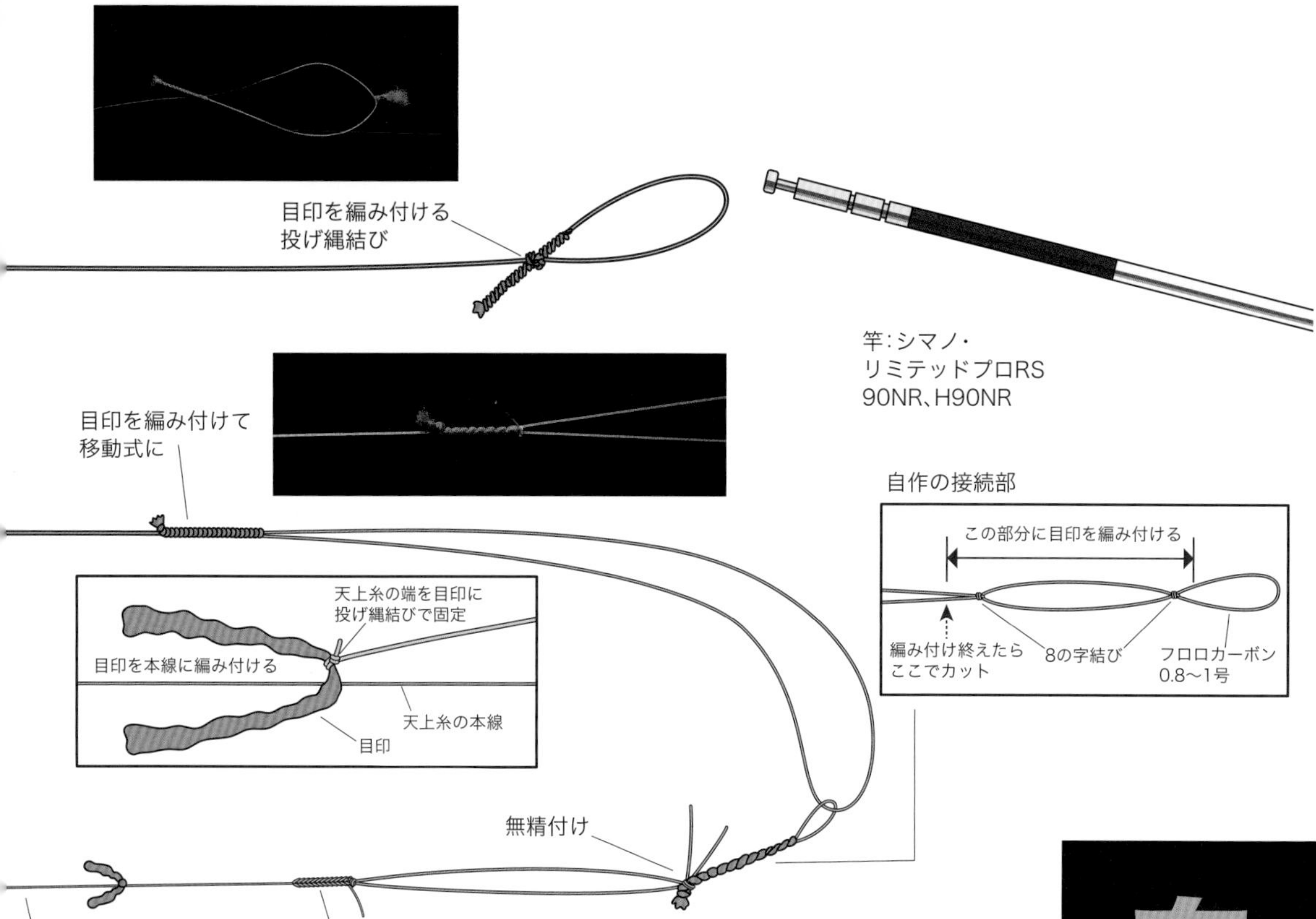

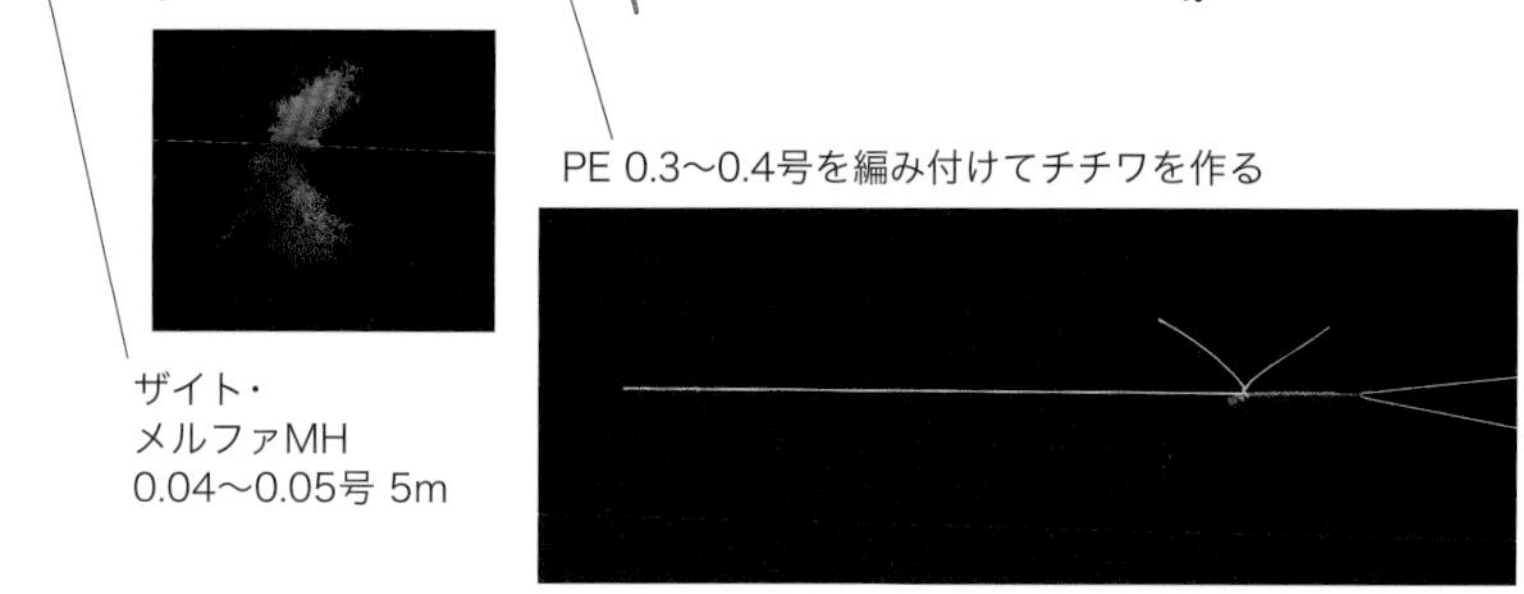

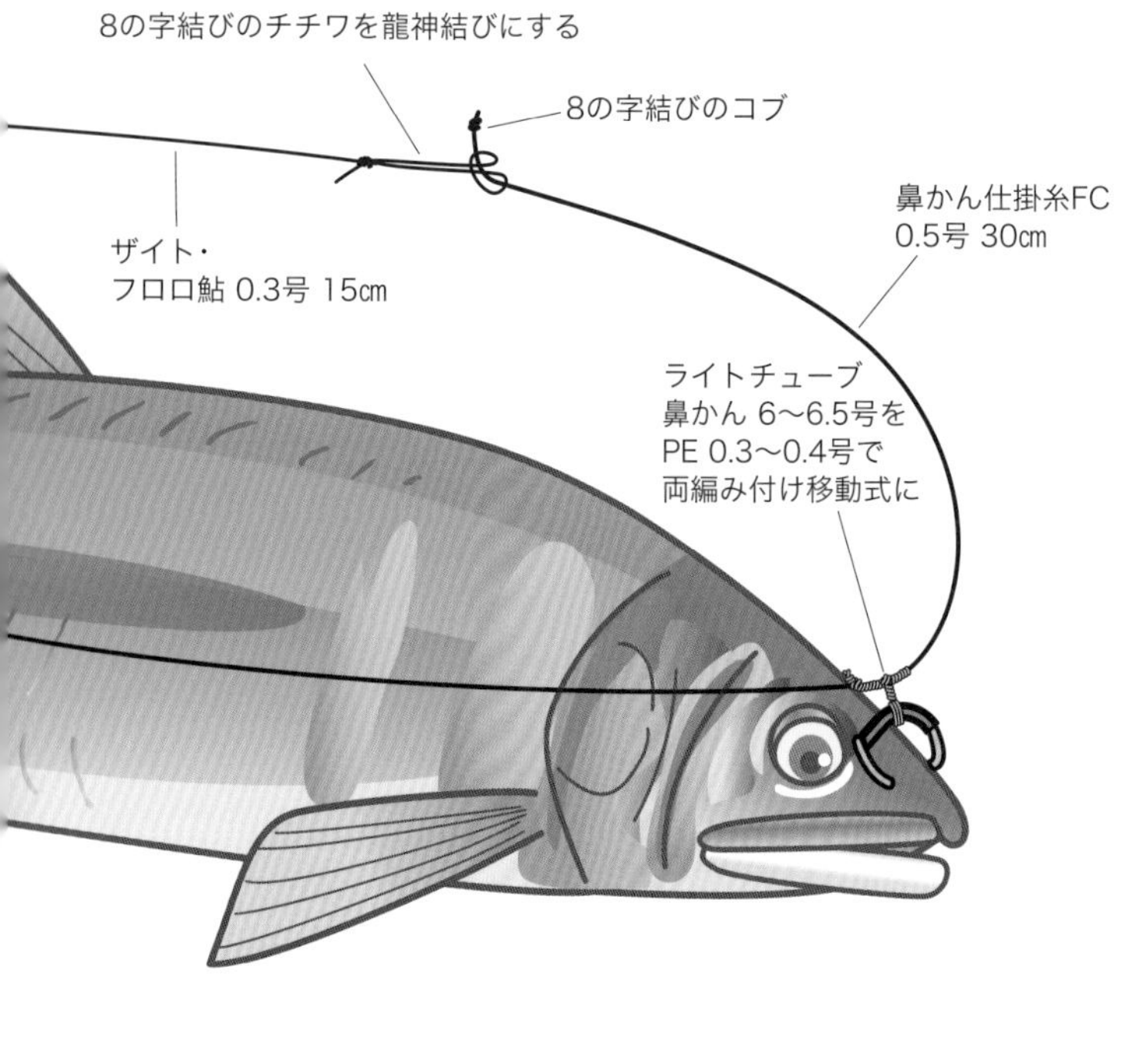

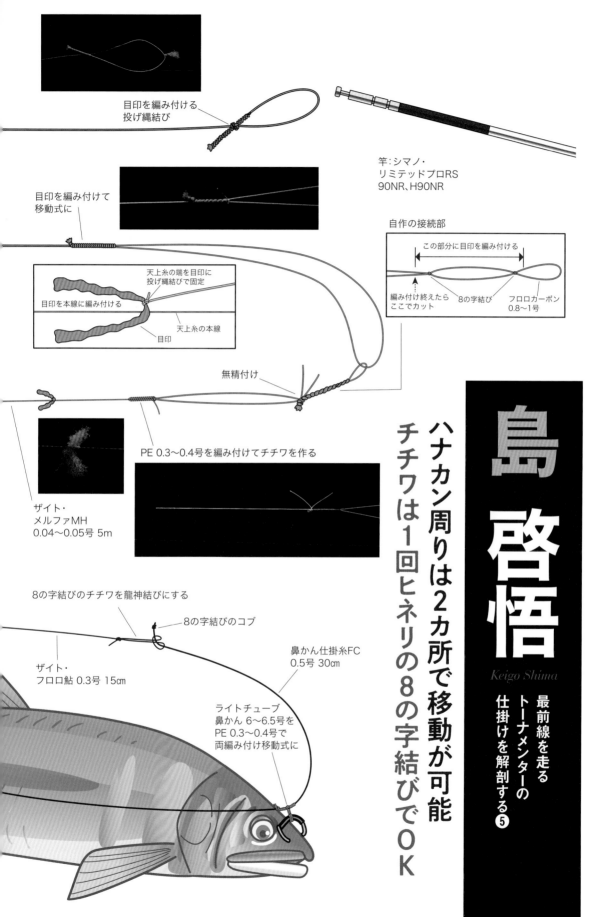

いたるところに編み付けを駆使しているのが島さんの仕掛けの特徴だ。特にハナカン周りは、ハナカンとサカバリの2カ所で移動させることができる。

通常のハナカン移動だけだと、小さなオトリほどハナカンより上が長く抵抗が大きくなるので、それを島さんは避けたいと思っている。なのでオトリの大小による調整は基本的にサカバリ側を移動させておこなう。

では、ハナカンの移動は何のために必要なのか？　それはハナカンより上の長さを意図的に調整して、オトリの泳ぎをコントロールするためだ。短くすれば抵抗を減らせるし、逆に長くすれば抵抗を増やして刺激を与えることもできる。

また、サカバリはメガネ部分を90度ひねっているが、これは掛かりやすいハリスの出方を考えてのことだ。

水中糸下側の編み付けは使い古しの複合メタルでおこなうが、これは低比重のものが使いやすい。そこに接続する下ツケ糸のチチワは意外にも1回ヒネリの8の字結び。これでまったく問題ないと島さんはいう。

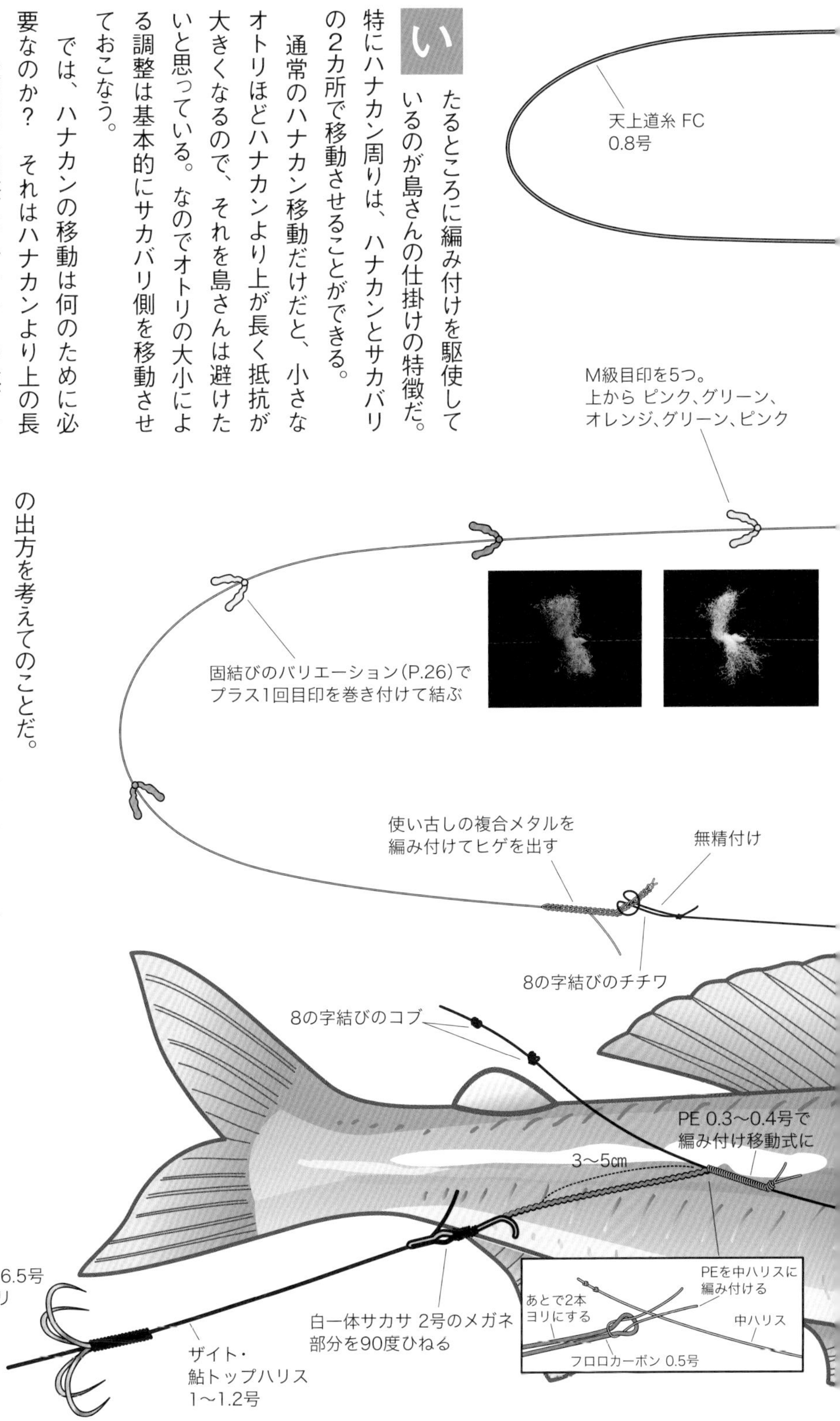

※手尻は10〜20㎝

瀬田匡志

Tadashi Seta

最前線を走るトーナメンターの仕掛けを解剖する❻

どこにも弱点が見られないタフな構成
チチワはほとんど使用していない

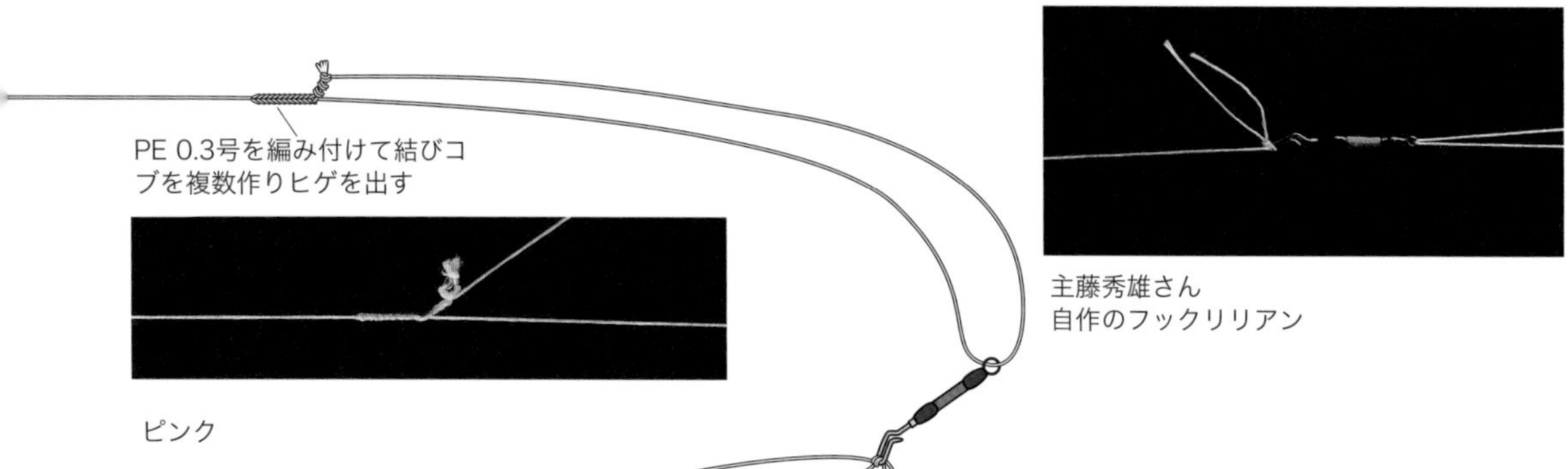

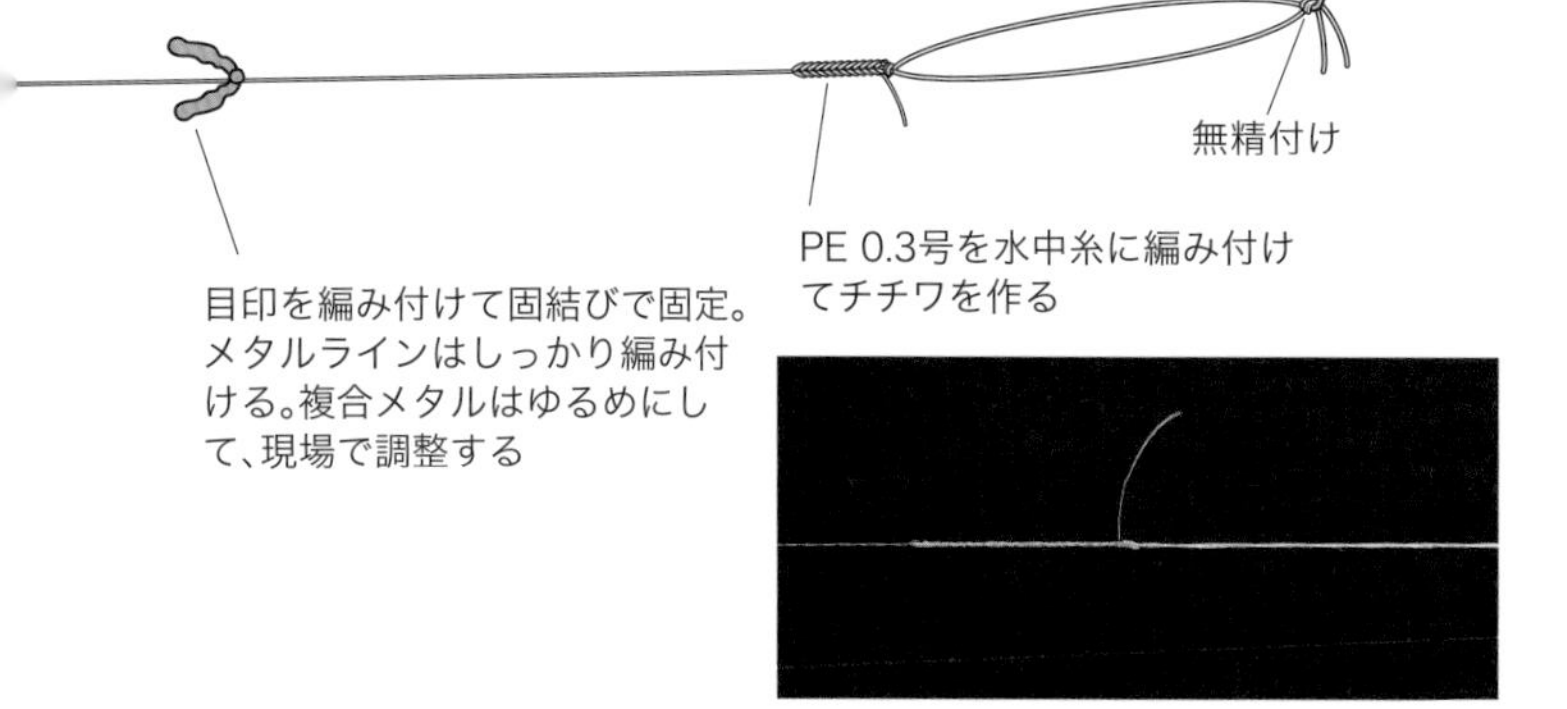

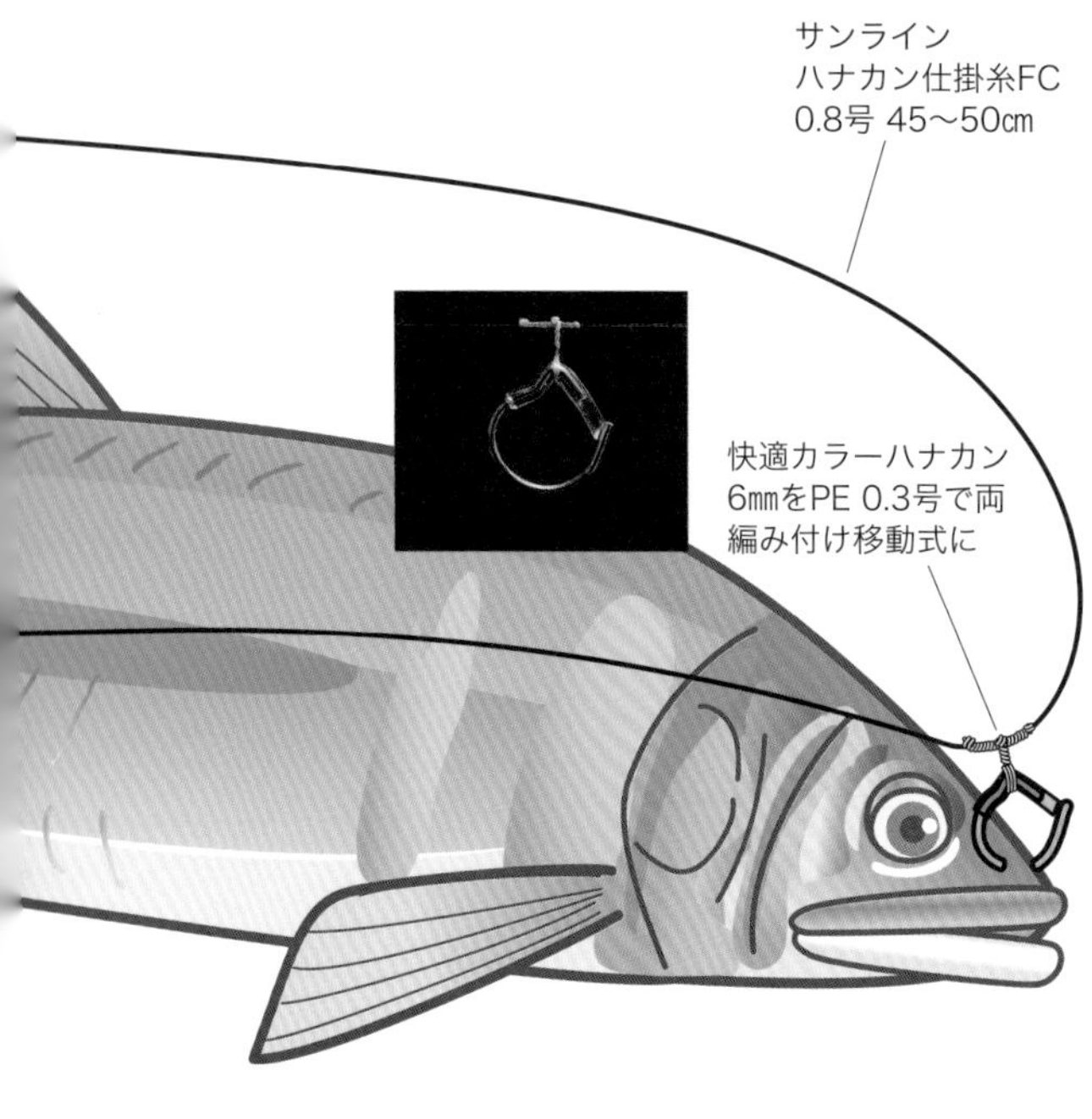

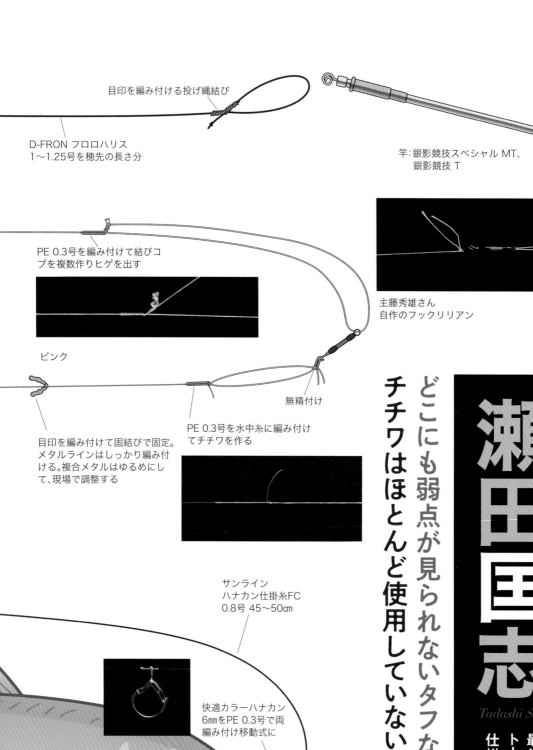

瀬

釣りを得意とする瀬田さんの仕掛けの最大のポイントは、水中糸と中ハリスの接続にある。下ツケ糸を使わず、さらに水中糸と中ハリスは抱き合わせて編み付けている。

この場合、編み付け台はホルダーが2列のタイプを使用。水中糸と中ハリスを交差させてセットしてその部分に編み付ける、通称〝X編み〟で接続する。

中ハリスの端に作るコブは先にライターで焼いて作っておき、作業が終わったら編み付け部分を指で押さえて中ハリスを引き、コブを編み付けギリギリまで寄せる。

ここまでやると水中糸の強度が十分に発揮されるので、竿が折れてしまいそうなほど強力な仕掛けが完成する。

もしハナカン周りが切れたりしたときは編み付け部分を残しておく。新しいハナカン周りの中ハリスの端に5㎜ほどの極小チチワを作り、そこに編み付け部分を通してからトックリ結びで締める。

外れたりするトラブルや強度不足のリスクを最小限まで抑えた現場での対処方法なのだ。

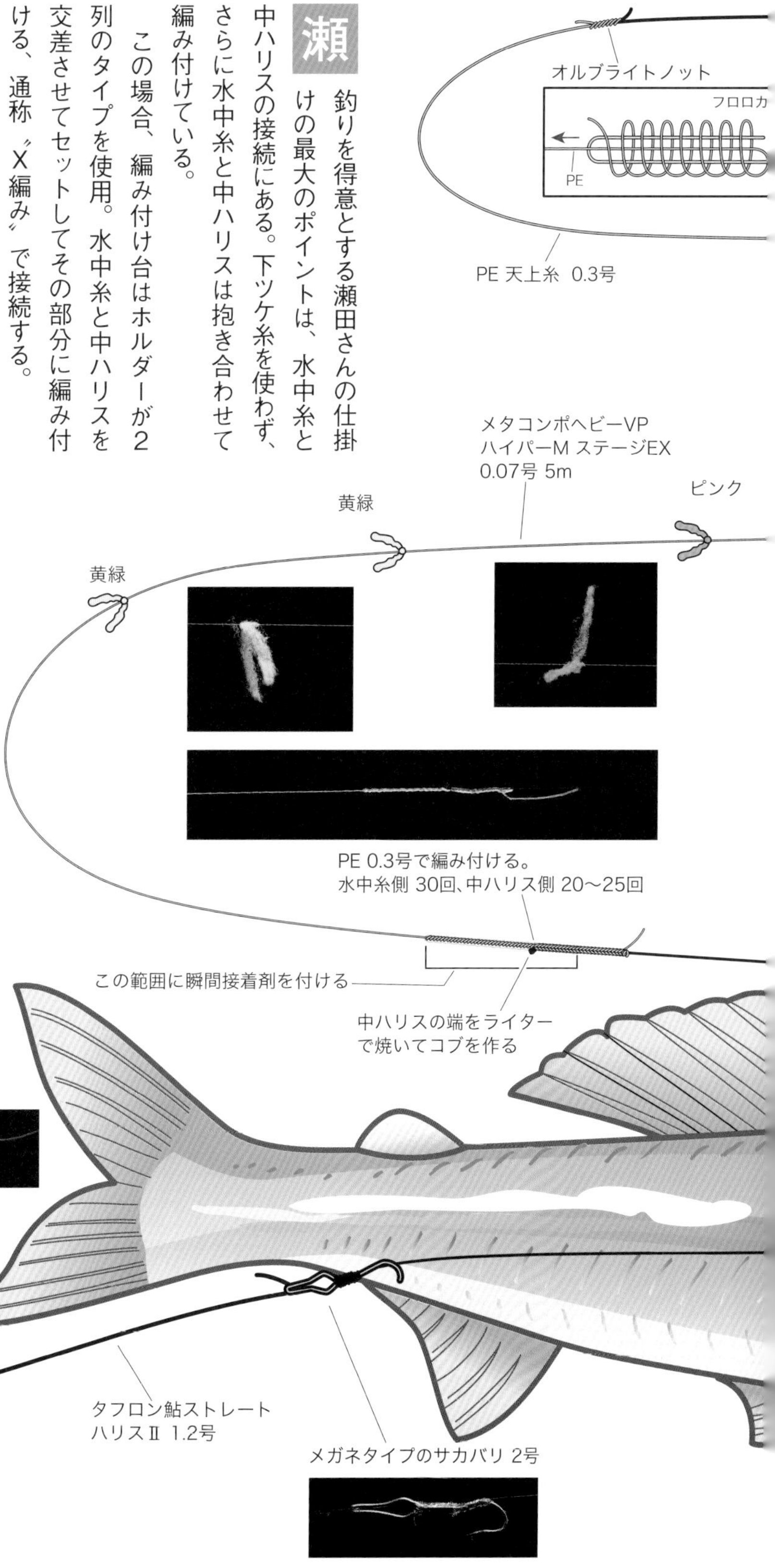

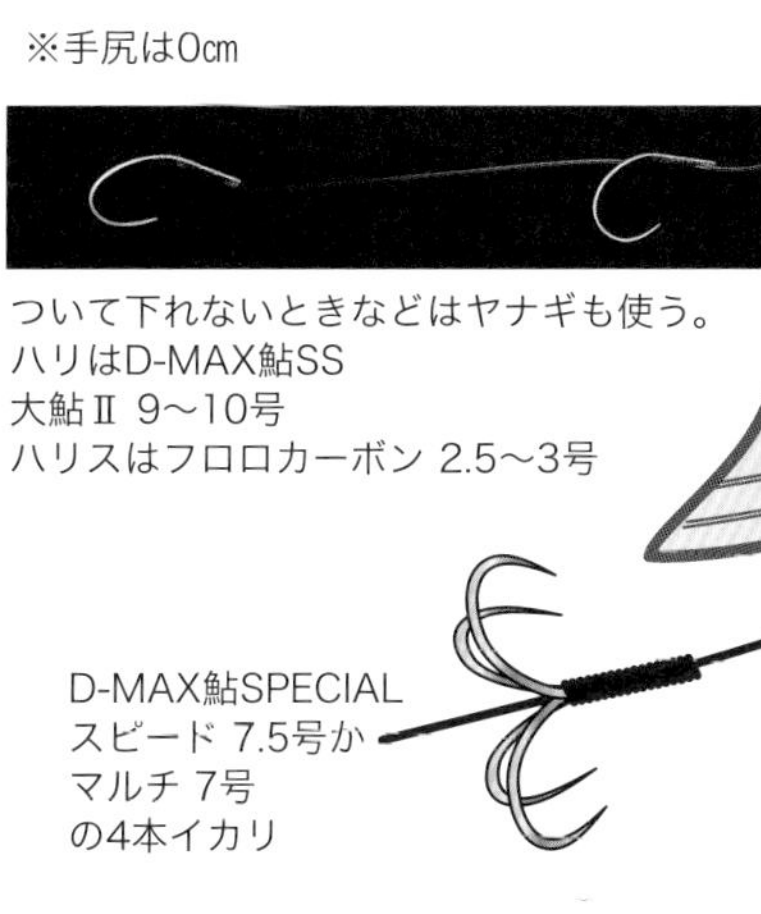

自分で作る
美しく仕上げる
楽しく使う

ステップアップ友釣り仕掛け

ルアマガブックス10

スタッフ

編集・撮影
アユ釣りマガジン編集部(フィッシング・ブレーン)

イラスト
楠田英男＋根塚亜樹子(イラストワークカムカム)
田岡佳純(h.g.i)

デザイン・レイアウト
浅沼孝行(TA DESIGN WORKS)

編集協力
原見昭司(サーフェース)

P.28〜35、P.37〜40、P.46〜53、P.55〜56、P.58〜63、P.70〜75は
アユ釣りマガジン2008、2014、2016、2018、2020に掲載された記事を
改訂、再編集しています

発行日　2020年5月23日　第1刷
著　者　フィッシング・ブレーン
発行者　清田名人
発行所　株式会社 内外出版社
〒110-8578 東京都台東区東上野2-1-11
販売部 ☎03-5830-0368
大阪支社　大阪府大阪市淀川区西中島3-16-6
三好第2ビル 703号室
☎06-6303-2734
印刷・製本　株式会社 シナノ

ISBN978-4-86257-521-0